図解で早わかり

最新

夫婦・親子の法律と手続きがわかる事典

弁護士 森 公任 [監修]

JN222457

本書に関するお問い合わせについて

　本書の記述の正誤に関するお問い合わせにつきましては、お手数ですが、小社あてに郵便・ファックス・メールでお願いします。大変恐縮ですが、お電話でのお問い合わせはお受けしておりません。内容によっては、お問い合わせをお受けしてから回答をご送付するまでに１週間から２週間程度を要する場合があります。

　なお、本書でとりあげていない事項についてのご質問、個別の案件についてのご相談、監修者紹介の可否については回答をさせていただくことができません。あらかじめご了承ください。

はじめに

　親子関係をめぐる家庭内の法律問題は、私たちにとって身近な問題です。たとえば、「離婚する際の財産分与や養育費の問題」「子供を認知する」「氏名の変更」「養子を迎える」「両親が亡くなったため財産を相続する」など、夫婦や親子、相続をめぐる法律問題やトラブルと一切かかわらずに一生を過ごすという人はいないのではないでしょうか。

　家庭内のトラブルの解決方法は基本的には当事者の話合いです。離婚であれば当事者間での協議離婚、相続であれば相続人同士の遺産分割協議といった形で、大半の問題は解決するケースが多いと思います。ただ、当事者の意見対立が激しい場合には、簡単に話合いがまとまらないこともあります。

　また、「いじめ」や「虐待」など、子どもたちを心身ともに傷つける行為は、犯罪行為と呼ぶべき卑劣な行為です。いじめや事故、事件の被害者になった場合には、相手方が責任を認めようとしなければ、専門家に相談した上で、調停や訴訟など法的手段を検討することもあります。これらの法律問題をいつ抱えることになるかは予測が難しいので、家庭や家族をめぐる法律問題や解決方法を知っておくことはとても大切なことだといえるでしょう。

　本書では、親子関係、戸籍、離婚、ＤＶ、いじめ、性犯罪、成年後見、相続、遺言など、家庭内で起こりうる法律問題と手続きをわかりやすく解説した法律事典です。離婚後の選択的共同親権などを定めた令和６年５月成立の民法改正や、相続登記の義務化を定めた令和３年４月の民法・不動産登記法の改正、令和５年７月施行の刑法、令和６年４月施行のDV防止法など、夫婦、親子、家族に関係するさまざまな法律の改正に対応しています。

　本書をご活用いただき、問題解決の一助にしていただければ、監修者として幸いです。

監修者　弁護士　森　公任

Contents

はじめに

第1章　親子関係の法律問題

1	親族・家族をめぐる法律関係	12
2	婚約・婚姻・内縁・離婚	14
3	親子関係	16
4	養子縁組	18
5	特別養子縁組	22
6	親子関係を争う場合とは	24
7	未成年後見人の選任	26
8	親族間の扶養義務	27
9	戸籍の記載事項	28
10	戸籍上の氏名や性別の変更	30
11	死亡と戸籍の関係	32

第2章　離婚問題を解決するための法律知識

1	協議離婚・調停離婚・裁判離婚	34
2	離婚の際に決めておくべきこと	36
3	離婚の悩みをサポートする相談先	40
4	財産分与と慰謝料	42
5	財産分与・慰謝料の具体的な支払方法	46
6	年金分割と手続き	48
7	親権者の法律問題	50
8	面会交流と手続き	54

9	子どもの養育費	56
10	養育費の不払い	58
11	協議離婚の手続き	60
12	家庭裁判所による離婚調停・円満調停	61
13	離婚訴訟と手続き	62
14	法定離婚事由の証明	64
Column	姻族関係の終了	66

第3章 児童福祉・いじめ・DV・犯罪被害などの法律問題

1	児童福祉制度	68
2	児童手当	70
3	子ども・子育て支援制度	71
4	ひとり親家庭の生活支援や援助	72
5	児童扶養手当や母子父子寡婦福祉資金などによる支援	74
6	就学支援	76
7	親元で十分な養育ができない場合	77
8	児童虐待と対策	78
9	児童相談所	80
10	いじめの類型・定義と相談先	82
11	いじめの事実が発覚した場合	86
12	いじめ加害者への処分	88
13	いじめの法的解決手段	92
14	生徒や保護者の学校側に対する法的責任の追及	96
15	子供の刑事責任と少年法	100

16	性的自由を侵害する罪	106
17	配偶者からのDV被害	110
18	ストーカー規制法	112
19	こども性暴力防止法	116

第4章　未成年者の契約・成年後見制度

1	未成年者の契約と取消し	118
2	クーリング・オフ	120
3	成年後見制度	122
4	法定後見と任意後見	124
5	成年後見人等の仕事	126
6	成年後見人等の選任	127
7	任意後見人の選任	128
8	成年後見人等の権限	129
9	後見	130
10	補助	131
11	保佐	132
12	成年後見人等の義務	134
13	任意後見人	135
14	成年後見監督人等	136
15	任意後見監督人	137
16	法定後見開始の申立て①	138
17	法定後見開始の申立て②	140
18	鑑定制度①	142
19	鑑定制度②	143

20	任意後見契約	144
21	任意後見制度の利用	146
22	成年後見登記制度	147
23	財産管理委任契約	148
24	後見制度支援信託	150
25	見守り契約	154
26	生前契約	155
27	死後事務委任契約	156

第5章　人の死亡と相続のルール

1	人の死亡と火葬などの手続き	158
2	故人名義の変更などの手続き	159
3	相続と戸籍の取り寄せ	160
4	相続手続きと相続登記の義務化	162
5	相続人と相続分	164
6	代襲相続	166
7	相続欠格	167
8	相続廃除	168
9	相続放棄①	169
10	相続放棄②	170
11	単純承認	172
12	限定承認	173
13	特別受益	174
14	寄与分	175
15	特別の寄与	176

16	遺留分とその算定	177
17	遺留分侵害額請求権	178
18	遺留分の放棄	179
19	相続財産清算人と特別縁故者	180
20	相続回復請求権	181
21	失踪宣告	182
22	失踪宣告以外で死亡を認定する方法	184

第6章　遺言がでてきた場合の法律関係

1	遺言の種類	186
2	自筆証書遺言保管制度	187
3	遺贈と相続の違い	188
4	特定遺贈と包括遺贈	189
5	公正証書遺言の作成方法	190
6	特別方式の遺言	192
7	署名と押印	193
8	代筆や文字の判読をめぐる問題	194
9	日付の記載をめぐる問題	195
10	遺言書の保管と2通見つかった場合の問題	196
11	遺言を訂正するときの注意点	197
12	法律上の形式に反する遺言の効力	198
13	改ざんされた遺言書の効力	199
14	遺言の取消	200
15	遺言の効力	201
16	遺言執行者①	202

17	遺言執行者②	203
18	遺言書の検認手続き	204

第7章 遺産分割の手続き

1	遺産の範囲①	206
2	遺産の範囲②	208
3	遺産分割手続きの流れ①	210
4	遺産分割手続きの流れ②	211
5	遺産分割の方法	212
6	遺産の分割が禁止される場合	214
7	遺言による相続分や分割方法の指定	215
8	遺産分割協議の流れ	216
9	遺産分割協議書	217
10	遺産分割後にしなければならない手続き	218

第8章 家事事件手続法のしくみ

1	家庭裁判所による解決法	220
2	家事審判の対象と手続き	224
3	家事調停の対象と手続き	226
4	家事事件における強制執行・履行の確保	230
5	家事事件の保全手続き	234
6	人事訴訟	236
7	公正証書と活用法	238
Column	内容証明郵便の活用法	242

巻末 書式集

- **書式** 財産分与の調停申立書 … 244
- **書式** 養育費増額の調停申立書 … 247
- **書式** 相続の放棄の申述書（20歳以上）… 249
- **書式** 遺産分割調停の申立書 … 251
- **資料** 遺言書の作成方法 … 253

索引 … 254

第 1 章

親子関係の法律問題

親族・家族をめぐる法律関係

6親等内の血族、配偶者、3親等内の姻族が法律上の親族である

◯ 法律上の親族とは

　親族とは、一般に血縁関係または婚姻関係によってつながっている、自分以外の人々のことを意味します。親族の範囲について規定しているのは、民法という法律です。

　民法では、①6親等内の血族、②配偶者、③3親等内の姻族が親族であると規定しており、これを法律上の親族といいます。そこで、法律上の親族について、順に見て行きましょう。

① 6親等内の血族

　血族とは、親族のうち血縁関係のある者をいいます。民法では、血のつながっている者同士の血縁関係（自然血族）の他に、養親およびその血族と養子とのつながりにも血縁関係（法定血族）があると規定しています。

　また、自分から見たときに、父母、祖父母、曾祖父母、子、孫、曾孫（ひ孫）など、一直線でつながる関係にある血族を直系血族といいます。これに対し、自分から見たときに、兄弟姉妹、おじおば、おいめい、いとこなど、共通の祖先を通じてつながる関係にある血族を傍系血族といいます。

　さらに、自分より上の世代を尊属といい、自分より下の世代を卑属といいます。もっとも、尊属・卑属の関係については、必ずしも年齢の上下によって決まるわけではありません。たとえば、おじおばが自分より年下であっても、法律上は父母と同世代であるため、おじおばは尊属となります。

② 配偶者

　夫から見れば妻、妻から見れば夫が配偶者です。配偶者は親族の中でも特殊な地位にあり、血族でも姻族でもなく親等もありません。たとえば、配偶者は常に相続人になる、といった特殊な地位が認められています。

　なお、婚姻届を提出していない内縁の配偶者は、法律上の親族にいう配偶者には該当しません。婚姻届を提出している法律婚の配偶者が、法律上の親族にいう配偶者に該当します。

③ 3親等内の姻族

　姻族とは、親族のうち自分の配偶者の血族（義理の父母など）、または自分の血族の配偶者（兄嫁、姉婿など）をいいます。

　具体的には、自分の配偶者から数えて3親等内の血族、または自分から数えて3親等内の血族の配偶者が、3親等内の姻族に該当し、法律上の親族に含まれます。

●親等を実際に数えてみる

親等とは、親族間の世代数で、血族や姻族の遠近を測るためのモノサシであり、世代を経るごとに1つずつ増えていきます（下図を参照）。

たとえば、自分から見たときに、親または子の親等は1つ世代を経るので1親等、祖父母または孫の親等は2つ世代を経るので2親等です。

なお、傍系血族の場合は、共同の祖先までさかのぼるまでに経た世代と、共通の祖先から傍系血族までに下るのに経た世代の合計になります。たとえば、自分から見たときに、兄弟姉妹の親等は、共同の祖先である父母にさかのぼるまで1親等、父母から兄弟姉妹に下るまで1親等なので、2親等（1親等＋1親等）になります。

親等のしくみ

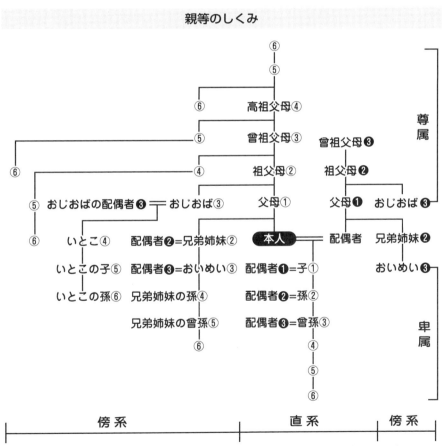

（注：白丸数字は血族とその親等、それ以外は姻族とその親等を示す）

2 婚約・婚姻・内縁・離婚

婚姻により夫婦には同居・協力・扶助・貞操の各義務が生じる

◉婚約とは

　婚約とは、将来の結婚を約束することです。婚約が成立すると、当事者はお互いに誠意をもって交際し、結婚を実現させるように努力しなければならない義務が生じます。婚約により、結納の取り交わし、婚約指輪の交換、あるいは仮祝言の挙行などの儀式が行われるのも、婚約が一定の拘束力をもつことの現れといえるでしょう。当事者間で合意があれば、口約束だけであっても婚約は有効に成立します。

　もともと婚約については、民法上の規定はありませんが、一種の契約であるといえます。婚約が不当に破棄された場合は、破棄した相手方に損害賠償請求をすることもできます。

◉婚姻とは

　婚姻とは、男女間の合意で夫婦という共同体を形成することです。婚姻届の提出で婚姻が成立します。婚姻の成立により、夫婦は、夫または妻の氏を称します。婚姻をするには、男女とも18歳以上であることが必要です。

　夫婦には、同居義務、協力義務（育児・家事・看病などを協力して行うこと）、扶助義務（経済的・精神的に協力して助け合うこと）、貞操義務（夫婦がお互いに性的な純潔を保つ義務のこと）が生じます。

　近年、夫婦別姓（婚姻後も夫婦が結婚前の氏を用いること）が議論されていますが、その導入には至っていませんので、夫婦は一方の氏を選び、同一の氏を名乗らなければなりません。

　夫婦間の財産について、一方が婚姻前からもっていた財産や婚姻中に自己名義で得た財産は、各人それぞれの財産になります（夫婦別産制）。

　また、日用品の購入など、日常の家事に関して生じた債務は夫婦で連帯して責任を負います。なお、令和6年成立の民法改正で、夫婦間の契約を婚姻中はいつでも一方から取り消せる、という夫婦間の契約の取消権を廃止することが決まりました（2年以内に施行予定）。

◉女性の再婚禁止期間の廃止

　かつては女性についてのみ、前婚の解消（離婚・死別）または前婚の取消し（婚姻の解消等）の日から100日を経過しなければ再婚が認められない、という再婚禁止期間が設けられていました。その理由は、離婚直後に再婚して出産したような場合に、生まれた子どもについて、前夫と現夫の嫡出推定

が重複する可能性があったからです。

しかし、令和4年成立の民法改正で、令和6年4月から女性の再婚禁止期間が廃止され、男女共に前婚の解消等があった後、すぐに再婚ができるようになりました。

また、再婚禁止期間の廃止と共に、婚姻の解消等の日から300日以内に子が生まれた場合であっても、母が前夫（婚姻の解消等をした夫）以外の男性と再婚した後に生まれた子は、現夫（再婚後の夫）の子と推定するとの規定が追加されました。この規定により、再婚禁止期間の廃止後も、前夫と現夫の嫡出推定の重複が回避されます。

なお、婚姻の解消等の日から300日以内に子が生まれた時点で、母が前夫以外の男性と再婚していなかった場合は、前夫の子と推定されます。この点は、今までの嫡出推定制度と同じです。

そして、初婚の場合と同様に、近親者間（直系血族または3親等内の傍系血族の間）の婚姻や、直系姻族間の婚姻が禁止されています。

さらに、前配偶者との婚姻中に近親者または直系姻族であった人（前夫の両親など）との再婚も禁止されています。しかし、傍系姻族（前配偶者の兄弟姉妹など）との婚姻は禁止されません。

●内縁（事実婚）とは

内縁関係とは、婚姻の届出はないが、社会的にみて婚姻としての実体があり（客観的要件）、主観的にみて婚姻と同視できる関係を結ぶ意思がある場合（主観的要件）をいいます。

したがって、当事者に社会的に婚姻と同視できる関係を結ぶ意思があったとしても、客観的に見て婚姻としての実体があることが必要であり、一定期間の同居は必要となります。

これに対して同棲とは、内縁関係の客観的要件・主観的要件のいずれか、または双方が欠けている状態をいいます。継続的な同居がない、継続的な同居があっても家族としての協力・扶助関係がない場合です。

●離婚とは

終生の共同生活を契り合った夫婦が不幸にも離婚する場合があります。民法では、離婚の方法について、当事者の合意による協議離婚、家庭裁判所での話合いによる調停離婚、調停によっても離婚の合意ができなかった場合の審判離婚、調停でも審判でも解決できない場合の裁判離婚、という4種類の方法を定めています（34ページ）。

まずは協議離婚に向けた話合いを行い、離婚の合意がまとまらなかった場合に、調停離婚、審判離婚、裁判離婚の順で検討することになります。

3 親子関係
法律上の親子関係は実親子に限られない

●2つの親子関係がある

　法律上の親子関係には、血縁関係のある自然の親子である実親子の関係と、自然の血縁関係はないが、親子関係が擬制（法律上そのようにみなすこと）される養親子の関係があります。

　民法では、親との間に血縁関係があると法律上認められる実子を嫡出子と非嫡出子（嫡出でない子）とに分けています。具体的には、婚姻関係にある男女の間に生まれた子（婚姻子）を嫡出子といい、婚姻関係にない男女の間に生まれた子を非嫡出子（婚外子）といいます。これは、法律婚を維持するために、法律の定めた手続きを経て婚姻をしている男女（法律婚をしている男女）の結びつきを正当と認め、それ以外の男女の結びつきから生まれた子と区別するものです。

　非嫡出子も父または母が亡くなった場合に、その財産を相続する権利を持ちます。もっとも、かつては非嫡出子の相続分は嫡出子の半分と規定されていました。しかし、平成25年9月4日に最高裁判所で違憲決定が言い渡されたことを受けて、平成25年12月施行の民法改正で、この規定が削除されています。そして、最高裁判所の違憲判決と改正後の民法を踏まえると、平成13年7月1日以後に開始した相続については、嫡出子と非嫡出子の相続分が同等となります（平成25年9月4日以前に、すでに遺産分割についての合意があり、あるいは審判が確定しているものを除く）。

●認知について

　非嫡出子は、分娩により母との親子関係は生じますが、そのままでは父親のない子どもです。非嫡出子が父親との間に法律上の親子関係（父子関係）を生じさせるには認知が必要です。

　認知により父子関係が生じますが、注意しなければならないのは、認知の効果が出生時にさかのぼって生じることです。有効な認知届が提出されると、認知をした時点からではなく、その子どもが生まれた時点から父子関係が存在していたと扱われます。

　認知には、父親が自らの意思で認知届を提出して行う任意認知と、認知を求める裁判（認知の訴え）が確定して父親の意思に関係なく行われる裁判上の認知（強制認知）があります。

　任意認知については、胎児である子どもを認知する場合は、その母親の承諾が必要です。また、成人の子どもを認知する場合は、その子ども自身の承

諾が必要です。これらの場合は、父親の意思だけで認知をして父子関係を発生させることができません。

これに対し、裁判上の認知は、父親が任意認知をしないときに利用しますが、認知は特殊調停事件（本来は人事に関する訴えの提起によって解決を図るべき事件のうち、離婚の訴えや離縁の訴えを除いたもの）であるため、認知の訴えを提起する前に、認知調停を家庭裁判所に申し立てることが必要です（調停前置主義）。実際には、子どもの母親などが代理人として申立てを行います。

また、嫡出推定が及ぶ夫・元夫によるＤＶなどが原因で子どもが無戸籍状態にある場合において、妻が夫・元夫の子どもを妊娠する可能性がないことが客観的に明白であるときは、例外として、その子どもが嫡出推定が及ばない子として扱われます。この例外に該当するときは、夫・元夫を子どもの父としない戸籍の記載を求めるため、子どもの実父を相手方として認知調停を申し立てることができます。

●準正

準正とは、出生時に非嫡出子であった子どもが、後から嫡出子の身分を取得することです。準正には、婚姻準正と認知準正という２つの類型があります。婚姻準正とは、もともと父の認知を受けていた子どもが、後に両親が婚姻することにより嫡出子になる場合です。これに対し、認知準正とは、父母が婚姻した後に、父から認知を受けた子どもが嫡出子となる場合です。婚姻準正の場合は、婚姻時に子どもが嫡出子の身分を取得するのに対し、異論もありますが、認知準正の場合は、認知時にはじめて子どもが嫡出子の身分を取得することになります。

第1章 親子関係の法律問題

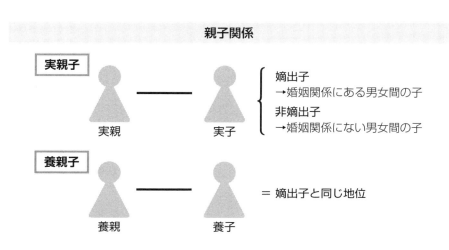

親子関係

実親子
実親 ― 実子
- 嫡出子 →婚姻関係にある男女間の子
- 非嫡出子 →婚姻関係にない男女間の子

養親子
養親 ― 養子
＝嫡出子と同じ地位

養子縁組
普通養子縁組が成立すると養子は養親の嫡出子になる

●養子とは

 自然的な血縁関係から生まれた子のことを実子といいます。これに対し、養子とは、血縁関係のない者同士が、養子縁組という法律上の手続きにより親子関係を結んだ場合の子のことをいい、この場合における親のことを養親といいます。養子と養親は養子縁組の届出をすることで養親子関係が生まれ、養子には養親の嫡出子（法律上の婚姻関係がある父母の子）としての身分が与えられます。したがって、養子には養親の相続権が嫡出子と同様に認められます。また、養子は養親と同じ姓を名乗る他、養子が未成年のときは養親が親権を行使します。

 養子縁組には、当事者の合意で成立する普通養子縁組と、家庭裁判所の審判により成立する特別養子縁組の2種類があります。特別養子とは、養親との間に実親子（本当の親子）と同様な関係を形成し、実親との間の親子関係を消滅させる特別養子縁組における養子のことです。特別養子縁組は、子の成長や養育に重点を置いた養子縁組であるため、養親は配偶者のある者であることを要し（夫婦共同で縁組をする）、養子の年齢は原則として15歳未満であることを要します。

●普通養子縁組が成立するためには

 普通養子縁組が成立するには、当事者同士が合意していること（縁組の意思の合致）が必要です。合意がなければ普通養子縁組は無効です。

 そして、養親となる者は20歳以上でなければなりません。一方、養子となる者の年齢制限はありません。もっとも、自分の尊属または年長者を養子にすることはできません。ただ、1日でも年下であれば年長者とはならず、養子にすることができます。

 普通養子縁組に関する条件として、配偶者のいる養親が未成年者を養子とする場合は、原則として夫婦が共同で行うことが必要です。一方、配偶者のいる養親が成年者を養子とする場合は、単独で縁組をすることができますが、原則として配偶者の同意を得なければなりません。養子に配偶者がいる場合も、単独で縁組をすることができますが、原則として配偶者の同意を得なければなりません。

 また、未成年者を養子とする場合は、自己または配偶者の直系卑属を養子とする場合を除き、家庭裁判所の許可が必要です。さらに、未成年者のうち15歳未満の者を養子とする場合は、養子となる者に代わって、その法定代理人

（主に親権者）が縁組の承諾を行います。つまり、15歳未満の者を養子とする場合は、家庭裁判所の許可（原則）と法定代理人の承諾が必要です。

未成年者を養子とする場合で、家庭裁判所の許可を要するときは、養子縁組許可の申立てをします。申立書には、養子となる者の本籍・住所・氏名、縁組を希望する事情、養父・養母の状況などを記載します。その他、養子となる者の実父・実母も記載します。

その他には、後見人が被後見人（未成年被後見人・成年被後見人）を養子とする場合も、家庭裁判所の許可が必要とされています。

●普通養子縁組の届出

普通養子縁組を行う際には、法律で定められた手続きを経る必要があります。

① 届出が必要

普通養子縁組は、届出を行うことで効力が生じます。合意をしただけで届出をしていなければ、普通養子縁組は成立しません。

② 当事者と証人

届出を行う際には2人以上の証人が必要です。届出は原則として当事者である養親と養子が行います。証人は成年であることが必要です。それ以外の条件はないため、友人でも親族でも証人になることが可能です。

③ 届出を行う場所

届出を行う場所は、養親の本籍地か所在地、あるいは養子の本籍地か所在地になります。

④ 届出の方法

届出は市区町村役場に書面を提出することで行います。普通養子縁組の届出書には、普通養子縁組の届出であること、届出年月日、養親と養子の氏名・生年月日などを記載します。

届出書が市区町村役場に提出されると、市区町村長は届出が適法かどうかを審査します。たとえば、届出書の記載や添付書類に不備がある場合には、その届出書は受理されません。

普通養子縁組の手続きの流れ

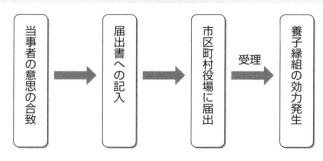

当事者の意思の合致 → 届出書への記入 → 市区町村役場に届出 → 受理 → 養子縁組の効力発生

審査の結果、適法な届出書であることが判明すれば、その届出書は受理されます。

⑤ 添付書類

届出書に添付することが必要な書類もあります。未成年者を養子にするために家庭裁判所の許可が必要な場合は、家庭裁判所の許可の審判書の謄本を添付します。その他、後見人が被後見人を養子とする場合も、家庭裁判所の許可の審判の謄本を添付します。

●普通養子縁組が成立するとどうなる

普通養子縁組が成立すると、法律関係も大きな影響を受けます。

① 養子と養親との関係

普通養子縁組が成立すると、養子は養親の嫡出子になります。嫡出子になることで、養子は養親を相続する権利を取得します。相続分は実子と同じになります。たとえば、配偶者がいないAに実子のBとCがいて、AがDを養子にしたとします。このとき、Aが死亡すると、Aの財産はB・C・Dがそれぞれ3分の1ずつを相続します。

また、養子と養親は互いに扶養義務を負います。さらに、養子が未成年者である間は、養親が養子に対して親権を行使します。

もっとも、縁組前に生まれていた養子の子と養親とは、何らの身分関係も生じません。たとえば、Eを養親、Fを養子とする普通養子縁組が行われ、Fには以前から子のGがいた場合、EとFが普通養子縁組をするだけでは、GはEの孫にはなりません。しかし、縁組後に養子が生んだ子は養親の孫になります。たとえば、FがEとの普通養子縁組をした後にHを生んだ場合、HはEの孫になります。

② 養子と実親との関係

養子と実親（実父・実母）との関係は、親権を除いて普通養子縁組を行う前の状態が残ります。たとえば、普通養子縁組の成立後も養子の実親に対する相続権が残るため、実親が死亡した場合、養子は実親の財産を相続できます。つまり、養子は養親の財産と実親の財産の両方を相続できます。また、養子は養親と実親の両方を扶養する義務があります。一方、養親と実親は養子を扶養する義務があります。

③ 養子の姓

原則として養子は養親の氏（苗字）を名乗ります。ただし、養子となった者が婚姻しており、婚姻によって氏を変更していた場合、その養子が養親の氏に変える必要はありません。

たとえば、佐藤さんが養親、鈴木花子さんが養子として普通養子縁組が行われた場合、原則として花子さんは「佐藤」の氏を名乗ります。しかし、田中さんと鈴木花子さんが婚姻（結婚）して花子さんの氏が「田中」に変わった後に、花子さんが佐藤さんと普通養子縁組をした場合、花子さんの氏

は「田中」のままです。

④ **養子の子の姓**

養子となる者に子がいる場合、養子の氏が変わっても養子の子の氏は原則として変わりません。たとえば、伊藤春子さんと伊藤夏子さんの母娘のうち、母の春子さんが阿部さんの養子になった場合、春子さんの氏は「阿部」に変わりますが、娘の夏子さんの氏は「伊藤」のままです。もっとも、夏子さんは、家庭裁判所の許可を得ることで、氏を「阿部」に変更することができます。

◯ 離縁について

養子縁組の関係を将来に向かって解消することを離縁といいます。離縁には、当事者の合意による協議離縁、裁判所が関与する裁判上の離縁（調停離縁、審判離縁、裁判離縁）の他、当事者の一方が死亡した場合に家庭裁判所の許可を得て行う離縁（死後離縁）があります。

普通養子縁組の場合、裁判上の離縁のうち裁判離縁が認められるためには、①縁組後に当事者の一方から悪意で遺棄された、②当事者の一方が３年以上も生死不明である、③その他縁組を続けられない重大な理由がある、のいずれかに該当することが必要です。

養親子間の合意が成立する余地がある場合は、離縁調停の申立てを行って話し合いをします。申立書には、普通養子縁組した年月日や、養親子関係の解消を求める事情を記載します。

離縁が成立すると、養子は縁組前の姓に戻ります。ただし、縁組から７年経った後に離縁した場合は、離縁の日から３か月以内に届出をすれば、離縁前の氏をそのまま名乗ることができます。また、離縁により養親を相続する権利がなくなります。

なお、縁組後に片方の当事者が死亡した場合は、家庭裁判所に死後離縁の審判を求めることができます。申立書には、一方当事者が死亡したことと、離縁を求める事情を記載します。

離縁の方法

```
                  ┌─ 協議離縁
    生前離縁 ─────┤
                  └─ 裁判離縁
    死後離縁           調停 → 審判 → 判決
```

特別養子縁組
特別養子と実親子やその血族との親族関係が終了する養子縁組

●なぜ特別養子縁組が認められたのか

普通養子縁組では、養子となっても実親との親子関係は消滅せず、養親子と実親子の二重の親子関係が生じ、親族関係が複雑になり、相続や扶養をめぐってトラブルが起きるケースがあります。また、実親による監護に問題がある場合、実親との親子関係を残すことが、子どもの健全な成長を妨げるおそれもあります。そこで、養親子を実子と同じように扱うことが望ましい場合があるとして、特別養子縁組の制度が設けられています。

特別養子縁組をするには、特別養子となる子が、養親となる者が家庭裁判所に審判を請求する時点で15歳未満であることを要します。ただし、特別養子となる子が15歳になる前から養親となる者に監護されていた場合、その子が18歳になるまでは特別養子縁組を成立させることができます。

養親となる者は、婚姻（結婚）しており、夫婦共同で養親となることを要するため、婚姻していない者は特別養子縁組ができません。また、養親は25歳以上であることを要しますが、夫婦の一方が25歳以上であれば、他方は20歳以上であれば足ります。さらに、特別養子となる子の実父母の同意を要るのが原則です。ただし、実父母が意思表示を行えない場合や、実父母による虐待、悪意の遺棄（故意に子の養育をしないこと）その他特別養子となる子の利益を著しく害する事由がある場合は、実父母の同意が不要です。

●嫡出子と同様に扱われる

特別養子縁組が成立すると、普通養子縁組と同じく、特別養子は養親の嫡出子の身分を取得します。一方、普通養子縁組とは異なり、特別養子と実父母およびその血族との親族関係が終了します。

特別養子縁組の届出があると、実父母の戸籍を見ても特別養子の所在がわからないようにするため、実父母の本籍地に特別養子の単身戸籍（氏は養親の氏）が編成され、特別養子は、この単身戸籍から養親の戸籍に入籍し、単身戸籍は除籍となります。また、特別養子の続柄は「長男」「長女」などと記載され、一見しただけでは特別養子であることがわからない配慮がなされています。

離縁は原則として許されません。ただし、①養親による虐待、悪意の遺棄その他特別養子の利益を著しく害する事由がある、②実父母によって相当の監護ができる、③特別養子の利益のためとくに必要がある、という3つの要件をすべ

て満たす場合、家庭裁判所は、特別養子、実父母または検察官の請求によって離縁させることができます。養父母からは離縁の請求ができません。

●どんな場合に認められるか

特別養子縁組の成立に関する審判は、養親となる者の請求により、その者の住所地の家庭裁判所で行われます。養親となる者は、夫婦の一方が他の一方の嫡出子と縁組をする場合を除いて、夫婦共同で申立てをしなければなりません。申立書には、縁組を希望する動機や事情、申立人の状況を詳細に希望します。また、実親子と同様の親子関係を成立させることから、実際に養育できるかどうかを判断する必要があります。そこで、養親となる者に特別養子となる子を6か月以上の期間で試験的に養育させる制度があります（事前監護）。家庭裁判所は、事前監護の状況を考慮し、特別養子縁組の成立に関する審判を行います。家庭裁判所が特別養子縁組を成立させる審判の結果を当事者に告知することで、特別養子縁組の効力が生じます。

なお、特別養子縁組を成立させる審判に対して、特別養子となるべき者の父母の他、特別養子となる者に対して親権を行う者で父母以外の者、成年に達した父母の後見人は、即時抗告（審判に納得できない場合に裁判所へ不服申立てができる制度）ができます。

●特別養子縁組は届出が必要

特別養子縁組を成立させる審判が確定した日から10日以内に、申立人（養父母）は、戸籍法に基づく届出をしなければなりません。正当な理由なく期間内に届出をしない場合には、5万円以下の過料に処せられることがあります。

普通養子縁組と特別養子縁組の違い

	普通養子縁組	特別養子縁組
成立	当事者の合意による届出	家庭裁判所の審判
養親になれる者	20歳以上（独身者でもよい）	原則として25歳以上（配偶者のある者に限る）
養子になれる者	①養親より年長でない者 ②養親の尊属でない者	原則として審判請求時に15歳未満
実父母の同意	15歳未満の養子については法定代理人の承諾が必要	原則として必要
実親との関係	継続する	終了する
試験養育期間	不要	6か月以上
離縁	原則として自由	例外的に家庭裁判所の審判により認められる

親子関係を争う場合とは
民法改正で母・子も嫡出否認の訴えの提起権者になった

●嫡出推定とは

親子関係を争う方法は、その子について夫・前夫の嫡出子であるとの推定（嫡出推定）が及ぶか否かで変わります。民法改正に伴い、令和6年4月以降、以下のように嫡出推定のルールが変更されました。

まず、婚姻中に懐胎した子は、夫の子と推定します。また、婚姻成立日から200日以内に生まれた子も、夫の子と推定します。

これに対し、離婚等の日（離婚、死別、前婚の取消し の日）から300日以内に生まれた子は、前夫（離婚等の前の夫）の子と推定します。ただし、離婚等の日から300日以内に生まれた子であっても、母が前夫以外の男性と再婚した後に生まれた場合は、再婚後の夫の子と推定します。

たとえば、男A・女Bが離婚した日から290日後にCが生まれた場合は、CがAの子であると推定されるのが原則です。ただし、Cが生まれる前にBが男Dと再婚していた場合は、CがDの子であると推定されます。

●嫡出否認の訴えとは

嫡出否認の訴えは、嫡出推定が及んで父と推定された夫・前夫と子との親子関係を否定するための訴えです。民法改正に伴い、令和6年4月以降、以下のように嫡出否認の訴えのルールが変更されました。

まず、嫡出否認の訴えを提起できる者（提起権者）は、父と推定された夫・前夫と、子・母（妻）です。子・母による訴えの提起は、主にDV等をする夫・前夫との親子関係を否定し、子の無戸籍状態を解消させるためです。

次に、嫡出否認の訴えの相手方となる者は、夫が提起する場合は母または子、前夫が提起する場合は再婚後の夫と母または子、子・母が提起する場合は父と推定された夫または前夫です。

また、嫡出否認の訴えを提起できる期間（提訴期間）は、夫・前夫が提起する場合は、子の出生を知った時から3年以内を原則とするのに対し、母・子が提起する場合は、子の出生時から3年以内を原則とします。

なお、提起期間を経過した場合や、出生後に子が嫡出子であると承認した者などは、嫡出否認の訴えを提起して親子関係を争えなくなります。

また、経過措置として、子・母は、令和6年4月1日から1年間に限り、同日より前に生まれた子について嫡出否認の訴えを提起できます。

●親子関係不存在確認の訴えとは

形式的には嫡出推定が及んでいる状態であっても、夫・前夫が妻を懐胎させる可能性がなかった場合は、嫡出推定が及ばないとして、夫・前夫との親子関係を否定するために親子関係不存在確認の訴えを提起できます。「夫・前夫が妻を懐胎させる可能性がなかった場合」とは、夫・前夫が長期の海外出張、受刑、別居などで子の母と性的交渉がなかった場合など、母が夫・前夫の子を妊娠する可能性がないことが客観的に明白であるような場合を想定しています。

親子関係不存在確認の訴えは、提起期間の制限がなく、親子関係について直接身分上利害関係のある者が提起権者となります。したがって、当事者である親または子に限らず、第三者が提起権者として認められる場合がありま す。一方、訴えの相手方となるのは、当事者である親または子です。

●虚偽の出生届で育てた子との関係は

真実の親子関係が存在しない以上、虚偽の出生届をしても原則として無効です。養子縁組届としての効力も生じません。したがって、虚偽の出生届で育てた子に対して、親子関係不存在確認の訴えを提起すれば、親子関係を否定できます。

しかし、自ら出生届を出しながら後になって親子関係を否定するのは身勝手ですから、他人の子を養子とする意図で虚偽の出生届を出し、長期にわたって実親子としての生活関係を続けていたという特別な事情がある場合は、例外的に出生届を普通養子縁組の届出とみなせるとした裁判例もあります。

嫡出否認の訴えと親子関係不存在確認の訴えの違い

	嫡出否認の訴え	親子関係不存在確認の訴え
訴えを起こす場面	夫・前夫に嫡出推定が及ぶ場合	夫・前夫に嫡出推定が及ばない場合
訴えを起こせる者（提起権者）	夫・前夫・子・母※	親子関係について直接身分上利害関係を有する者
訴えの相手方	夫　→　母or子 前夫　→　再婚後の夫 ＋ 母 or 子 子・母　→　父と推定された夫 or 前夫	当事者である親または子
訴えを起こせる期間（提起期間）	夫・前夫　→　子の出生を知った時から3年以内 子・母　→　子の出生時から3年以内	なし

※ 養親や未成年後見人が提起できる場合もある。

未成年後見人の選任
未成年者に親権を行う者がいない場合などに選任される

●未成年後見人を選任すべき場合

　未成年後見（未成年者の後見）は、未成年者（18歳未満の者）に対して親権を行う者がいないとき、または親権者が管理権をもっていないときに開始します。つまり、親権者の死亡、親権停止、親権喪失、親権辞退などによって、未成年者に親権を行う者がいない状態になると、未成年者の監護教育や財産管理を行うために未成年後見を行う人（未成年後見人）を選任する必要があるのです。その選任方法は、遺言書で指定する場合や、家庭裁判所で選任する方法があります。

　未成年後見人は、親権者と同様、未成年後見の対象である未成年者（未成年被後見人）の監護教育（身上監護）や財産管理について包括的な権限をもつと共に、未成年者の財産管理について善管注意義務を負います。

　また、未成年後見人を複数選任し、未成年者の監護教育や財産管理を複数の未成年後見人で分担もできます。複数で分担する場合は、未成年後見人同士が協力して未成年者の利益を最大化することが求められます。家庭裁判所が複数選任する際は、未成年後見人同士の適性や信頼性が考慮されます。

　未成年後見人は、指定後見人と選定後見人に分類されます。指定後見人とは、最後の親権者が遺言で指定した場合における未成年後見人です。指定は必ず遺言でしなければなりません。

　選定後見人とは、指定後見人のいないときに、未成年者の親族その他の利害関係人の請求に基づき家庭裁判所が選任するものです。選任の手続きは親族などからの申立てにより行われます。申立書には、申立ての原因、動機、未成年者の状況などを記載します。

●未成年後見人の職務や辞任

　未成年後見人は、就任後すぐに未成年被後見人の財産調査を行い、1か月以内に財産目録を調製しなければなりません。また、未成年後見監督人が就任ししている場合は、その監督を受けます。さらに、家庭裁判所も財産管理その他の事務につき、未成年後見人に相当な指示をしたり、職権で必要な処分を命じたりすることができます。

　なお、未成年後見人は、高齢、病気などにより、未成年後見人の職務を遂行することが困難になったという「正当な事由」がある場合に限り、家庭裁判所の許可を得て、未成年後見人を辞任することができます。

8 親族間の扶養義務
扶養義務には生活保持義務と生活扶助義務がある

●親族間の扶養義務とは

親族間の扶養義務は、一定範囲内の近親者（扶養義務者）が、自己の資産や労働だけでは自立した生活を送れない人（被扶養者）を経済的に援助する義務です。扶養義務には、生活保持義務と生活扶助義務の2つがあります。

生活保持義務は、扶養義務者自身と同じ水準の生活を被扶養者にも保障する義務です。被扶養者の配偶者と、未成年の子どもである被扶養者の両親が、生活保持義務を負います。一方、生活扶助義務は、扶養義務者自身の生活は通常どおり送れるのを前提とし、その余力の範囲内で被扶養者を扶養する義務です。被扶養者の兄弟姉妹と、成人の子どもである被扶養者の両親が、生活扶助義務を負います。

扶養義務者の範囲は、直系血族、兄弟姉妹、配偶者が該当します。特別な事情がある場合、3親等内の親族間でも扶養義務を負わせることができます。また、扶養義務者の順位は、扶養義務者間の協議で定めるのが原則ですが、協議が調わない場合は、家庭裁判所が扶養の順位を定めます。

●家庭裁判所による調停・審判

とくに高齢者の扶養については、引き取り扶養を望まない親子が増えているようですが、裁判所が引き取りを強制するわけにもいきません。扶養義務者に対して扶養料を請求するのが現実的といえるでしょう。

家庭裁判所に扶養請求調停の申立てを行い、調停がまとまれば調停調書が作成されます。申立書には、扶養義務者の氏名・住所と請求する扶養料の金額、申立てに至った経緯などを記載します。調停調書は確定判決と同じ効力をもちますから、これに基づいて強制執行ができます。扶養請求調停がまとまらず、扶養料の支払いを命じる審判がなされた場合も、審判書に基づいて強制執行ができます。

なお、養育費を確保する場合と同様に（57ページ）、家庭裁判所は、権利者（被扶養者）の申出があった場合で、義務者（扶養義務者）が審判や調停で定められた義務の履行を怠っていると判断したときは、義務の履行を勧告することができます（履行勧告）。

また、家庭裁判所は、義務者が審判や調停で定められた金銭の支払いなどの財産給付義務の履行を怠っている場合、権利者の申立てに基づき、義務者に対して義務の履行を命じることができます（履行命令）。

戸籍の記載事項
公的に日本国民であることを証明するためのもの

◉戸籍とは

　戸籍とは、簡単にいえば、日本国民であるその人の存在を証明するための制度です。日本では、生まれた後に提出された出生届に基づき、その者を戸籍へ記載をする手続きが行われます。

　日本国民は、いったん戸籍に記載されると、死亡するか、他国へ国籍を移すといった事情がない限り、戸籍との付き合いが続きます。戸籍には、本籍の他、その戸籍に記載されている各人について、氏名、出生年月日、戸籍に入った原因や年月日、実父母の氏名や実父母との続柄などの情報が記載されています（次ページ図）。

　戸籍に関する届出は、本人の本籍地または届出人の所在地の市区町村役所で行いますが（戸籍法25条）、戸籍簿（戸籍をつづった帳簿）は本籍地の市区町村役所に置かれています。本籍地とは、戸籍を管理する場所を定めるためのもので、日本国内であればどこを本籍地として選んでもかまいません。

　戸籍に記載された情報を利用したいときは、本籍地の市区町村役所に申請すれば、謄本、抄本、全部事項証明書、個人事項証明書といった形の書面の交付を受けることができます。

◉相続の際にも必要

　戸籍から知ることができる情報は、自分の存在を公的に認めてもらうことの他にも、さまざまな場面で利用することができます。たとえば、不動産の正当な所有者が誰なのかはっきりしない場合に、戸籍を調べることで判明することがあります。本来、不動産の所有者は登記を調べればわかるはずなのですが、中には所有者が死亡して相続を行うべきところ、相続人が誰も不動産の存在を知らず、所有権登記の変更をしないまま放置しているため、正当な所有者がわからなくなっている場合があるのです。この場合、戸籍をたどれば、所有者として登記に記載された者の相続人を特定できるわけです。

◉数十年前の戸籍の取得

　その人の身分や親族関係を詳細に調べる場合、戸籍をさかのぼることが必要なケースがあります。戸籍には、どの戸籍から移動してきたかという事実が記載されているため、その内容に沿って戸籍謄本等を取得することで、戸籍をさかのぼることができます。

　数十年前のものでも、戸籍が保存されていれば、戸籍謄本等を取得できる可能性があります。ただし、戸籍に記

載されていた人が除籍（婚姻や死亡などによって戸籍に載っている人が除かれること）されていると、戸籍謄本等という形でその人の情報を確認することができなくなります。また、その戸籍に生存者がいる場合は、筆頭者が亡くなって除籍されても戸籍簿に残されますが、全員が戸籍からいなくなると戸籍それ自体が閉じられ（消除といいます）、除籍簿に移されます。除籍簿の内容も、戸籍簿と同様、謄本、抄本、全部事項証明書、個人事項証明書という形で発行してもらうことができますが、除籍簿の保存期間は150年と定められています（戸籍法施行規則5条4項）。この期間が過ぎると、除籍謄本等の取得はできません。

この他、法改正により戸籍の様式が変わった場合、元の戸籍（改製原戸籍）には一定の保存期間が定められており、それ以前の分は処分することが認められています。そのため、現在交付を受けられるのは、昭和32年と平成6年の法改正による改製原戸籍の2種類だけの役所もあります。

また、平成6年分については、紙による保管から磁気ディスクによる保管という法改正であり、改製の進捗状況は市区町村によって異なります。請求の際は各役所で確認してみましょう。

戸籍の記載事項（戸籍法13条、戸籍法施行規則30条）

① 本籍
② 氏名
③ 出生の年月日
④ 戸籍に入った原因および年月日
⑤ 実父母の氏名および実父母との続柄
⑥ 養子であるときは、養親の氏名および養親との続柄
⑦ 夫婦については、夫または妻である旨
⑧ 他の戸籍から入った者については、その戸籍の表示
⑨ ②～⑧までに掲げる事項の他、身分に関する事項
⑩ 届出・申請の受附の年月日、事件の本人でない者が届出・申請をした場合には、届出人・申請人の資格および氏名（ただし、父または母が届出人・申請人であるときは、氏名を除く）
⑪ 報告の受附の年月日および報告者の職名
⑫ 請求、嘱託、証書・航海日誌についての謄本の受附の年月日
⑬ 他の市町村長または官庁からその受理した届書、申請書その他の書類の送付を受けた場合には、その受附の年月日およびその書類を受理した者の職名
⑭ 戸籍の記載を命ずる裁判確定の年月日

10 戸籍上の氏名や性別の変更

離婚後に子どもの戸籍を親権者の戸籍に移すには手続きが必要

●戸籍が変動する場合

たとえば、子どもの出生、夫婦の離婚、子どもの認知といった場合に、以下のような戸籍の変動が生じます。

① 子どもが生まれた場合

両親のいずれかが日本国籍を持っていれば、その両親から生まれた子どもは日本国籍を取得します。これに伴い、子どもは戸籍を持つことになりますが、戸籍に記載されるためには、原則として生まれた日を含めて14日以内に出生届を提出しなければなりません。出生届の提出先である役所は、出生した市区町村の役所でもかまいませんし、両親の本籍地がある市区町村の役所でもかまいません。

出生届が提出されると、子どもは両親の戸籍に入ります。本籍地と氏(苗字)は両親と同じです。

② 夫婦が離婚した場合

男女が婚姻(結婚)した場合は、氏を変更しなかった側を筆頭者とする戸籍が新たに編成されるのが一般的です。

これに対し、夫婦が離婚した場合は、それぞれが別の戸籍に入りますが、とくに未成年の子どもがいるときは、その子どもの戸籍をどうするかという問題が生じます。

離婚届を提出する際は、未成年の子どもの親権者を記載しなければなりませんが、親権者を決めただけでは戸籍に変更はありません。たとえば、離婚に伴い婚姻前の氏(旧姓)に戻る妻が親権者になっても、子どもは元の氏のまま夫が筆頭者の戸籍に残ります。子どもを妻と同じ氏にして妻の戸籍に入れるには、家庭裁判所に「氏の変更」の審判を申し立てて許可を得て、入籍届を出すという手続きが必要です。

③ 子どもを認知する場合

内縁(事実婚)の形態をとっているなど婚姻届を提出していない場合、その男女間に生まれた子どもは、母親の戸籍に入ります。ただし、父親が自分の子どもであると認めて認知届を出した場合(任意認知)や、裁判所が子どもの父親であるとの判決をした場合(強制認知)は、子どもの戸籍と父親の戸籍の双方の身分事項欄に、その事実が記載されます。子どもが父親と同じ氏になり父親の戸籍に入れるには、離婚時と同様、家庭裁判所に「氏の変更」の審判を申し立てて許可を得て、入籍届を出すという手続きが必要です。

④ 養子と戸籍

養子縁組を利用した場合、養親と養子の間には法的な親子関係が形成され、戸籍上にもその旨が記載されます。

普通養子縁組の場合、養子の戸籍には実父母の氏名や縁組年月日が記載される他、続柄欄には「養子」「養女」と記載されます。これに対し、特別養子縁組の場合、実父母との親子関係を終了させることから、続柄を「養子」「養女」ではなく「長男」「長女」といった実子と同じ記載にするなど、できるだけ実子に近くなる配慮がなされています。

⑤ 氏・名を変更する場合

戸籍上の氏（姓または苗字）や名（名前）を変更する手続きです。

氏・名は簡単に変更が認められるものではありませんが、難読、不便、婚姻前の氏への変更など、事情があって変更を希望する場合は、氏・名の変更の申立てができます。

氏・名の変更については、本人が15歳未満であれば法定代理人が、15歳以上であれば本人自身が申立てを行うことができます。申立書には、氏・名の変更を希望する事情を詳細に記載するとよいでしょう。

⑥ 性別の変更

性同一性障害をもつ18歳以上の人のうち、現に婚姻していない、現に未成年の子がいない、生殖腺がない、など一定の条件を満たすものは、家庭裁判所に性別の変更を申し立てることができます。申立書には、性同一性障害者であることを含め、性別の変更を希望する具体的な事情を記載します。

なお、令和5年11月、生殖腺がないという要件につき、生殖機能をなくす手術を求める点で憲法に違反しており無効であると最高裁判所が判断した後、生殖腺があっても性別の変更を認めたケースが存在します。

子どもの氏を妻（母親）と同じ氏にする場合の手続き

```
離婚後、妻（子どもの母親）を親権者とする
          ▼
妻が筆頭者でない場合、子どもの戸籍は夫の戸籍に残る
          ▼  ← 子どもの氏を変えたい場合
家庭裁判所に「子の氏の変更許可の審判」の申立てをする
          ▼
許可後、入籍届を提出する
          ▼
子どもが母親と同じ氏（姓）を名乗ることができる
```

11 死亡と戸籍の関係
筆頭者が死亡した後も戸籍が残ることがある

●死亡すると除籍される

　人が死亡し、居住地の市区町村役場に死亡届が受理されると、その人の戸籍は除籍されます。ただし、死亡した人が戸籍の筆頭者で、配偶者や子など、他の人の戸籍が残っている場合、死亡した人の戸籍は除籍扱いとなりますが、他の人の戸籍はそのまま残されます。つまり、配偶者や子が戸籍謄本などの書類を取得するために申請書を書く際には、死亡した人を筆頭者として記入することになるわけです。

　一方、その人の死亡によって戸籍に残る人が誰もいなくなった場合は、その戸籍は除籍簿に移されます（消除といいます）。

●婚姻前の氏に戻ることもできる

　配偶者が死亡しても、生存している相手方の戸籍に大きな変動は生じません。「夫」「妻」という配偶者の区分が消え、配偶者の死亡年月日が記載される程度です。婚姻関係がなくなり独身に戻ったからといって、それだけでは婚姻前の氏（旧姓）に戻るわけではありませんし、死亡した配偶者の親兄弟との姻族関係もなくなりません。

　しかし、本人が希望し、必要な手続きをすれば、旧姓に戻ることも、姻族関係を断つことも可能です。

　旧姓に戻りたいときは、市区町村役場に「復氏届」を提出します。

　また、姻族関係の継続によって問題になるのは、相互扶助の責任があることです。「夫が亡くなったのに義父・義母の世話をしたくない」といった事情がある場合は、「姻族関係終了届」を市区町村役場に提出することで、姻族関係を終了させることができます。

●遺産相続と戸籍

　ある人が亡くなることによって生じる大きな問題の一つが、遺産相続です。亡くなった時点の戸籍謄本を取得するだけでは、相続人を確定することはできない場合には、婚姻や分籍をする前の除籍謄本、電子化などによる改製原戸籍謄本などが必要になります。

　除籍謄本とは、除籍簿に記載されている全員を証明する書面のことです。戸籍事務をコンピュータ化している役所では、除籍謄本の代わりに除籍全部事項証明書の交付を受けることができます。

　また、改製原戸籍謄本とは、改製原戸籍（戸籍が新しくなった場合における古い戸籍のこと）に記載されている全員を証明する書面のことです。

第 2 章

離婚問題を解決するための法律知識

協議離婚・調停離婚・裁判離婚
多くの離婚が協議離婚である

●離婚とは

　離婚とは、夫婦が生存中に婚姻関係を解消することです。配偶者の浮気や暴力、金銭トラブル、あるいは舅姑との不仲などの問題を抱えた離婚の他、表立った問題はないものの、お互いがより自分らしく生きるためのステップとしての離婚など、さまざまな離婚の原因があります。

　しかし、誰にとっても、離婚は人生における大きな出来事のひとつであることは確かでしょう。そのような重大事項は、当事者の自由な意思に基づいて決定するのが基本ですから、離婚に際しては夫婦間の話し合いが欠かせません。離婚の約9割は協議離婚といわれています。

　しかし、離婚後、経済的に不安定な生活を余儀なくされたり、自分の子どもと一緒に暮らせなくなったりするなど、重大な不利益が生じることがあり得ますから、夫婦間の話し合いだけでは結論が出ない場合も少なくありません。

　このような離婚の性質を踏まえ、わが国の法律では、離婚を成立させるためのステップを、次のように制度化しています。

① 協議離婚

　夫婦間の話し合いで離婚の合意がまとまれば、離婚届の提出によって離婚が成立するというものです。

② 調停離婚

　話し合いで離婚の合意がまとまらない場合、いきなり離婚訴訟を提起することは認められていません。離婚訴訟の提起前に、家庭裁判所の離婚調停（家事調停）を経なければなりません（調停前置主義）。

　家事調停とは、裁判官（家事調停官）1名と民間選出の2名以上の調停委員（家事調停委員）で構成される調停委員会が、当事者双方の言い分を聴いて、双方が納得して紛争を解決できるように助言やあっせんをする制度です。低料金で申立てができますし、手続きは非公開であるため、利用しやすいといえます。裁判官や調停委員が立ち会う中で話し合いがまとまれば、離婚を成立させることができます。この場合の調停のことを夫婦関係調整調停といい、離婚に向けた話し合い（離婚調停）だけでなく、夫婦関係を修復して円満に回復させる方向での話し合い（円満調停）にも利用できます。

　なお、相手方が行方不明やDVで離婚の必要がある場合などは、話し合いが不可能なので、例外として、家事調停を経ることなく直ちに離婚訴訟を提起することができます。

③ 審判離婚

たとえば、離婚すること自体は合意に至ったが、財産分与の割合について合意に至らなかった場合、離婚調停は不成立で終了し、離婚訴訟を提起することになります。

ただし、離婚調停を行った家庭裁判所は、調停不成立の場合で相当と認めるときは、当事者双方のために衡平に考慮し、一切の事情を見て、職権で（独自の判断で）離婚を認める審判（調停に代わる審判）ができます。これを審判離婚といいます。

審判離婚について異議申立てがなく2週間が経過すると、審判離婚が確定判決と同じ効果を持ちますが、異議申立てがあると審判離婚が失効します。この点から、審判離婚が利用されるケースは少ないです。

④ 裁判離婚

調停不成立となった場合、家庭裁判所に離婚訴訟を提起し、離婚を認める判決を得ることで、離婚を成立させるのが裁判離婚です。離婚訴訟では、民法という法律が定める離婚の理由（法定離婚事由）があるかどうかを、証拠を示しながら双方の言い分を主張し合います。さらに、離婚を認める判決と共に、財産分与や親権者・養育費の内容などを一緒に決めてもらうこともできます。

なお、訴訟係属中に当事者双方が離婚に合意して離婚訴訟を終了させ、離婚を成立させることができます。これを和解離婚といいます。

以上が離婚を成立させるための制度ですが、離婚訴訟で争うことになった場合に問題となる法定離婚事由を知っておくのは有益です。法定離婚事由が相手方にあれば、離婚を成立させやすくなるだけでなく、離婚の条件を自分に有利なものとすることにもつながるからです。

協議離婚・調停離婚・裁判離婚

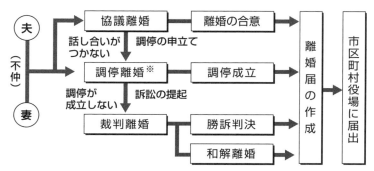

※調停不成立の場合に審判離婚が行われることもあるが、実務上審判離婚はあまり利用されていないため、調停不成立の場合は裁判離婚の手続きになるのが通常である。

2 離婚の際に決めておくべきこと
復氏をするかどうかや未成年の子どもの親権者などを決める

●必ず決めなければならないこと

ここでは、離婚することが決まったときに、何を決めなければならないのかを見ていきましょう。

① 婚姻（結婚）前の氏にするか、婚姻中の氏にするか

離婚すると、婚姻の時に氏（苗字）が変わった人は、婚姻前の氏（旧姓）に戻ります（復氏）。ただし、離婚日から3か月以内に届出（離婚の際に称していた氏を称する届）をすることで、離婚後も婚姻中の氏（現在の氏）を使用することができます。この届出については、離婚届の提出と一緒に届出をしないと、いったん旧姓に戻ることに注意を要します。

② どちらが未成年の子どもの親権者になるのか

令和6年9月現在、夫婦間に未成年の子どもがいる場合、離婚届を提出する際は、どちらが子どもの親権者（子どもに対して親権を持つ人）になるのかを必ず決めなければなりません（単独親権）。親権者の記載のない離婚届は受理されません。

なお、親権の一部である監護権については、離婚の際に、親権を持たない側に監護権を持たせることもできます。親権には、子どもの財産管理の側面と、子どもの監護（保護・養育）の側面に分けて把握することができます。前者の財産管理権に比べて、後者の監護権は子どもの心身の発達に直接的な影響を与えるため、より子どもに適した監護の可能性を探る機会を設けたのです。

なお、令和6年5月成立の民法改正（2年以内に施行予定）により、離婚届の提出の際に、父母の双方または一方を親権者として指定できるようになります（離婚後に単独親権または共同親権が選択できるようになります）。また、親権者の指定を求める家事審判・家事調停の申立てをしていれば、親権者を決めなくても離婚届の提出が可能になります。

③ 引き取らない方はどのように子どもと会うのか（面会交流権）

夫婦のうち子どもを引き取らなかった方（子どもと一緒に住まないことになった方）が、離婚後に子どもと会ったり、メール・手紙などのやり取りをしたりすることを面会交流権といい、子どもの利益のために認められています。個別の事情に則して、子どもの精神的負担にも配慮した上で、どの程度の頻度・時間で、どこで会うのかなどを取り決める必要があります。

なお、令和6年5月成立の民法改正

により、婚姻中別居の場面における親子交流に関する規定や、父母以外の親族（祖父母など）と子どもとの交流に関する規定が設けられます。

④ **子どもの養育費はどうするか**

子どもの養育費は、子どもを引き取らない方が、子どものために支払うものです。どのような方法で、毎月いくら支払うのかなどを詳細に取り決めておく必要があります。公正証書などの書面に残しておく方がトラブルを防ぐことができます。

なお、令和6年5月成立の民法改正により、父母間の取決めがなくても、子の数に応じて法務省令で定めるところにより算定した額の養育費を請求できるようになります（法定養育費）。また、養育費の請求権に一般先取特権が付与されるため（子の監護費用の先取特権）、債務名義がなくても養育費の差押えが可能になります。

⑤ **財産分与・慰謝料はどうするか**

財産分与とは、夫婦が婚姻中に取得した財産を清算分配するもので、離婚の理由を問わず、当然に一方が他方に請求できます。たとえば、妻が専業主婦で収入を得ていなかったとしても、夫が外で収入を得ることができたのは妻のサポートがあったからで、婚姻中に夫が外で得た収入のうち一定の割合は妻に分配すべきと考えるのです。

これに対し、慰謝料とは、たとえば、夫が不倫を続けていたことで妻が苦しみを受け続けていた場合など、精神的苦痛による損害を金銭によって償うものです。慰謝料については、離婚訴訟とは別個に訴訟を提起して請求することもできます。

なお、財産分与によって分与される財産には、預貯金・不動産・有価証券・保険だけでなく、骨董品や絵画などの美術品も含まれます。財産分与を請求する際は、これらの財産の現況を把握していることが重要になります。

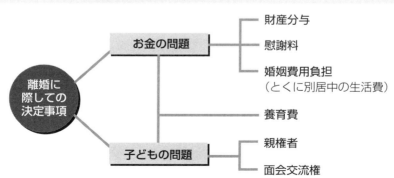

離婚の際に決めなければならないこと

また、厚生年金については、財産分与とは別の問題として婚姻期間中の年金記録を分割する制度があり、分割割合の合意と日本年金機構への請求手続きが必要です。

●援助を受けることも検討する

子どもを引き取って離婚した側のため、児童扶養手当の他、母子（父子）福祉資金貸付という低金利の融資制度もあります。こうした公的援助の存在を知っておき、子どもの利益のため、条件に当てはまる場合は利用を検討しましょう。また、NPO法人などが実施している私的援助の利用も検討するとよいでしょう。これらの援助を受けることは、他人に迷惑をかけることとは違いますし、恥ずべきことでもありません。

●離婚届について

協議離婚の場合、夫婦が離婚する意思を固めて離婚届を作成し、これを市区町村役場へ提出し、受理されてはじめて離婚が成立します。協議離婚の場合の離婚届には、夫婦2人の署名の他に、成年の証人2人の署名が必要です（押印は任意）。

調停離婚・審判離婚・裁判離婚の場合は、それぞれ調停成立日、審判確定日、判決確定日から10日以内に、それぞれ調停調書の謄本、審判書の謄本（確定証明書付き）、判決書の謄本（確定証明書付き）と共に、離婚届の提出が必要です（成年の証人の署名は不要です）。

なお、離婚に伴う復氏は、離婚届の提出後に市区町村が氏の変更を住民票へ反映するため、別個に氏の変更手続きをする必要はありません。もっとも、復氏によって印鑑登録の印鑑を変える場合や、離婚に伴い転居する場合は、別個に変更手続きが必要です。

●運転免許証その他の氏名・住所変更届、健康保険・年金の加入届など

離婚届の提出が済んだら、運転免許証やパスポート、生命保険、自動車保険、銀行預金などの氏名や住所の変更手続きもしておきましょう。郵便局への転居・転送サービスの届出も忘れないようにしたいところです。運転免許証の氏名や住所の変更は、本籍地記載のある住民票があれば足ります。しかし、パスポートの氏名の変更（パスポートは住所の記載がありません）には新しい戸籍謄本が要求されるなど、受付機関によって証明書類が異なります。変更手続きに必要となる書類は、事前に確認しておくことをお勧めします。

その他には、たとえば、夫が会社員で妻が専業主婦である場合、妻は夫の社会保険の扶養に入っているのが通常ですが、離婚後は妻自身が国民健康保険や国民年金に加入する手続きをとらなければなりません。いずれも強制加

入ですので、市区町村役場に出向いて必要な手続きをとらなければなりません。

さらに、子どもが学校へ通っている場合は、校内で管理する調査票の記載内容に変更が生じるため、担任の先生などへ報告し、必要な対応を行うようにしましょう。

● その他の離婚に際するお金の問題

以上、離婚に際して決めなければならない事項や、行わなければならない手続きを見てきましたが、最後に離婚に際するお金の問題について少し補足します。

配偶者と子どもの生活費・学費・交際費・医療費など、婚姻中の共同生活を維持するために必要となる費用を婚姻費用といい、夫婦は婚姻費用を分担して負担する義務を負っています。婚姻費用をどのくらい負担すべきかについては、とくに別居期間中における配偶者と子どもの生活費などが問題となります。別居の原因を作り出した有責配偶者（不倫などのように夫婦生活を破たんさせる原因を作り出したことに責任のある配偶者のこと）が、他方配偶者に別居中の生活費を請求してきた場合、他方配偶者がこれを負担しなければならないのは酷であるからです。

ただし、有責配偶者からの婚姻費用が信義則違反となるのは、審理するまでもなく有責性が明らかな場合とされています。当事者間で争いがあるなど有責性が不明な場合、裁判所は、有責性がないものとして算定表に基づき婚姻費用の審判を行います。婚姻費用の審判は、迅速性が最優先されるからです。

また、有責性が明らかでも、夫婦間に子供がいる場合は、養育費相当額の支払いが命じられます。

離婚に関する主な届出と手続き

―役所への届出（提出する届出書）―
離婚届、離婚の際に称していた氏を称する届、子の入籍届
離婚届の不受理申出書

―家庭裁判所への申立て―
離婚調停の申立て、財産分与請求調停の申立て、
親権者変更調停の申立て、子の監護者の指定調停の申立て、
養育費請求調停の申立て、子の氏の変更許可審判の申立て

3 離婚の悩みをサポートする相談先
家庭裁判所や地方自治体などのサポートを活用する

●専門的なアドバイスを受ける

離婚に際しては、配偶者（や子ども）との別離という心理面で大きな葛藤を抱える状態である一方、手続き面では将来を見据えた冷静かつ客観的な判断や行動が必要です。そこで、離婚に関して専門的なアドバイスを行う弁護士や専門機関の相談を受けることをお勧めします。

離婚前に専門的なアドバイスを受けておくことは、自分の考えをまとめるのに役立ちますし、何よりも離婚前後に行うべきことが明らかになるというメリットもあります。主な相談先には以下のものがあります。

●家庭裁判所を利用する

家庭裁判所では、家庭内や親族間の問題を解決するため、①家庭裁判所の手続きを利用できるかどうか、②利用できる場合にはどのような申立てをすればよいか、③申立てにあたって必要な費用や添付書類は何か、などについて説明・案内をしている「家事手続案内」というサービスがあります。相談には、主に家庭裁判所調査官や書記官があたり、相談時間は一件につき20分以内が目安とされています。

家事手続案内は無料です。電話での相談は受け付けていません。相談ができる曜日・時間は各家庭裁判所で異なりますので、ホームページや電話で確認してから窓口へ行くようにしましょう。家事手続案内においては、法律相談や身上相談には応じていないことに注意が必要です。

なお、夫婦関係調整調停は、離婚調停としてだけでなく、夫婦関係を円満に回復するための調停（円満調停）としても利用されます。離婚が頭をよぎったときは、法律的な問題ではなさそうだからと決めつけることなく、家庭裁判所に相談するのも選択肢のひとつです。

●地方自治体などを利用する

地方自治体（都道府県や市区町村）には、離婚自体の相談ができる窓口と、離婚後に一人で子どもを育てることに関しての相談ができる窓口があります。他にも、国際結婚など独特の問題が生じるケースは、NPO法人などで相談窓口を設けているところがあります。いずれも地方自治体や運営組織ごとの利用規程がありますので、あらかじめ電話などで問い合わせてから利用しましょう。

① 離婚自体の相談

地方自治体では「男女共同参画推進

センター」「女性センター」といった名称の機関を設置し、臨床心理士や公認心理師、弁護士などの資格を持つ相談員が、離婚やDVの問題を含めて、とくに女性が抱える問題全般に関する情報提供や相談に応じています。その中には「配偶者暴力相談支援センター」（DVの相談・援助や一時保護などをする機関のこと）に指定されている機関もあります。

離婚後の子どもの養育について相談したいときは、市区町村にある「児童家庭相談室」「子ども家庭相談室」「家庭児童相談室」などと称する児童家庭相談の窓口を利用できます。その他、多くの市区町村では無料法律相談を受け付けているので、予約をすれば弁護士に無料で離婚に関する法律相談ができます。

法律相談であれば、各弁護士会が主催している有料の法律相談もあります。相談料はおおよそ30分5,500円程度ですが、調停や裁判になる可能性が高く、委任に結びつく場合は無料とされることも多いようです。

また、収入と資産が一定基準以下の人は、法テラスの民事法律扶助を利用し、1回30分の相談を3回まで無料で受けることができます。民事法律扶助を利用できるか否かの確認だけでもしてみるとよいでしょう。

② 離婚後に一人で子どもを育てることに関する相談

都道府県や市区町村の福祉事務所や町村の福祉課では、子どもやひとり親家庭などの生活を支えるさまざまなサービスを提供しています。それらの中で、一人で子どもを育てる際にまず検討したいのは、児童手当とあわせて児童扶養手当の支給を受けることです。子どもの精神または身体に障害がある場合は、これらに追加して特別児童扶養手当の支給も受けることができます。

さらに、ひとり親家庭を支える制度として、病気になった際の「ひとり親家庭等医療費助成制度（マル親）」、自宅での養育を伴う生活が困難になった際の「母子生活支援施設」、公営住宅の当選確率が高くなる「公営住宅抽選率の優遇」もあります。

また、「母子父子寡婦福祉資金貸付金」という融資制度もあります。これは20歳未満の子どもを扶養する母子家庭の母親や父子家庭の父親などを対象に貸付けをする制度で、利息は連帯保証人の有無により無利子または年利1％程度、返済は一定の据置期間の経過後からの開始となっています。事業の開始や就職に必要な職業技能を身につけるための技能習得資金、事業を始めるための事業開始資金、子どもを学校に入学させるための修学資金、住宅の購入・補修・改築などのための住宅資金など、用途に応じたさまざまな貸付金が用意されています。

4 財産分与と慰謝料
財産分与の請求には期間制限が設けられている

●財産分与は夫婦が築いた財産の清算である

　財産分与に関しては、夫婦の共有名義の財産に限らず、夫婦の一方の名義の財産であっても、夫婦の婚姻中に協力して築いた財産であれば、原則として財産分与の対象に含まれます。

　たとえば、夫が会社員で収入を得ているのに対し、妻は専業主婦で収入を得ていないとしても、夫が得た収入で取得した財産は、たとえ夫婦の一方の名義になっていても、原則として財産分与の対象に含まれます。この場合、婚姻中に夫が収入を得ることができたのは、妻の協力があってのことだと考えるのです。

　具体的には、夫婦が共同して使用する財産として、住宅、マンション、乗用車などを購入するときに、収入を得ている夫名義で購入することが多いと思われますが、これらも財産分与の対象に含まれるのが原則です。

●財産分与の性質について

　財産分与には、婚姻中に協力して築いた財産を離婚に際して清算するという性質があります。これを清算的財産分与といいます。清算的財産分与の割合は、婚姻中の財産の取得や維持についての夫婦双方の寄与の程度に応じて決まります。しかし、令和6年5月成立の民法改正（2年以内に施行予定）により、夫婦双方の寄与の程度が異なることが明らかでないときは、相等しいものとする（寄与の割合を2分の1ずつとする）ことになります。

　その他にも、離婚によって生活が不安定になる側を扶養するという性質もあります。これを扶養的財産分与といいます。

　たとえば、専業主婦の妻が会社員の夫と離婚するケースでは、離婚後の妻の生活が不安定になることは否めません。しかし、妻が家庭内のことに専念していたからこそ、夫は収入を得られたわけですから、離婚後に妻が自分の力で生活できるようになるまで、夫が妻の生活を保証するのが公平と考えられています。

　扶養的財産分与をする際、収入を得ていた側は、自らの固有財産などを割いてでも、専業主婦・専業主夫の側に財産を与えるべきとされています。しかし、専業主婦・専業主夫の側が生涯にわたり全面的に扶養されて生活できるわけではなく、金額も支給期間も制約があります。

●財産分与の額は婚姻期間が長いほど高額になる傾向

当然のことながら、夫婦が協力して築いた財産に応じて財産分与の額は異なります。一般的には婚姻期間が長いほど協力して築いた財産が多くなり、財産分与の額も多くなる傾向が見られます。たとえば、専業主婦の妻が会社員の夫と熟年離婚をする場合、婚姻中に築いた夫名義の財産の中からも、高額の財産分与を請求できることになるわけです。

ただし、夫婦の一方が共同生活のために負担した債務（住宅ローンや教育ローンなど）を引き継ぐ場合には、それが財産分与において考慮されます。そして、財産分与の額が高額に過ぎず、かつ、租税回避を目的としていないと認められれば、財産分与について贈与税が課せられることはありません。

●財産分与の請求期間は2年（民法改正により5年に延長予定）

離婚に伴う財産分与を請求できるのは、離婚時から2年以内に制限されています。そのため、相手方が財産分与に応じる様子がなければ、この期間内に調停の申立てや訴訟の提起などをして裁判上の手続きを開始させないと、財産分与の請求ができなくなる点に注意が必要です。

なお、令和6年5月成立の民法改正により、その施行後は、離婚に伴う財産分与を請求できる期間が、離婚時から5年以内に延長されます。

さらに、離婚に伴う財産分与の請求

財産分与と慰謝料のまとめ

	性質	算定の考慮要因	請求可能期間
財産分与	・清算的財産分与（婚姻中に夫婦が協力して得た財産を寄与の程度で清算） ・扶養的財産分与（離婚により生活困難になる側の扶養を図るもの） ・慰謝料的財産分与	・寄与度（財産形成に対する貢献度） ・有責性の有無 ・離婚後の扶養の必要性 ・離婚の経緯	離婚時から2年（民法改正により離婚時から5年に延長予定）
慰謝料	・婚姻関係を破たんさせる原因（不貞行為やDVなど）によって受けた精神的損害の賠償	・財産分与の額 ・精神的苦痛の大小 ・有責性の程度 ・当事者の経済状態 ・離婚の経緯、婚姻期間、当事者の年齢	離婚時から3年が原則

ができる期間内であっても、財産分与が事実上不可能な状態になる可能性もあります。

　たとえば、婚姻中は夫婦で居住していた夫名義のマンションを、夫が離婚後に第三者に転売すると、その第三者に対して、妻がマンションの返還を請求するのは非常に困難です。夫名義の財産は第三者から見れば夫個人の財産だからです。このように、離婚時から時間が経過すればするほど、財産分与が実現できなくなるおそれが高まります。相手方が財産分与を拒否する姿勢をとっている場合は、離婚後すぐに財産分与を請求することを可能にするため、下記のように相手方の財産を調べておくなど、離婚前から手を打っておくべきでしょう。

　なお、離婚前や離婚後に相手方が得た財産や、離婚前後を問わず相手方が相続で得た財産は、財産分与の対象外です。あくまで「婚姻中に夫婦が協力して築いた財産」が財産分与の対象です。

●相手方の財産を調べておこう

　財産分与を請求する側は、相手方名義になっている財産の状況を可能な限り調べておきます。預貯金については銀行名・支店・口座番号・金額など、不動産については地番（所在地）・抵当権設定など、株式については銘柄・数・証券会社などを調べておくことをお勧めします。

●性格の不一致だけでは慰謝料が発生しない

　離婚で手にする財産としては、財産分与の他に慰謝料があります。財産分与は、婚姻中に夫婦で築いた財産に対する寄与の程度に応じて分配されるので、離婚原因を作った方が責任を問われて減額されることはありません。しかし、慰謝料は、相手方から受けた精神的苦痛に対して支払われる金銭です。不倫などの不貞行為やDVなどが慰謝料請求の理由となることが多いです。離婚原因として多い「性格の不一致」のようなあいまいな理由では、慰謝料が発生することはまずないといえます。

　慰謝料と財産分与は別の請求ですから、両者を明確に区別して確認するように注意しましょう。とくに離婚調停における調停調書などに「今後名目の如何を問わず、財産上の請求を一切しない」という一筆を書き入れる際は要注意です。よく確認をせず調停に合意したり、書面に署名押印をしたりしたため、相手方から受けとれるはずの金銭を受けとれなくなるおそれがあります。

　なお、離婚を理由とした慰謝料は民法上の不法行為責任として生じるため、原則として離婚後3年以内に請求しなければなりません。

●慰謝料の相場は意外に低い

　慰謝料の額は100万円から300万円程度が多いといえます。慰謝料の額は婚

姻期間の長短とは必ずしも関係しません。もっとも、長期の婚姻生活の末に離婚したとなれば、精神的にも経済的にも受けるダメージが大きいと考えられるため、慰謝料の額が高くなる可能性はあります。

しかし、慰謝料は精神的苦痛に対して支払われるものですから、明確な基準や相場があるわけではなく、個別の事情を総合考慮して決まりますが、300万円を超えることは非常に少ないといえます。

●夫婦の双方が慰謝料を請求し合った場合

妻が「こんな結婚生活はもう耐えられない。慰謝料をもらって離婚する！」と言えば、夫は「別れたいとは勝手だ。離婚するならば社会的信用を傷つけられた慰謝料を請求するぞ！」といった言い争いをするケースがあります。

このようにお互いが慰謝料を請求し合った場合は、どのようになるのでしょうか。

離婚を理由とする慰謝料は、夫婦のうち離婚の直接的な原因を作った側が、それにより精神的損害を受けた相手方に対して支払う損害賠償金ですが、損害を受けた相手方にも責めを負うべき点があるならば、過失相殺が行われるのが一般的です。この場合は、どちらが離婚原因の根本を作ったのかを探り、相手方が金額にしてどの程度の損害を受けたのかを調べます。こうして双方の過失を比較し、損害と相殺した上で、慰謝料の額が決定されます。

現在でも「離婚する場合は、夫が妻に慰謝料を支払うもの」と思っている人がいるようですが、慰謝料は精神的損害と過失を夫婦それぞれについて認定して決めるものです。

離婚を理由とする慰謝料はどうやって決定するか

明確な基準や相場があるわけではない

- ・離婚の直接的な原因を作出したのはどちらか
- ・有責性の程度（過失相殺を行うかどうかなど）
- ・加害者側の資力や婚姻期間など

総合考慮して判断

慰謝料額の決定

5 財産分与・慰謝料の具体的な支払方法
一括払いで協議による場合は公正証書に残すのがベスト

●可能な限り分割払いはさける

財産分与や慰謝料は分割払いにせず一括払いにするのが無難です。夫婦の別れ方、支払う側の経済力や性格によって事情は違いますが、離婚して別々に生活しはじめれば、法律的に義務付けられたことでもおざなりになりがちです。遠方に引っ越してお互いの距離が離れたり、支払う側が再婚したりすれば、なおさら支払いが滞ることになりかねません。

やむなく分割払いにする場合でも、初回に支払う頭金を多くするなどの工夫を心がけるようにしましょう。

●内縁の場合も財産分与や慰謝料の請求が可能

内縁とは、夫婦同然に生活して婚姻の意思もあるが、婚姻届は出していない場合です。誰かと婚姻届を出している状態であるが、別の誰かと結婚するつもりで同棲している場合も内縁にあたります。これは重婚的内縁関係と呼ばれています。

内縁の場合は相続権がないなど、婚姻関係としての法律の保護を受けられないことも多いのですが、内縁関係を解消するときに財産分与や慰謝料を請求することは可能です。

●不貞行為については内縁関係でも慰謝料の請求を受ける

婚姻関係の場合とまったく同じではありませんが、内縁関係であっても婚姻関係に準じた扱いがされることがあります。たとえば、働いたお金を家に一切入れないときは相互扶助義務違反となり、同居を拒んでいるときは同居義務違反となります。また、不倫などの不貞行為をしたときは貞操義務違反となり、内縁の相手方から慰謝料の請求を受けます。

もっとも、「婚姻する意思」「夫婦同然の生活」は、はっきりした線引きが難しいところで、場合によっては、内縁関係は同棲や単なる共同生活とも解釈されます。内縁関係の場合は、通常の夫婦の離婚のようにはいかないのが現実です。

●調停では財産分与や慰謝料の額を決めてもらえる

離婚成立後に財産分与や慰謝料をめぐって元夫・元妻間でトラブルになった場合、財産分与と慰謝料のそれぞれについて調停の申立てができます。申立手数料（収入印紙代）は1,200円です。申立書には、請求する金額と、申立てを行うに至った離婚後の事情などを記

載します。基本的には、裁判所（調停委員）側が財産分与や慰謝料について一方的に決めることはありません。

なお、調停不成立の場合、財産分与については、自動的に家庭裁判所の審判手続きに移行し、調停委員会を構成した裁判官が審判官となって審理を行います。一方、慰謝料については手続きが終了し、審判に移行することはありません。慰謝料のみを請求する場合は、あらためて地方裁判所に訴訟の提起が必要です。

●協議で決定した事項は書面に残す

調停や訴訟によらず、夫婦間の協議によって財産分与や慰謝料について決定した場合は、支払金額、支払方法、支払期限、一括払いか分割払いか、分割払いの場合は支払回数や各回の支払時期などを取り決めた上で、その決定した内容を必ず強制執行受諾（認諾）文言が入った公正証書という書面に残すようにしましょう。強制執行受諾文言とは、「Aは、本証書記載の金銭債務を履行しないときは、直ちに強制執行に服する旨認諾した」という内容の文言のことです。

強制執行受諾文言が入った公正証書を作成しておけば、相手方が決定を守らずに支払わないというトラブルが生じても、公正証書に記載された強制執行受諾文言に基づき、訴訟を提起しなくても相手方の財産を差し押さえるな

どの強制執行が可能です。公正証書に「分割金を期限内に1回でも支払わなかった場合は、残金を一括して支払う」といった期限の利益喪失条項を設けておくと、未払いが発生したときに残金の強制執行が可能となるため、あわせて公正証書に盛り込んでおきましょう。

このように、金銭の支払いに関する重要な事項については、公正証書を作成するのが鉄則です。公正証書にしなかった場合で、後から財産分与や慰謝料をめぐるトラブルが発生した場合は、相手方に内容証明郵便を送付する方法もあります。

その他、財産分与によって不動産を譲り受ける場合は、自らへの所有権移転登記を確実に済ませなければなりません。

●後で財産分与・慰謝料の額を変更することはできるのか

離婚した後に離婚成立時から状況が変わったからといって、いったん取り決めた財産分与や慰謝料について、その金額の変更を認めてもらうのは難しいでしょう。ただし、相手方が不倫の事実を隠していた場合や、無理やり念書を書かされていた場合は、一定期間内であれば、慰謝料の増額や財産分与のやり直しが認められる可能性があります。

年金分割と手続き
年金分割の請求期限は離婚後2年以内である

●年金分割とは

年金分割とは、離婚すると妻の受け取る年金が少額になるケースが多いことから、離婚後に結婚（婚姻）期間中における夫の分の年金を妻に分割できるようにする制度です。年金分割の方法には、合意分割と3号分割があります。年金分割の対象となるのは、厚生年金部分（厚生年金保険に該当する部分）に限られ、国民年金部分（国民年金に該当する部分）は年金分割ができません。

なお、年金分割は年収の高い人から年収の低い人に（厚生年金の受給額が高い人から低い人に）分割される制度であり、必ずしも夫から妻に分割されるとは限りません。本項目ではケースとして多い夫から妻への分割を想定しています。

なお、年金分割の請求は、合意分割か3号分割かを問わず、原則として離婚をした日の翌日から起算して2年以内に行わなければならないことに注意を要します。請求先は年金事務所です。

●年金分割の方法

前述したとおり、年金分割の方法には、合意分割と3号分割がありますので、順に見ていきましょう。

① 合意分割

結婚期間中に夫が納めていた厚生年金部分の年金の一部を、妻名義の年金として受け取ることができる制度です。合意分割の対象となるのは厚生年金部分である老齢厚生（退職共済）年金に限られ、国民年金部分である老齢基礎年金は分割の対象となりません。

具体的には、報酬比例部分の50％（共働きのために夫婦の双方が厚生年金に加入していた場合は双方の報酬比例部分を合算して50％）を限度として、夫（年収の高い人）の合意があった場合に、妻（年収の低い人）独自の年金として支給を受けることができます。

なお、合意分割の請求が行われた場合、結婚期間中に3号分割の対象となる期間（平成20年4月1日以降において妻が第3号被保険者であった期間）が含まれるときは、合意分割と同時に3号分割の請求があったとみなされます。

また、年金事務所では請求に基づいて合意分割を行うのに必要な情報（年金分割のための情報通知書）を提供しています。年金分割の請求は離婚後に限りますが、情報提供の請求は離婚前も行うことが可能です。

② 3号分割

妻が第3号被保険者のときは、離婚

の際、妻からの請求により、結婚期間中における夫の厚生年金部分の年金を、夫の合意なしに分割できる制度です。分割の割合は報酬比例部分の50％です。

ただし、夫の合意が不要なのは平成20年4月1日以降の結婚期間中の部分に限られるため、それより前の部分については合意分割を利用することになります。

●年金分割の割合を定める審判または調停

合意分割について夫婦間で分割割合をめぐって合意に至らない場合、そのままでは年金分割の請求ができません。この場合は、家庭裁判所の「年金分割の割合を定める調停・審判」を利用できます。調停の申立書には希望する割合を記載し（50％の分割を求める場合はチェックを入れます）、年金分割のための情報通知書の写しを添付します。

その後、年金分割の割合を定める審判が確定し、または調停が成立した場合は、原則として審判確定日または調停成立日の翌日から起算して6か月以内に、年金事務所に対して年金分割を請求しなければならないことに注意を要します。

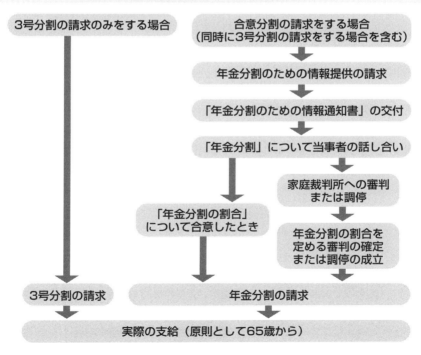

年金分割を利用する場合の手順

親権者の法律問題
民法改正の施行後は離婚後に共同親権の選択が可能になる

●親権とはどんな権利なのか

親権とは、子どもの利益のために、監護を行ったり財産を管理したりする権限・義務であるといわれています。具体的には、子どもに対する世話やしつけ、教育をする身上監護権と、子どもの財産の管理や、子どもに代わって契約などをする財産管理権に分けられます。

そして、親権をもつ人を親権者といいます。離婚せずに子どもと暮らす場合は、夫婦の双方が親権者になります（共同親権）。しかし、令和6年9月現在、未成年者（18歳未満の子ども）がいる夫婦が離婚する場合は、親権者をどちらか一方に決めなければなりません（単独親権）。

どちらが親権者になるのかを決めている場合は、離婚届を提出する際に「親権者と定められる当事者の氏名及びその親権に服する子の氏名」を記入します。また、離婚調停で話し合いがまとまりそうな場合は、申立書に親権者の記載欄があるため、子どもの親権者となる者を記載します。

一方、親権者が定められたにもかかわらず、親権者とならなかった方の親が子どもを連れ去った場合は、子の引渡し調停の申立てができます。申立書には、申立人が親権者であることや、相手方が引渡しに応じないことなどの事情を記載します。

なお、令和6年5月成立の民法改正（2年以内に施行予定）により、離婚届を提出する際に、単独親権または共同親権が選択できるようになります。また、親権者指定の家事審判または家事調停の申立てをしていれば、親権者を決めなくても離婚届の提出が可能になります。

●親権者指定・変更の申立て

親権者の指定だけを求める申立てを行うケースは多くないといえますが、事実婚（未婚）の夫婦に子どもが生まれた場合に親権者指定・変更の申立てを行うことがあります。

事実婚の夫婦に子どもが生まれた場合は、母親が親権者となります。ただし、認知をした父親が親権者になることを希望する場合は、親権者を父親に変更ができます。話し合いで決着がつかない場合は、親権者変更の調停を申し立てます。

申立書には、事実婚の夫婦間に子どもが生まれたことなど、申立ての理由や経緯を記載します。その後、調停不成立のときは審判手続きに移ります。

親権は子の最善の利益を中心に決められます。親権者の指定・変更の審判では、家庭裁判所の調査官が子どもをめぐる家庭環境や当事者である父母の調査を行い、どちらが親権者としてふさわしいのかを検討します。

なお、令和6年5月成立の民法改正により、事実婚の夫婦について、母親と認知をした父親との共同親権を選択することが可能になります。また、親権者変更の調停・審判において、単独親権から共同親権への変更や、反対に共同親権から単独親権への変更も可能になります。

●大半は母親が親権者になる

子どもの親権をめぐって調停や審判、訴訟に至った場合、過去に家庭裁判所で扱われたケースを見る限り、9割は母親が親権者に指定されています。

母親が親権者に指定されないのは、虐待等の事実があり、母親としても明らかに不適格と思われる場合です。

反面、母親の不倫が婚姻関係破たんの原因であっても、監護そのものに問題がなければ、不倫は親権者の判断には影響しません。

●複数の子どもがいる場合は親権者を分けることもできる

たとえば、夫婦に子どもが2人いる場合、上の子は父親が引き取り、下の子は母親が引き取るケースがあります。法律上は、子どもが複数いる場合、離婚時に、すべての子どもの親権者を同じ人にすることを要求していないからです。離婚時に子どもがある程度の年齢に達し、その意思や希望が尊重されるときは、それぞれの子どもの親権者を別々にすることも考えられます。

ただ、兄弟姉妹をバラバラにすると、子どもの成長に悪影響をもたらすおそれがあるとも考えられることから、可能な限り、複数の子どもがいる場合の

親権とは

```
                    ┌─ 財産管理権 = 親権者
                    │   子どもの財産を管理
            親 権 ──┤
                    │   親権者が決まらない場合は調停または審判
                    │
                    └─ 身上監護権 = 監護者
                        子どもの世話　しつけや教育
```

51

親権者は、すべて同じ人にするのが望ましいといえます。

●親権者の決定基準のポイント

ここで紹介する決定基準は、裁判所が関与する離婚（調停離婚・審判離婚・裁判離婚）の場合のものですが、協議離婚の場合も同様の決定基準を応用できると思います。

① 健康状態が良好である

母親が子を虐待するなど、母親としての育児能力に問題があるときは、父親が親権者に指定されますが、その割合は少ないです。離婚について母親に有責性があっても、それは妻としてふさわしくないだけで、当然に母としてふさわしくないとはいえませんから、有責性は親権の帰属問題には直ちに影響しません。

② 監護の継続性の原則

子どもの監護を主に担ってきた親が、離婚後も子どもの親権者として監護を継続するのが望ましいという原則で、親権者を定める最大の要因です。物理的な時間の長短だけでなく、乳幼児の頃に誰が主に監護したか、検診や食事、保育園や学校とのやりとりなど、子どもにとって重要な監護を誰が主に担ってきたのかという観点から判断します。

③ 母性優先の原則

子どもとの心理的な結びつきの強い方を親権者として優先すべきという原則です。この原則により母親が親権者として優先されやすくなります。子どもが小学校4年生頃まではこの原則が重視されます。

④ 子どもの意思尊重の原則

子どもが小学校5年生以上になると

親権と監護権

親権

未成年者に関わるすべての権利・義務を代理する権利

具体例
公法系：戸籍等の届出の代理、裁判における代理など
私法系：銀行口座の開設の代理、教育資金の借入の代理、財産処分の代理など

監護権

子どもと同居して監護・教育を行い、身上の世話をする権利

具体例
子どもの住居を指定　　アルバイトの許可
身分行為（養子縁組や相続放棄など）

通常は一人の者が親権と監護権を有するが、事情によっては親権者と監護者を別々に決めることができる。

判断能力があるとされて、子どもの意思が尊重されます。

⑤　比較考慮の原則

それぞれの家、養育環境、監護補助者の確保、子どもと接する時間の確保など、両親の養育環境を比較考慮するという原則です。継続性の原則、母性優先の原則、子どもの意思尊重の原則ほど重視されません。

⑥　その他

兄弟不分離の原則、面会交流に対する寛容性も考慮されないわけではありませんが、補充的な決定基準です。経済力、離婚に関する有責性の程度はほぼ考慮されません。

なお、令和6年5月成立の民法改正により、裁判所が関与する離婚においても、単独親権と判断される場合だけでなく、共同親権と判断される場合も発生するため、民法改正の施行後も決定基準がそのまま採用されるか否かは不透明な状況です。

●親権者にならなくても子どもを育てることは可能か

親権と監護権を分離し、父親が親権者として子どもの財産を管理し、母親が監護者として子どもと同居して養育をするといった方法も可能です。しかし、親権者と監護者を分離すると子どもの養育をめぐる紛争を誘発することから、家庭裁判所は親権と監護権の分離をほぼ認めていません。多くの場合は、親権者と監護者が一致しているといえます。

なお、令和6年5月成立の民法改正により、親権を持っているか否かを問わず、監護者が、単独で、子の監護・教育、居所の指定・変更、営業（職業）の許可やその許可の取消し・制限を行うことができる旨が明記されます。

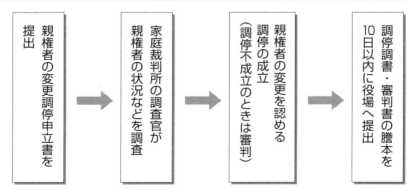

親権者変更の手続きの流れ

親権者の変更調停申立書を提出 → 家庭裁判所の調査官が親権者の状況などを調査 → 親権者の変更を認める調停の成立（調停不成立のときは審判） → 調停調書・審判書の謄本を10日以内に役場へ提出

8 面会交流と手続き
子の福祉や利益に反する面会交流は認められない

●子と離れて暮らす父母の権利

　未成年の子と離れて暮らす父母の一方が、離婚後に、子と会って一緒に時間を過ごしたり、子と電話や手紙、メールなどのやり取りをしたりすることを面会交流といいます。面会交流には離婚時に決めておくべき「父又は母と子との交流」に該当しますが、面会交流について離婚届に記載する必要はないため、面会交流の取り決めをしなくても離婚届を提出して離婚することは可能です。

　夫婦は離婚して他人になっても親子関係は切断されません。親権者や監護者にならなくても、子の親である以上、子に対して養育費の支払いなどの扶養義務を負うと共に、子と面会交流をする権利があります。暴力や虐待などの子と会わせることができない事情がない限り、子の利益のためにも離れて暮らす親に子を会わせることが必要といえます。

　面会交流については、具体的にどのように行うのかを、離婚時に書面で取り決めておくとよいでしょう。
・1か月に何回会うのか
・何時間（あるいは何日間）会うのか
・日時を決めるのはどちら側なのか
・場所はどこにするのか
・子をどのように送迎するのか
・日時や場所の変更は可能なのか
・連絡方法はどうするのか
・子の意思はどうするのか

　書面は内容の適切さや実現性をより確かなものとするため、専門家に相談の上、公正証書によって作成する方が望ましいといえます。

●面会交流が認められない場合

　面会交流が未成年の子の福祉や利益に反する場合は、面会交流が認められないケースがあります。裁判になると、以下の①～③に該当する場合に、面会交流に制限が加えられたり、面会交流自体が認められないとされたりするようです。

① 離婚時に、子に暴力を加えたり虐待をしたりするなどの理由で、親権者としてふさわしくないと判断されている場合
② 面会交流のときに、子や親権者に暴力などを加えたり、面会交流を利用して子を連れ去ったりする可能性が考えられる場合
③ 子が自らの意思で面会交流を拒否する場合（子がある程度の年齢に達している場合に、面会交流についての子の意思も考慮する）

上記の①～③の場合からもわかるように、親には子と面会交流をする権利はあるものの、子の福祉や利益の方が重視されるべきである、と裁判所が考えていることを十分に認識しておく必要があるでしょう。このことを考慮に入れず、面会交流を求める権利ばかりを主張するのは得策ではありません。

●面会交流の調停・審判

未成年の子の親権者にならなかったとしても、面会交流を制限されることはないだろう、といった安易な考えが、後から面会交流をめぐって子を巻き込んだトラブルに発展するケースは意外に多いものです。

面会交流について話し合いがつかない場合は、家庭裁判所に面会交流調停の申立てを行い、調停手続きで面会交流について話し合うことができます。しかし、調停不成立になった場合は、自動的に審判手続きへと移行し、家庭裁判所が面会交流について審判をすることになります。

また、いったん決定された面会交流についても、その後の事情によっては、変更（停止を含みます）や取消しをすることが可能です。面会交流の変更や取消しについても、まずは話し合いを行い、話し合いがつかなければ、前述した家庭裁判所の調停・審判の手続きによって決めることになります。

「別れた親が子に教育上好ましくないことを教えており、子の心身や行動に悪影響が出ている」「取り決めたルールを無視し、子を親権者の元へ返さないため、子が学校を休みがちである」といったケースでは、面会交流の停止や取消しを検討する必要があるといえます。また、子を引き取った親が再婚し、子も再婚相手を実の親と思って暮らしている場合も、別れた親と会うことが子にマイナスと判断されれば、面会交流が認められなくなることがあり得ます。

なお、令和6年5月成立の民法改正により、子の利益のためとくに必要があると認める場合における、家庭裁判所の審判に基づく父母以外の親族（祖父母など）と子どもとの交流に関する規定が設けられます。

面会交流が認められるかどうか

子と離れて暮らす親が子に会うことや子と電話などをすること → （相手方が面会交流を認めない場合）→ 子と離れて暮らす親が面会交流調停を申し立てる → 調停手続きで話し合って面会交流について取り決める※

※調停不成立のときは家庭裁判所が審判で決定する

子どもの養育費
養育費は子の監護や養育のために支払われるもの

●養育費とは何か

養育費とは、子の監護や教育のための費用です。民法で定める「子の監護に要する費用」（子の監護費用）に該当します。離婚後は、親権者として子を引き取る夫婦の一方が、他方に養育費の支払いを請求するのが一般的です。養育費の支払いは、離婚時に「子の監護に要する費用」を協議し、協議がまとまらなければ家庭裁判所が定めるとする民法の規定が根拠とされています。親権者は子の代わりに養育費の支払いを請求するにすぎず、養育費は親権者自身のためのものではありません。

養育費の金額や支払方法などについて、法律が具体的な基準を定めているわけではありません。養育費の金額は、裁判所が公表している「養育費・婚姻費用算定表」に、支払う側（義務者）と受け取る側（権利者）の双方の収入を当てはめて決めることが多く、双方の経済力に応じて変わります。一般家庭では、子1人につき毎月5万円程度となることが多いようです。したがって、離婚時に子の親権者とならなかったことを理由に、養育費の支払いを拒否することや、養育費の金額を極端に少なくすることは認められません。

養育費の支払いは毎月払いのことが多く、その場合は支払期間が長期にわたるため、支払いが滞るといったトラブルが目立ちます。トラブルに備えて、養育費の取り決めについて強制執行受諾文言付きの公正証書を作成しておくとよいでしょう。

養育費の不払いに対しては、内容証明郵便を出すなど、適切に催促を行うことが必要です。養育費は金銭債権ですから、不払いとなったときは貸金や売掛金などの金銭債権の取立てと同様の措置をとることが可能です（60ページ）。

●養育費請求調停の申立て

養育費について話し合いがまとまらない場合や話合いができない場合は、家庭裁判所の調停を利用することができます。申立書には、養育費の支払状況、取り決めの有無や内容などについて該当事項にチェックを入れます。また、養育費の増額または減額を希望する場合も調停を利用できますので、申立書に増額または減額を求める事情を記載します。

もっとも、話合いがまとまらずに調停が不成立となった場合は、自動的に審判手続きに移行し、裁判官が審判をすることになります。

●養育費を確保するための法的措置

審判や調停で取り決めた養育費について不払いが続いており、催促しても効果がない場合は、以下の措置を講じることもできます。

① 履行勧告

家庭裁判所は、権利者から申出があった場合、審判や調停で定められた義務（財産給付義務に限定されません）の履行を怠っているか否かを調査し、怠っている場合は義務の履行を勧告します。勧告なので強制力はありませんが、国家機関である裁判所が行うことから一定の効果があります。

② 履行命令

家庭裁判所は、権利者から申出のあった場合、審判や調停で定められた金銭の支払いなどの財産給付義務を怠っている者に対し、その履行を命じることができます。正当な理由もなく履行命令に応じない場合は過料の支払いが命じられます。

③ 強制執行

審判書や調停調書は確定判決と同様の効力がありますので、これらを債務名義として養育費の支払義務者に強制執行ができます。なお、強制執行受諾文言付きの公正証書がある場合も、これを債務名義として強制執行ができます。

養育費の不払いを理由とする強制執行が認められる場合は、支払う側（義務者）の財産の差押えができます。たとえば、給与債権の差押えの場合、通常の差押えは支払期限を過ぎた滞納分のみが対象ですが、養育費については、子に対する親の責任の重大性が考慮され、滞納分だけでなく支払期限が来ていない将来分も含めて差押えができます。つまり、義務者の給与債権を差し押さえた場合は、差押え以後に支払われる給与にも差押えの効力が及びます。

なお、差押えの対象となる財産として、不動産、預貯金債権、給料債権などが挙げられます。給料債権については、原則として手取り金額の2分の1まで差押えが可能です。

●養育費の額を増減できる場合

いったん取り決めた養育費の変更は簡単ではありませんが、取り決めた内容が客観的に見て現実的でない場合は、養育費を増額または減額することが認められています。

増額のケースとしては、①支払う側（義務者）の収入が大幅にアップした場合、②受け取る側（権利者）が病気や失職などで収入が低下した場合が挙げられます。減額のケースとしては、①支払う側が病気や失職などで収入が低下した場合、②受け取る側の収入が大幅にアップした場合が挙げられます。

その他、支払う側や受け取る側の扶養家族の増減も、養育費の金額に影響を与えます。こうした養育費の増減についても、あらかじめ取り決めておくとよいでしょう。

10 養育費の不払い
養育費は差押禁止の範囲が縮小される

●養育費などを確保したいときは

離婚後に子と離れて暮らす親（非監護親）は、資力に応じて子と一緒に暮らす親（監護親）に養育費を支払わう義務があります。しかし、歳月の経過と共に、養育費の支払いが滞るケースが多いようです。この問題は、婚姻費用の分担金を離婚後に分割で支払う場合や、親族間で扶養料を分担する場合も発生します。

このような不払いが生じた場合、いくら将来も不払いとなる可能性が高くても、支払期限が到来している分（滞納分）しか差押えができないのが原則です。ただし、給与債権などの継続的給付債権（継続的に発生する給付債権）を差し押さえた場合は、その効力が差押え後に支払期限が到来する分（将来分）にも及ぶため、その都度差押えをする必要はありません。給与債権の場合は、勤務先が支払期限の到来の都度、給与から天引きして支払います。これに対し、預貯金などを差し押さえた場合は、支払期限の到来した養育費しか回収できず、将来の養育費はその都度差押えをする必要があります。

●差押禁止の範囲が縮小される

通常の債権を根拠として差押えをする場合、債務者の給与（税金などを控除した手取り額）の4分の1まで差押えができます。しかし、養育費（養育費・婚姻費用分担金・扶養料など）の場合は、その支払いを受ける者を保護するため、差押禁止の範囲が減少し、原則として債務者の給与の2分の1まで差押えができます。ただし、給与が月額66万円を超える場合は、一律33万円についてのみ差押えが禁止されるため、2分の1超の差押えができます。

このように、養育費などは特例があるため、養育費など以外の通常の債権と共に養育費などを請求債権（差押えの根拠となる債権）とする場合は、申立書に添付する請求債権目録と差押債権目録は、通常の債権についてと、養育費などの債権についてと別個に作成します。

●財産開示手続き

民事執行法では、債権者が債務者の財産に関する情報を取得できる手続きとして、財産開示手続きと、後述する第三者からの情報取得手続き（令和2年施行の民事執行法改正で新設）が定められています。

財産開示手続きの申立てができるのは、確定判決、調停調書、審判書、仮

執行宣言付き判決（確定前の判決）、執行証書（強制執行認諾文言付き公正証書）といった執行力のある債務名義を持つ債権者です。たとえば、協議離婚をした際、元夫が養育費の支払いが滞ったら強制執行を受け入れることを公正証書で取り決めたとします（執行証書）。その後、元夫が養育費を支払わなくなったら、訴訟を経ることなく公正証書に基づき財産開示手続きの申立てができます。

債権者が申立てを行い、裁判所が財産開示手続きの実施を決定すると、財産開示の期日が指定されます。債務者はその期日に出頭し、財産に関する情報を陳述しなければなりません。債務者が期日に出頭しない場合、出頭しても宣誓しない場合、虚偽の陳述をした場合などは、6か月以下の懲役または50万円以下の罰金という刑事罰が科されます。

●第三者からの情報取得手続き

第三者からの情報取得手続きで取得できるのは、①金融機関からは預貯金債権、上場株式、国債などに関する情報、②市町村や日本年金機構等からは給与債権に関する情報（勤務先など）、③登記所（法務局）からは土地と建物に関する情報です。

この手続きの申立てができる債権者は、基本的に財産開示手続きの場合と同じです。養育費などの債権者と生命または身体の損害賠償の債権者は、執行力のある債務名義を持っていれば、前述した①・②・③の申立てができます。それ以外の債権者は、前述した①・③の申立てはできますが、②の申立てはできません。裁判所は申立てを認めると、第三者に債務者の財産に関する情報の提供を命じます。第三者は裁判所に書面で情報を提供し、裁判所はその書面の写しを債権者に送付します。あわせて債務者には情報が提供されたことが通知されます。

なお、第三者からの情報取得手続では、保険関連は対象とされていないため、たとえば、生命保険の解約返戻金などに関する情報は取得できないことに注意してください。

給与に関する差押禁止の範囲

差押禁止の範囲
- 一般の債権 → 給与額の4分の3
- 養育費などの債権 → 給与額の2分の1

※月額66万円を超える場合は33万円のみが差押禁止

11 協議離婚の手続き
離婚時に取り決めた事項は書面で残しておく

●離婚届を提出する

協議離婚の際は、夫婦双方で離婚の意思が合致しているのを確認した上で離婚届を作成し、役所（市区町村役場）へ提出します。離婚届の用紙は役所に行くと入手できます。届出をするには戸籍謄本も必要ですから、本籍地の役所からとり寄せておきましょう。海外に在住している場合は、その国に駐在する日本の大使、公使、領事に届出をすれば入手できます。未成年の子がいる場合は、離婚後に親権を行う者（親権者）の氏名と、その親権の対象となる子の氏名を記載します。さらに、協議離婚の届出には成人の証人が２人必要です。証人の生年月日、住所、本籍の記載と署名をします。

●協議離婚であっても取り決めた事項は書面化する

離婚する夫婦双方の性格や離婚の理由、離婚する際の状況などにもよりますが、お互いに納得して協議離婚をするとしても、取り決めた事項は書面で残しておくべきです。財産分与や慰謝料、養育費のような金銭的な事項はもちろん、子との面会交流の事項など、離婚後にトラブルの原因になりそうな事項は、合意書のような形で離婚届の提出前に書面で残しておくようにしましょう。

万全を期するならば、その書面を公正証書にして残しておくとよいでしょう。公正証書に「金銭債務を履行しないときは、直ちに強制執行に服する」といった一文（強制執行受諾文言）を入れておくと、養育費の不払いといった金銭的な事項のトラブルが起きても、訴訟手続きを経ることなく、強制執行によって財産の差押えなどが可能です。

●合意書に残しておくべきこと

前述した金銭的な事項は、「どちらがいくらを、いつまでに、どのような方法で支払うのか」を具体的に記載します。また、未成年の子がいる場合は、「誰を親権者にするのか」「親権者と監護者を分けるのか」「父母の一方だけが子と同居して養育をする場合、他方はどのように子と面会するのか」などの細かい内容まで記載すべきでしょう。

夫婦間で取り決めをして離婚したにもかかわらず、復縁や財産、荷物の引渡しなどをめぐって後からトラブルが生じることがあります。この場合は、家庭裁判所に離婚後の紛争調整調停の申立てができます。

12 家庭裁判所による離婚調停・円満調停

夫婦関係の改善に向けた円満調停もある

●夫婦間で合意ができない場合

夫婦の一方が離婚に合意しない場合、あるいは離婚には合意しているものの、財産分与・慰謝料・養育費などの金銭的な問題や未成年の子の親権といった離婚する上での条件で合意できない場合は、夫婦関係調整調停のうち離婚調停の申立てを行い、家庭裁判所で離婚に向けた話し合いを行います。申立書には、申立ての理由・動機、親権や養育費の請求などを記載します。

●関係改善を目的とした調停もある

配偶者から離婚を要求されて困っている場合、あるいは未成年の子がいて離婚をするかどうか迷っている場合などは、家庭裁判所に夫婦関係調整調停のうち円満調停を申し立てることも検討の余地があります。

円満調停とは、破たんしかけた夫婦関係を立て直すため、生活環境や感情の対立などを調整するという非法律的な事項を対象とした家事調停です。申立書には、申立ての動機や円満調整を希望することなどを記載します。

なお、内縁関係の場合は内縁関係調整調停を利用します。申立書の記載内容は基本的に同様です。

●調停前の仮の処分による財産の確保

調停手続き中に相手方が財産を処分・隠匿したり、名義変更をするおそれがあるなど、生活費・養育費の支給をしてもらえない場合には、調停前の仮の処分という制度により、財産の隠匿・消費を防止したり、養育費等を仮払いさせることが手続上可能になっています。しかし、仮の処分には、執行力がなく、また、相手方の態度を硬化させ、今後の調停が難航することから、ほとんど利用されていません。

●調停成立後の離婚の届出

離婚調停の場合、離婚に合意するという調停が成立したら、調停成立日から10日以内に、調停調書の謄本を添付して役所へ離婚届を提出します。届出期間を過ぎてしまうと3万円以下の過料がかかる場合がありますから注意しましょう。

●離婚届は協議離婚と同じ

協議離婚の場合は2名の証人と夫婦双方の署名（自署）が必要ですが、調停離婚の場合は証人が不要で、原則として申立人が届出をすることになります。離婚届の用紙は共通で、提出先は届出人（申立人）の本籍地あるいは所在地の役所になります。

13 離婚訴訟と手続き
離婚訴訟では法定離婚事由を証明する必要がある

●離婚訴訟は家庭裁判所で起こす

　離婚訴訟は人事訴訟法という法律が規定する人事訴訟（主に身分関係の形成や存否の確認を目的とする訴え）のひとつで、訴訟に関する身分関係の当事者の住所地を受け持つ家庭裁判所に提起するのが原則です。

　したがって、離婚訴訟は夫または妻の住所地を受け持つ家庭裁判所に提起します。ただし、離婚訴訟を提起した家庭裁判所と、離婚訴訟の前に家事調停を取り扱った家庭裁判所とが異なる場合には、家事調停を取り扱った家庭裁判所で離婚訴訟が取り扱われることがあります。

　人事訴訟を提起する場合は、通常の民事訴訟と同じく訴状の作成からはじめます。訴状には、当事者（原告・被告）の本籍地と住所、請求の趣旨（原告が被告に要求する結論）、請求の原因（請求の趣旨を要求をする理由）を記載し、収入印紙を貼って裁判所に提出します。訴状の提出後、裁判所は訴状を被告に送達し、口頭弁論期日（訴訟の審理が開かれる日）を指定し、原告と被告を呼び出します。通常は、訴訟の提起から約1か月から1か月半後に第1回の口頭弁論期日が決められて被告に訴状が送られます。被告は訴状の内容を確認した上で、指定された日までに答弁書を提出します。

　裁判所は、答弁書の内容を見て、被告に離婚の条件などを確認し、和解手続きを勧告することがあります。審理開始前に両者の合意によって離婚をする機会を与えるわけです。和解手続きは約2～3週間に1回の期日で指定され、和解成立の可能性があれば話し合いが進められます。しかし、和解の可能性が低ければ、判決に向けた手続きに戻されます。判決の言渡しは、訴訟提起後10か月～1年先になるのが一般的です。

　離婚訴訟も第三審まで上訴できます。離婚は認められたが、親権者や金銭的な問題（養育費など）について判決の内容に不服がある場合も、敗訴部分について上訴できます。

●本人尋問のための陳述書を作成する

　原告・被告の主張と証拠書類の提出に続いて、裁判官が両者に本人尋問を行います。裁判官はあらかじめ提出された陳述書をもとに尋問を進めていきます。陳述書には「どのようにして結婚（婚姻）し、どのような結婚生活を送り、離婚訴訟の提起までにどのよう

な事情があったか」といった内容を具体的に記載します。自分で陳述書の原案を作成して弁護士に渡し、スムーズに審理が進むよう相談しながらチェックしてもらうとよいでしょう。

なお、離婚訴訟の手続きは公開されますが、夫婦間のプライバシーが明らかにされることも多いため、本人尋問などを非公開で行うこともあります。

●離婚届の提出

裁判離婚では、離婚を認める判決が確定した時点で離婚が成立しますが、裁判離婚の場合も離婚届を提出する必要があります。もっとも、調停離婚や審判離婚の場合と同様、報告的な意味合いをもつだけの離婚届になります。通常、離婚訴訟を提起した側（原告）が離婚届を提出することになっており、判決確定日から10日以内に、判決謄本と判決確定証明書（裁判所で交付される）を届出人の本籍地の市区町村役場などへ提出します。また、原告が離婚届を提出しないときは、相手方（被告）が離婚届を提出できます。

裁判離婚をした場合も、その事実が戸籍に明記されます。また、婚姻前の氏（旧姓）に戻さず、離婚後も婚姻中の氏を続けて使用することもできますが（婚氏続称）、婚氏続称の届出の期限は、判決確定日から3か月以内とされています。

●事実を証明しなければ訴訟では勝てない

離婚訴訟では、被告に離婚に至る直接的な責任があること、つまり法定離婚事由（次ページ）があることを裁判所に認めてもらうため、これを証拠となる事実をもって証明しなければなりません。では、法定離婚事由があることを証明するには、どのような証拠が必要でしょうか。

たとえば、法定離婚事由のひとつである「悪意の遺棄」とは、夫婦の一方が同居・扶助・協力の義務を尽くさないことが非難に値する場合を指します。そして、「悪意の遺棄」があることについては、夫が家族を捨てて自宅から出て行き、生活費も入れないという事実を主張して証明すればよく、夫が借りているアパートまで調べる必要はないでしょう。

また、配偶者への暴力（DV）や子への虐待（児童虐待）といった「婚姻を継続しがたい重大な事由」については、医師の診断書があれば、負傷の程度にかかわらず、その事実の証明ができるでしょう。

争われることが多い「不貞行為」については、たとえば、他人とラブホテルに入ったことが確認できると強力な証拠になりますが、探偵事務所などに依頼して尾行調査をしても、不貞行為の証拠を突き止めることが難しいケースもあります。

14 法定離婚事由の証明

法定離婚事由にあたる事実を積み上げることが必要である

●離婚訴訟の提起には法定離婚事由が必要

　離婚訴訟で離婚を認めてもらうためには、民法が定めた離婚事由が必要で、これを法定離婚事由といいます。

　法定離婚事由は次ページ図で掲げる5つです。ただし、①〜④の事由に該当しても「一切の事情を考慮して婚姻継続を相当と認めるとき」は、裁判所が離婚を認めない場合があり、これを裁量棄却といいます。⑤の事由については裁量棄却が認められていません。

　そして、⑤の「婚姻を継続しがたい重大な事由」とは、①〜④の事由には該当しないが、夫婦生活が修復不可能な程度にまで破たんしている場合を指します。前述した配偶者への暴力（DV）、子への虐待以外にも、性格の不一致、親族との不仲、信仰の違いなど、さまざまなケースが考えられます。

　このように「婚姻を継続しがたい重大な事由」の内容は幅広いので、さまざまな事情を考慮した結果、愛情が冷めてしまい、円満な夫婦生活を継続できなくなった場合は、⑤の事由を根拠として離婚訴訟を提起します。そして、「夫婦生活がすでに破たんしていて継続させても無意味である」という事実を裁判所が認めると、「婚姻を継続しがたい重大な事由」を理由に離婚を認める判決が言い渡されます。

　なお、令和6年5月成立の民法改正（2年以内に施行予定）により、④の「回復の見込みのない強度の精神病」が法定離婚事由から除外されます。

●「夫婦生活が破たんしている」と認められる場合

　⑤の「婚姻を継続しがたい重大な事由」を理由に離婚を認めるか否かを判断する際、「修復不可能な程度まで夫婦生活（婚姻関係）が破たんしている」ことについては、客観的な基準はなく、判決を言い渡す裁判官の判断に委ねられています。

　単に「夫婦生活が破たんしている」と主張するだけでは、裁判所が離婚を認めることはまずないでしょう。しかし、離婚訴訟に至る夫婦には深刻な事情があるわけですから、夫婦生活の破たんに至った具体的な事実について、その証拠を提出するなどして主張し、修復不可能な程度まで破たんしていることを、裁判所に認めてもらうことが必要です。

法定離婚事由とその内容

①不貞行為があったとき	・不貞行為とは、自由な意思に基づいて、配偶者以外の人と肉体関係をもつこと。 ・不貞行為の相手方は、特定の者であるか、不特定の者であるかを問わない。 ・不貞行為は自由意思に基づくものなので、レイプをしたことは不貞行為になるのに対し、レイプを受けたことは不貞行為にならない。
②悪意で遺棄したとき	・悪意の遺棄とは、夫婦の一方が同居義務、協力義務、扶助義務といった夫婦の義務を尽くさないことが非難に値する場合をいう。 ・愛人のもとに入りびたって帰ってこない、実家に戻ったまま帰ってこない（DVや子の虐待から逃れるための場合は除く）など、故意に夫婦の義務を怠っている場合である。
③3年以上の生死不明	・生死不明とは、生存も死亡も確認できないこと。 ・最後の音信より3年経過した時点から法定離婚事由として認められる。 ・生死不明の場合は別に失踪宣告の制度がある。これは7年間生死不明の人を家庭裁判所の宣告によって法律上死亡したものとする制度である。
④回復の見込みのない強度の精神病 （民法改正の施行後は法定離婚事由から除外される）	・回復の見込みのない強度の精神病とは、夫婦の義務が果たせない程度に不治の精神病のこと。 ・最高裁判所は、今後の療養、生活などについて具体的な方策を講じ、ある程度において前途に見込みがついた上でなければ、④を理由とする離婚は認められないとしている。
⑤婚姻を継続しがたい重大な事由	・婚姻を継続しがたい重大な事由とは、①～④の離婚事由がなくても、夫婦生活が修復不可能な程度にまで破たんし、婚姻を継続させることができないと考えられる場合をいう。 ・性格の不一致、親族との不仲、暴力や虐待、常軌を逸した異常な性関係などが⑤にあたる。

Column

姻族関係の終了

　配偶者が亡くなった場合、婚姻関係は終了します。ただ、そのままだと姻族関係（亡くなった配偶者の血族との親族関係）は継続します。たとえば、「夫の死亡後に、妻が夫の親族とのつきあいをやめたい」ような場合は、「姻族関係終了届」を提出することで、姻族関係を終了させることができます。姻族関係が終了した場合、亡くなった配偶者の親族の扶養義務を負うことはなくなりますが、相続の権利や遺族年金の受給資格には影響しません。「姻族関係終了届」は、本籍地または居住地の市区町村役場に提出します。提出期限はなく、いつでも提出できます。

　「姻族関係終了届」を提出すると戸籍には姻族関係終了と記載されますが、氏（苗字）と戸籍はそのままですから、婚姻前の氏や戸籍に戻したい場合は「復氏届」が必要です。なお、「復氏届」の効力は本人のみであり、子どもの氏を変更するには、家庭裁判所に対して手続きが別途必要です。一度終了させた姻族関係は復活できませんので、冷静に判断しましょう。

　なお、「姻族関係終了届」と似た概念として「死後離縁」の制度があります。たとえば、「夫が養子縁組した養親の死亡後に、養親の実子の兄弟姉妹との血族関係を解消したい」ような場合です。「姻族関係終了届」と「死後離縁」はどのように違うのでしょうか。「姻族関係終了届」の場合、姻族関係が配偶者の血族との親族関係が生じるに過ぎず、相続権などは生じません。そのため、届出をするだけでよく、家庭裁判所の許可は不要です。一方、「死後離縁」の場合、養子縁組をすると養親と養子との間に相続権や祭祀の承継、扶養義務などが生じ、姻族関係より法的効果が大きい面があります。そのため、家庭裁判所の許可が必要で、許可審判が確定した後に市区町村役場への届出が必要になります。

第3章

児童福祉・いじめ・DV・犯罪被害などの法律問題

1 児童福祉制度
関連法や他の機関との取組みが求められる

●児童福祉政策とは

児童福祉制度は、児童の健全な育成や生活の保障など、児童福祉の理念追求のために行われる社会政策全般をいいます。児童福祉政策に関する規定は児童福祉法に設けられています。

児童福祉法は、児童を18歳未満とし、さらに1歳未満までを乳児、就学前までを幼児、満18歳までを少年と規定しています。また、児童が身体的、精神的、そして社会的にも健全に育成されるためには、少年法などの関連諸法との連携の下、国や地方公共団体、保護者が一体となって取り組む必要があるとしています。あわせて、児童の権利を保障するためには、広範囲で多角的な政策を実施しなければならないとしています。

具体的な児童福祉の施策として、①身体障害児童の検査・相談、②自立支援（育成）医療費の給付、③結核にかかっている児童の療養と学習の援助、④児童福祉施設への入所措置などが行われています。

また、①子育ての支援、②保護者による児童虐待の対応、③家庭裁判所と連携した問題解決などが行われています。児童の健全な育成が妨げられているような場合は、それを完全に排除していくことを目標に、違反者に対しては厳罰を科し、必要があれば父母（親権者）の親権喪失の審判を請求しています。なお、子どもの利益が侵害されている場合に、父母の親権を停止する制度（79ページ）も設けられています。

さらに、児童に淫行を強要したり施設に入所している児童を酷使するなどの問題があった場合などは、その行為を禁止させる措置を講じています。

身体障害児や知的障害児についても、障害児通所支援や障害児入所支援により、日常生活や集団生活への適応訓練を行ったり、在宅での介護をするなどの支援をしています。

その他、都道府県児童福祉審議会や市町村児童福祉審議会では、児童の福祉に関する事項を調査・審議しています。また、各都道府県などに置かれる児童相談所、福祉事務所、保健所などでは、児童や知的障害児の福祉に関するさまざまな調査や指導を行っています。

・児童相談所

児童相談所は、所長を中心として、地区担当の児童福祉司や業務担当の職員で構成されています。児童について総合相談を行う他、児童やその家庭に対して必要な調査を行い、医学的・心理学的・教育学的・社会学的、そして

精神保健上の判定を行っています。また、その調査や判定に基づいた指導や児童の一時的な保護、巡回相談なども実施しています。

・保健所

保健所は、児童の保健についての正しい衛生知識を普及させる他、児童の健康相談や健康診断、保健指導などを行っています。また、障害児の療育指導を行ったり、児童福祉施設に対して栄養改善・衛生に関する助言をしたり、母子保健法の下で出産前後の健診や乳幼児の健診なども行っています。

◉令和4年の児童福祉法等の改正

近年、児童虐待の相談対応件数が増加するなど、子育てに困難を抱える世帯が増えている状況などを踏まえて、令和4年に児童福祉法や母子保健法が改正されています（原則として令和6年4月1日から施行）。

児童福祉制度に関する主な改正点としては、以下のようなものがあります。

・一時保護所の設備・運営基準を策定して一時保護所の環境改善を図る
・児童相談所による支援の強化として、民間との協働による親子再統合の事業の実施や、里親支援センターの児童福祉施設としての位置付け等を行う
・障害児入所施設の入所児童等について、22歳までの入所継続を可能とする
・児童相談所等は、児童の意見聴取等を措置を講ずることとする

児童福祉政策と法律

児童福祉政策 ─ 児童の健全な育成や生活の保障などを行う社会政策

児童福祉法 ─ 児童福祉政策を規定する法律

↓

児童の健全な育成のため、関連諸法・国・地方公共団体との連携を図る

具体的な施策（例）
- 身体障害児童の検査・相談
- 自立支援医療費の給付
- 児童福祉施設への入所措置

2 児童手当
子育てにかかる費用の負担を軽減する

●児童手当の概要

子育てにかかる費用の負担を少しでも軽減し、次代の社会を担う児童の健やかな成長への助けとするために支給されているのが児童手当です。0歳から一定の年齢までの児童を養育する場合に支給されます。

なお、令和6年（2024年）6月に成立した改正児童手当法により、児童手当が抜本的に拡充されることとなりました。児童手当の概要は以下のとおりです。

・支給対象となる児童

これまでは、0歳から中学校卒業まで（0歳から15歳になった後の最初の3月31日まで）が支給対象でしたが、改正児童手当法によって、令和6年（2024年）10月分以降は、高校生年代まで（中学校修了後から18歳に達する日以後最初の3月31日まで）に支給対象が拡大されます。

・支給金額（児童1人あたりの月額）

0歳～3歳未満：1万5,000円（一律）

3歳～小学校修了前：1万円（第3子以降は令和6年（2024年）9月分までは1万5,000円、令和6年（2024年）10月分からは3万円）

中学生以上：1万円（一律）

・支給時期・支給回数

従来の児童手当は、毎年6月・10月・2月の年3回支給されていました。改正児童手当法によって、令和6年（2024年）10月分以降は、毎年2月・4月・6月・8月・10月・12月の年6回支給されることとなりました。

・所得制限の撤廃

これまでは、児童手当を受け取る者の扶養親族の数に応じて所得制限が設けられていましたが、改正児童手当法によって、令和6年（2024年）10月からは所得制限が撤廃されます。

●自治体における各種手当

国の制度である児童手当に加えて、各自治体では児童の養育にかかる経済的支援として、さまざまな手当を設置しています。たとえば、出産時には出産祝金や出産費用助成金など、各自治体単位でより子どもを産みやすい環境を整える工夫がなされています。

また、前述した自立支援医療費や乳幼児・子ども医療費などの小児医療に関する助成はもちろん、保育園を利用する場合の保育料の補助や免除、学習費用の一部援助を行っている自治体もあります。さらには、子育て世帯の生活を支援するための臨時給付金など、社会の状況に合わせ、少子化対策のためのさまざまな子育て支援が行われています。

子ども・子育て支援制度

支給認定に応じて幼稚園や保育園などの利用手続きを行う

●子ども・子育て支援制度の概要

　子ども・子育て支援制度は、幼児期の教育や保育、地域の子育て支援の質を向上し、子どもを産み・育てやすい社会創設を進めることを目的として、平成27年にスタートしました。

　子ども・子育て支援制度では、幼保一体となって地域の子育て支援を総合的に推進するため、認定こども園、幼稚園、保育園（保育所）を通じた共通の給付（施設型給付）および小規模保育等への給付（地域型保育給付）を創設し、放課後児童クラブなど、地域の実情に応じた子ども・子育て支援の充実を進めています。

　子ども・子育て支援制度では、従来の幼稚園・保育園の利用手続きとの大きな違いとして、支給認定制度を導入しています。支給認定制度とは、支給認定申請書に子どもが幼稚園や保育園を利用する理由、保育が必要な時間等を記載することで、地方自治体が保育の必要性を判断し、利用できる施設を認定する制度です。支給認定では、満3歳以上で幼稚園を希望する（保育の必要がない）子ども（1号）、満3歳以上で保育の必要がある子ども（2号）、満3歳未満で保育の必要のある子ども（3号）の3つに分類されます。

　さらに、2号、3号の保育が必要な子どもについては、「保育標準時間（フルタイム労働を想定して11時間まで保育を受けられる）」と「保育短時間（パートタイム労働を想定して8時間まで保育を受けられる）」に分類され、利用できる施設が認定されます。

　子ども・子育て支援制度を利用にあたって保護者が負担する費用については、世帯所得などを勘案して決定されます。また、費用の実質負担額は、幼稚園と保育園で異なり、親の所得によっても費用負担額が異なってきます。

　さらに、幼児教育・保育が無償化された他、令和9年3月31日までの間、仕事・子育て両立支援事業として、労働者の子育ての支援に積極的に取り組んでいると認められる事業主に対し助成及び援助を行う事業ができることとされるなど、近年、子育て家庭を支援する制度の強化が進められています。

　また、令和6年（2024年）6月の子ども・子育て支援法等の改正により、保育所等に通っていない子どもへの支援を強化するため、新たに「乳児等のための支援給付」が創設されました。満3歳未満で保育所等に通っていない子どもがを対象とし、月一定時間までの利用可能枠の中で利用が可能です。

4 ひとり親家庭の生活支援や援助

経済的支援だけではなく、生活全般に対しての助言を行うサービスがある

●相談支援サービス

　ひとり親家庭における日常生活の不安や経済的問題、また児童の就学など、いろいろな悩みをかかえる親を支援し、家庭生活を向上するために、地域の実情に応じたさまざまな支援が設けられています。

・福祉事務所

　福祉事務所は、福祉の相談窓口として都道府県、市区町村に設置されています。福祉事務所では、母子・父子福祉資金の貸付や生活支援のための各種相談から関連施設の利用など、母子福祉全般の相談に応じています。令和6年1月1日の時点では、全国に約1,250の福祉事務所が設置されています。

・母子・父子自立支援員

　母子・父子自立支援員は、ひとり親家庭や寡婦（74ページ）の生活支援や、経済面の自立へ向けた就労支援、母子・父子福祉資金や寡婦福祉資金の貸付などの相談に応じており、福祉関連機関などと連携を図りながら対応しています。ひとり親家庭や寡婦の悩みや不安の解決に向け、支援・援助を行う専門職です。母子・父子自立支援員は都道府県、市（特別区を含む）、福祉事務所設置町村に配置されています。

・その他の相談機関

　ひとり親家庭への相談支援窓口には、他に全国母子寡婦福祉団体協議会（各都道府県や指定都市にある）や母子・父子福祉センターなどがあります。その他、各都道府県や市区町村、各地域の保健所などに問い合わせることで、相談機関の紹介を受けることもできます。

●ひとり親家庭への支援

　ひとり親家庭への主な経済支援として、国からの手当や年金には児童扶養手当、遺族基礎年金、遺族厚生年金があります。所定の要件を充たすと国民年金保険料の全額もしくは半額が免除される制度もあります。また、生活保護の受給や各種の優遇制度の活用も検討することができます。

　児童扶養手当は、死別、離婚、行方不明などの理由で父と生計を同じくしていない18歳未満の児童のいるひとり親家庭に支給されるのが原則です。奇数月に年6回支払が行われます。これまで障害基礎年金の受給額が児童扶養手当を上回る場合、児童扶養手当は支給されませんでしたが、令和3年3月分の手当からは、差額分を受給できるようになっています。

　遺族基礎年金は国民年金の加入者などが死亡したとき、遺族厚生年金は厚

72

生年金保険の加入者などが死亡したときに支給されます。他にも、遺族共済年金や寡婦年金、死亡一時金などの年金があります。相談申請先は市区町村の年金課や共済組合事務局などです。

◯ひとり親家庭の住まい

ひとり親家庭の住居の安定確保は、子育てと就業との両立を図るため、また就業に向けての訓練などを安心して行うためにも必要不可欠です。住居確保に関する支援施策として、公営住宅への優先入居や、雇用推進住宅の貸与の対象とするなどの支援があります。また、住居確保の支援だけでなく、住宅手当として扶養親族数に応じて家賃補助を行う支援などもあります。

さらに、わが子である児童の養育が困難となった母子家庭の母が、その児童と一緒に利用することができる施設を母子生活支援施設といいます。この施設は、住居としての役割だけではなく、生活全般にわたる支援や相談を行いながら、職業自立を支援しています。

◯就業相談・支援

ひとり親家庭の父母や寡婦には、自立を目的として就業の機会と安定した収入の確保をする必要があります。前述したようなさまざまな支援が受けられる他、母子家庭等就業・自立支援センターでの就業相談や就職のための資格取得支援、就業情報の提供などを受けることができます。また、公共職業安定所においても職業相談及び職業紹介を行っています。さらに、自立支援教育訓練給付金などの支給や、公共職業訓練を受講する場合の訓練手当の支給なども行われています。

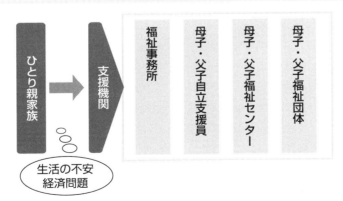

ひとり親家族の生活相談支援

児童扶養手当や母子父子寡婦福祉資金などによる支援

母子家庭や父子家庭は児童扶養手当や低利の融資を受けられる場合がある

◉児童扶養手当

子どもをかかえて離婚した夫や妻、養育者は、児童扶養手当を受給することができます。児童扶養手当は、かつては母子家庭のみを支給対象としていましたが、現在は父子家庭も支給対象とされています。また、配偶者からの暴力（DV）で裁判所からの保護命令が出された場合にも受給できます。

なお、令和6年（2024年）6月に成立した改正児童扶養手当法により、令和6年（2024年）11月支給分からは、児童扶養手当の第3子以降の加算額が引き上げられ、これまでの「月額最大6,450円」から、第2子と同じ「月額最大10,750円」となります。児童扶養手当の支給対象者や手当額は次ページ表のとおりです。

◉母子父子寡婦福祉資金貸付制度

母子家庭・父子家庭や、寡婦（ひとり親として子どもを育てていたが、現在は一人でいる女性のこと）に対し、生活の安定と向上のために必要な措置や援助を行い、母子家庭・父子家庭および寡婦の福祉を図ることを目的として、「母子及び父子並びに寡婦福祉法」という法律が制定されています。

この法律に基づき、母子父子寡婦福祉資金貸付金制度が設けられており、20歳未満の児童を扶養している配偶者のない女性または男性、寡婦等は、一定の金額の貸付けを受けることができます。

たとえば、母子家庭の母親や父子家庭の父親、寡婦は、一定の事業（洋裁、軽飲食、文具販売など）を開始するのに必要な設備、什器、機械等の購入資金として、「事業開始資金」の貸付け（個人の場合の限度額：3,260,000円）、現在営んでいる事業を継続するために必要な商品、材料等を購入する運転資金として「事業継続資金」の貸付け（個人の場合の限度額：1,630,000円）が受けられます。

また、母子家庭・父子家庭の父母が扶養する児童や父母のいない児童、寡婦が扶養する子について、高等学校や大学、大学院などに就学させるための授業料、書籍代、交通費等に必要な資金として「就学資金」の貸付け（高等学校の場合の限度額：月額52,500円、大学の場合の限度額：月額146,000円）が受けられます。

この他にも、母子家庭の母、父子家庭の父、寡婦が、事業を開始したり会社等に就職するために必要な知識技能を習得するための資金として「技能習得資金」、の他、「就職支度資金」「医

療介護資金」などの貸付けを受けることもできます。

●その他の支援

その他、日常生活における自立支援として、子育て短期支援事業、母子家庭等日常生活支援事業（ひとり親家庭等生活支援事業）、母子家庭等医療費助成制度などがあります。子育て短期支援事業は、親の仕事上の都合（残業など）や病気などの理由により児童の世話が一時的に困難になった場合に、児童福祉施設などで児童を預かる事業です。短期入所や夜間養護があります。母子家庭等日常生活支援事業は、児童が一時的に病気やケガをした場合や、母子家庭や父子家庭の父母の就職や病気などで一時的に日常生活が困難になった場合に、家庭生活支援員を派遣する事業です。母子家庭等医療費助成制度は、母子家庭や父子家庭の父母やその児童のために、保険診療による医療費の一部を助成する制度です。

児童扶養手当の概要

対象者	次のいずれかの状態にある児童（18歳になった日以降の最初の3月31日まで、心身に一定の障害がある場合は20歳未満）を監護している母、監護しかつ生計を同じくする父、または父母に代わってその児童を養育している者に支給される。 ① 父母が婚姻を解消（離婚など）した児童 ② 父または母が死亡した児童 ③ 父または母が重度の障害の状態にある児童 ④ 父または母が生死不明の児童 ⑤ 父または母に1年以上遺棄されている児童 ⑥ 父または母が裁判所からのDV保護命令を受けた児童 ⑦ 父または母が1年以上拘禁されている児童 ⑧ 婚姻によらないで生まれた児童 ⑨ 棄児などで父母がいるかいないかが明らかでない児童
手当額 （令和6年 4月1日現在）	・全部支給：月額 45,500 円 ・一部支給：月額 10,740 円～ 45,490 円 ※父や母、または養育者の所得（扶養親族の数によって異なる）によっては一部支給の対象になる ・児童2人以上の場合は、2人目に月額 10,750 円（全部支給）または月額 5,380 円～ 10,740 円（一部支給）、3人目以降は1人につき月額 6,450 円（全部支給）または月額 3,230 円～ 6,440 円（一部支給）が加算される（※令和6年11月分からは3人目以降も2人目と同額）。
支給方法	1月・3月・5月・7月・9月・11月の年6回、2か月分ずつが受給者の口座に振り込まれる。

6 就学支援
十分な教育を受けさせるためのさまざまな制度がある

◯ 就学支援のためのさまざまな制度

個々の家庭環境や経済状態により、満足のいく教育を受けられない人たちをあらゆる面から支援することを就学支援といいます。

① 学校保健安全法

児童・生徒や職員の保健・安全管理に関する必要事項がまとめられています。就学時の健康診断や定期的に行う学校健診、学校医・保健室の設置義務、さらには健康に関する健康相談の実施まで、生徒や職員の健康状態に配慮することが示されています。また、児童・生徒が伝染病にかかっているか、かかるおそれがある場合の出席停止や、感染症の予防上必要がある場合の臨時休校の措置についても定めています。

② 経済的支援

児童・生徒の保護者が経済的に困窮している場合、「就学困難な児童及び生徒に係る就学奨励についての国の援助に関する法律」により、学用品の購入費、通学費、修学旅行費などの経費の補助が行われ、円滑に義務教育を受けることができます。

また、高校への就学については高等学校等就学支援金による支援が設けられています。国公立問わず受給できますが、国内在住で保護者の市町村民税所得割額が30万4,200円未満（年収で約910万円）であることが必要です。

母子家庭・父子家庭の児童や父母のいない児童、寡婦が扶養する子については、母子父子寡婦福祉資金貸付制度による「就学資金」の貸付けを受けることもできます。

③ 災害共済給付制度

国、学校の設置者と保護者が経費を負担する日本スポーツ振興センターが、保護者の同意を得た学校の設置者との災害共済給付契約の下、学校の管理下において、児童・生徒に負傷、疾病、障害、死亡などの災害が発生した場合に、医療費、障害見舞金、死亡見舞金などの支給を行います。

④ 奨学金制度

奨学金とは、修学する能力はあるが、経済的な理由により、修学が困難な学生に学資金として給付または貸与される制度で、給付奨学金、貸与奨学金があります。奨学金制度は、政府、地方自治体、民間がさまざまな形態で行っていますが、最も多く利用されているのが日本学生支援機構（JASSO）による貸与奨学金制度です。

給付奨学金の場合は返還する必要はありませんが、貸与奨学金の場合は、卒業後に返還しなければなりません。

親元で十分な養育ができない場合
施設養護と家庭養護がある

●乳児の保護と児童の自立支援

　児童相談所や福祉事務所では、さまざまな事情で両親から離れて暮らさざるを得ない児童に家庭に代わる環境を提供して、その健全な育成を図っています。その方法の一つは、集団の中で養護する施設養護、もう一つは里親制度を利用して個別に養護する家庭養護です。入所の費用については、児童相談所が扶養義務者の負担できる経済力に従って決定しています。

　父母の死亡、離婚、病気などによって保護する者がいない、父母が虐待や養育拒否をする、などの理由により保護が必要となった乳児（満1歳未満の児童）については、乳児院が養育を行っています。保育士や看護師、医師などが乳児の養育にあたり、授乳したり食事や排せつの世話をして乳児の健康を管理する他、乳児の精神発達の観察も行っています。

　両親と死別したり、両親に遺棄されたり、あるいは両親の心身障害で監護が受けられない児童や、保護者から虐待を受けている児童については、児童養護施設が養護と自立支援を行っています。対象となるのは満1歳以上18歳未満の児童（原則）です。

　また、児童養護施設の出身者などのうち、義務教育を修了してもなお社会的に自立できない児童については、自立援助ホームで職員が一緒に生活しながら就職先を探したり、仕事や日常生活の相談に乗っています。

●里親制度による養育

　児童福祉法は、保護者のいない児童などを施設ではなく理解ある一般家庭に預けて養育する里親制度を設けています。里親制度には、養子縁組をするのを前提とした養子縁組里親や、これを前提としない養育里親があります。養育里親として児童を預かる期間はさまざまです。

　また、虐待を受けた児童などについては、問題の解決と治療ができる専門研修を受けた専門里親による養護制度を設けています。専門研修の期間は約3か月以上です。さらに、両親が死亡したり行方不明になっている児童については、3親等以内の親族に委託して養育を行う親族里親の制度もあります。

　里親制度を利用できるケースは、保護者が里親制度に同意している場合、児童が棄児である場合、両親の死亡といった事情で児童が施設で生活している場合などに限られます。

8 児童虐待と対策
児童虐待は増加・深刻化している

◉児童虐待の現状

　子どもが大人からの暴力によって命を奪われるニュースが後を絶ちません。たとえば、「しつけ」と称して暴力をふるう、長期間食事を満足に与えない、子どもを車中や家の中に放置してパチンコに行く、といったケースが多く目につきます。このように本来子どもを保護・養育すべき立場にある大人が、子どもの心や身体を傷つけるなどして、その成長を著しく阻害する行為を、一般に児童虐待と呼んでいます。

　近年では、全国の児童相談所で対応した児童虐待相談対応件数が増加を続けており、児童虐待への対策としてさまざまな議論がされ、法制度などが整備されています。

◉児童虐待の種類と児童虐待の対策

　児童虐待防止法では、保護者（親権者、未成年後見人、その他の者で児童を現に監護する者）が次ページ表に記載した行為を行うことを「児童虐待」と定義しています（2条）。

　児童虐待は、児童の心身の成長を著しく阻害するだけでなく、場合によっては生命についても危険にさらす重大な行為ですから、できるだけ早く発見し、対処することが望まれます。保護者が虐待を自覚し、悩んでいるのであれば、自ら市区町村の窓口や児童相談所全国共通ダイヤル（189）などに相談をすることもできるでしょう。

　しかし、虐待を自覚していない場合、自ら連絡をすることはまったく期待できません。このような事情もあって、児童虐待防止法では、学校、児童福祉施設、病院などの関係機関に対し、児童虐待の早期発見に努めることを義務付けています（5条）。

　さらに、児童虐待を受けたと思われる児童を発見したすべての者は、直接に、もしくは児童委員を介して、市区町村、都道府県が設置する福祉事務所もしくは児童相談所に通告しなければなりません（6条）。

◉親権喪失・親権停止

　父母による児童虐待から子どもを守る制度として親権喪失と親権停止があります。子どもの親族、検察官、児童相談所長などの申立てに基づき、家庭裁判所の審判により決定します。

　親権喪失とは、父もしくは母による親権行使が著しく困難・不適当で子の利益を著しく害する場合に、その親権を失わせる制度です。親権喪失は親子を期間を定めずに引き離すものである

ため、児童虐待が疑われても申立てをするのに躊躇することから、平成24年から親権停止制度が導入されました。

親権停止とは、父または母による親権の行使が困難・不適当で子の利益を害する場合に、その親権を2年を超えない範囲で失わせる制度です。親権停止は親子を一時的に引き離すにとどまるので、親権喪失より申立てのハードルが下がります。その他、子どもの緊急時に児童相談所長や児童養護施設の施設長などの権限を父母の意向より優先させる制度も導入されています。

● 近年の児童虐待防止対策の強化

近年、児童虐待防止対策を強化するための制度の見直しが行われています。たとえば、児童虐待虐待通告を受けた場合に児童相談所などが行う安全確認が義務化され、保護者に対して出頭を要求する制度が導入されています。その他にも、児童福祉司の充実、施設を退所して就職する児童に対しての施設長による身元保証制度の創設といった対策もとられています。

さらに、児童虐待の相談対応件数が年々増加していることを踏まえて、令和4年に児童福祉法が改正され、児童虐待を受けた子どもの保護等の専門的な対応を要する事項について十分な知識・技術を有する者が、新たに児童福祉司の任用要件に追加されました。これに伴い、子ども家庭福祉の実務経験者向けの認定資格が導入されました。

また、児童をわいせつ行為から守る環境整備として、児童にわいせつ行為を行った保育士の資格管理の厳格化を行うと共に、ベビーシッター等に対する事業停止命令等の情報の公表や共有が可能となりました。

児童虐待防止法が定める児童虐待の種類

類　型	内　容
身体的虐待	児童の身体に外傷が生じ、あるいは生じるおそれのある暴行（親などが冬に外に締め出す行為、縄などにより一室に拘束する行為等）を加えること
性的虐待	児童にわいせつな行為をすること、あるいは児童にわいせつな行為をさせること
ネグレクト（育児放棄・監護放棄）	著しい減食、あるいは長時間の放置など、保護者としての監護を著しく怠ること
心理的虐待	児童に対する著しい暴言や拒絶的な対応、あるいは児童と同居する家族に対するDVなどにより、児童に著しい心理的外傷を与えるような言動を行うこと

※ DV（ドメスティック・バイオレンス）：
同居関係にある配偶者や親戚などの家族から受ける家庭内暴力のこと

児童相談所
相談受付や児童保護などを行っている

●児童相談所とは

児童相談所とは、児童（18歳未満のすべての子ども）の抱えるさまざまな問題の相談に乗り、その解決のために各種対応をするために設けられた機関です。各都道府県は、最低でも１か所の児童相談所を設置しなければなりません（児童福祉法12条）。

児童相談所の所長には、精神保健について学識経験を有する医師や心理学の専門家、社会福祉士、児童福祉司などが就任します（12条の３）。

また、専門的な対応ができるように、保育士・教師といった教育関係者の他、医師、臨床心理士、児童福祉司、児童心理司、弁護士などの専門家が職員として配置され、相談に乗っています。

●どんなことをしているのか

児童相談所は、児童の福祉と健全な育成のために、大きく分けて次のような３つの機能が認められています。

① 相談の受付け

問題を抱えている児童について、家庭などから相談を受け付けます。

② 一時的な保護を行う

児童相談所は、児童虐待の疑いがある児童など要保護児童に関する通告を受けると、近隣住民や学校の教職員などの協力を得ながらその児童との面会などを行い、児童の安全確認を行います。その上で、一時的に児童を家庭環境から離した方がよいと判断した場合には、その児童を家庭から一時的に引き取り、保護することができます（児童虐待防止法８条２項）。さらに、職員が児童の住所などに出向いて調査を行い、必要に応じて親子関係の修復を配慮した指導を行ったり、児童養護施設などへの入所の措置を行います。

児童相談所の所長や施設の長は、児童を施設に入所させた場合には、児童の安全を確保するために、両親が児童に面会したり通信することを制限することができます。

③ 家庭環境の改善

家庭環境を改善するために「児童福祉司」「児童委員」「児童家庭支援センター」を通じて、児童本人や保護者を指導します。それでも不十分な場合には、児童を乳児院や児童養護施設などの「児童福祉施設」に入所させる措置をとります。また、児童相談所から里親に対して児童の養育を委託することもあります。

児童相談所は、他の専門機関とも連携しながら、必要に応じて両親の親権を喪失させる手続きを行うなど、児童

の心身の安全を守ることを最優先に対応します。虐待を受けたと思われる児童を見つけた人は、すみやかに児童相談所などに通告を行う義務を負います（児童虐待防止法6条）。

●児童相談所のその他の業務

児童相談所は、児童の福祉と健全な育成を達成するために、次のような各種業務なども行っています。

① **家庭支援相談等事業**

児童相談所が、児童や保護者の相談に乗って、解決のための助言や援助を行います。その他、土日祝日の虐待通告の受付を行うこともあります。

② **障害児への支援・指導**

重症心身障害児や保護者に対し、医師や専門職員が助言・指導を行います。また、自閉症の児童に対する訓練・指導を行う場合もあります。

③ **療育手帳の判定**

療育手帳とは、知的障害者が福祉サービスを利用する際に必要な障害者手帳です。障害の程度によって区分が設定されており、受けられるサービス内容が異なります。児童相談所では、18歳未満の人に関する判定作業を行っています。

④ **不登校児童対策**

たとえば、不登校児童を定期的に施設に通わせて指導を行ったり、不登校の解消を図る一環として、キャンプを実施することもあります。さらに、ボランティアの大学生などを「メンタル・フレンド」（ふれあい心の友）として家庭に訪問させて、児童福祉司の指導・助言のもと、不登校問題の解決にあたっています。

⑤ **地域的連携**

児童相談所は、各地域の地方自治体や、教育・保健・福祉などの各機関と連携して、地域全体を包括した子どもの健全な育成に必要な事業・計画を実施しています。

児童相談所は児童虐待にどう対応しているのか

虐待された児童に対して
- 一時的に保護し、安全を確保する
- カウンセリングを行い、心理的にケアする

虐待した保護者に対して
- 住居への立入り調査を行う（場合によっては警察へ援助を頼む）
- 保護者に対し児童福祉司による指導措置を行う
- 児童が施設に入所した場合、面会や通信を制限する

10 いじめの類型・定義と相談先
いじめの被害については早期の相談が重要である

●行為形態によるいじめの分類

いじめにはさまざまな行為形態がありますが、大まかに分類すると次のようになります。

① 言葉によるいじめ

悪口や悪意のあるからかい、冷やかしなどの行為です。

② 物に対する攻撃

筆箱やランドセルなどの物を隠す、汚す、壊すなどの行為です。

③ 暴力

身体に対する直接的な攻撃です。手で押す、足をひっかけるなどの比較的軽いものから、殴る・蹴るなどの重大なケガを発生させるものにエスカレートすることがあります。

④ 恐喝・強要

ゆすり・たかりなど、物品・金銭を強引に奪う行為や、脅して万引きをさせるなどの行為です。

⑤ 集団による圧力

多数人による仲間はずれや無視、悪いうわさ話（ウソの内容であることが多いです）の流布などの行為です。

とくにSNSを利用した「集団による圧力」は、学校以外の場所でも継続的に行われることがあり、より深刻なものとなりかねません。また、SNSを利用したいじめ（主に①・④・⑤によるいじめ）は、直接的な対人関係の中でいじめが行われるとは限らず、親や先生などが把握しにくいという特徴があります。この点から、いじめ防止対策推進法では、「いじめ」の定義の中に、インターネットを通じて行われる行為も含めています。

●関与の程度によるいじめの分類

いじめは関与の程度に応じて、次のように分類もできます。

① 直接的ないじめ

被害者に直接悪口を言ったり、暴力に及んだりする行為です。比較的発覚しやすいものといえるでしょう。

② 間接的ないじめ

直接手を出したりするわけではないものの、無視をする、陰口の場に参加するなどの行為です。ボス的な存在が仲間に指示して行う場合や、自分が次の被害者になるというおそれから行う場合などがあります。

③ 傍観・無関心

他人のいじめ被害を傍観するだけで何もしないことです。

このうち①と②については、行為をしている本人たちには、いじめをしている自覚はあまりないかもしれません。しかし、被害者に精神的な圧迫や苦痛を与えているという意味では、いじめ

を構成する大きな要素となっているといえるでしょう。

◉いじめの定義

いじめ防止対策推進法では、「いじめ」とは、被害者である児童・生徒などが在籍している学校に在籍しているなど、被害者と一定の人的関係にある他の児童・生徒などが行う、心理的・物理的な影響を与える行為（インターネットを通じて行われるものを含む）であって、被害者が「心身の苦痛を感じているもの」と定義されています。

いじめの種類・内容は多様で、SNSを利用したいじめが登場するなど時代と共に変化しています。いじめが深刻な社会問題として認知されはじめてから年月が経過しているのに、抽象的な定義にとどまるのは、いじめの種類・内容が現在も変化しているからです。

◉どんな相談先があるのか

いじめは簡単には解決ができないものが多いため、いじめられている被害者本人が、いじめの被害を受けている事実を誰にも相談しない場合、いじめが継続し、さらにエスカレートするなどして、より深刻な被害を受けるおそれがあります。できる限り早くいじめの被害を相談するのが重要です。

相談相手として最初に考えられるのは、親や友だちや、兄弟、学校の先生などの身近な人ですが、前述した理由で身近な人に相談したがらない子どももいます。そのような子どもは、自分との関わりがなく、いじめの加害者とも関わりのない、第三者機関の方が相談しやすいかもしれません。

いじめ被害の相談先となる第三者機関としては、一般的に次のような機関が挙げられます。これらの第三者機関は電話やメールによる相談を受け付けており、匿名でも相談することができます（85ページ図参照）。

① **文部科学省**

文部科学省は、いじめ問題に対応するための政策の立案が主な役割であるため、いじめの相談を直接受け付けているわけではありません。

もっとも、いじめ問題やその他の子どものSOS全般に悩む子どもやその親などが、いつでも相談機関に相談できるよう、教育委員会が夜間・休日を含めて24時間対応可能な相談体制を整備しています。それが「24時間子供SOSダイヤル」（0120-0-78310）です。

② **教育委員会**

各都道府県・市区町村に設置されている教育委員会は、公立学校等の教育機関の設置・管理・廃止、教職員の任免等の人事、児童・生徒の入学・転学・退学、教育課程等の編成など、教育に関する方針や重要事項の決定を目的として組織された合議制の機関です。

いじめの問題については、教育委員会が管轄する学校を指導・助言する立

場にあり、いじめが児童・生徒の健全な育成を阻害する重大な教育問題であることから、その解決に向けた積極的な働きかけが期待されています。

いじめの問題への対応として実施されている措置は、各教育委員会により異なりますが、相談窓口はほとんどの教育委員会で設置され、電話・面接などで相談を受け付けています。学校に相談しても対応してもらえない場合や、教師に相談しにくい、転校などの検討が必要なほど深刻な被害が生じているなどの場合は、教育委員会への相談を検討しましょう。

ただし、教育委員会が指導監督などの権限を行使できるのは、基本的に公立学校に対してのみです。

③　児童相談所

各都道府県や政令指定都市などに設置されている児童相談所では、いじめ問題を含めて、児童（18歳未満の人）に関するさまざまな問題についての相談を受け付けています。

児童相談所で行われる相談の種類は、養護相談（虐待など）、保健相談、障害相談（障害児に関する相談）、非行相談、育成相談（不登校、性格、しつけなど）です。いじめによって子どもが不登校になった、子どもがいじめの加害者になっている、といった内容の相談も、児童心理司や児童福祉司などの専門家が対応してくれます。

④　こどもの人権110番（法務省）

法務省の人権擁護機関が設置している相談窓口です。法務局の職員や地域の人権擁護委員が、いじめなどで人権を不当に侵害されている子どもの相談を受けています。

⑤　ヤングテレホン（警察署）

各都道府県の警察署では、ヤングテレホン、ヤングテレホンコーナーなどの名称で、いじめ問題を含めて、少年（20歳未満の人）に関する相談を電話・メールで受け付けています。

心理職の相談員や少年問題に詳しい警察官などが、いじめの相談に応じています。また、いじめがエスカレートして傷害を負うなど、犯罪被害を受けた場合は警察署に相談し、必要に応じて被害届を出すなどの対応をすることも検討してください。

⑥　弁護士会・弁護士

いじめの被害者側（いじめの被害者やその親）は、加害者側（いじめの加害者やその親および学校）との交渉がうまくいかない場合、弁護士に依頼して法的な解決を図ることも必要になってくるでしょう。

各都道府県に設置されている弁護士会は、法的な内容以外の相談も受け付けており、学校などを通じて「子どもの人権110番」などの名称による子どもの人権に関する相談窓口の存在をPRしています。相談相手が弁護士会に所属する弁護士という法律の専門家ということもあってか、相談者の大半

は被害にあっている子どもの親で、相談内容も「損害賠償などの法的責任の追及ができるかどうか」といった趣旨のものが多いようです。

相談を受けた弁護士は、まず相談者からいじめの内容などについて話を聞いた上で、どのように行動すればよいかをアドバイスします。そして、被害者側が弁護士に法的な解決を依頼すると、弁護士は、被害者側のために、加害者側と示談交渉を行うことや、訴訟代理（訴訟における代理人となること）をすることができます。

⑦　行政書士

加害者側に適切な対応を強く求めるいじめの被害者やその親は、行政書士に依頼して、加害者側に対し、いじめの即時停止を要求したり、損害賠償を請求したりする内容証明郵便を送付することも可能です。これにより、加害者側に誠実な対応をするようプレッシャーをかけると共に、後から訴訟に至った場合に、いじめの即時停止の要求や損害賠償の請求などの意思表示をしたという事実の証拠として用いることが可能になります。

ただし、行政書士は、弁護士とは異なり、加害者側と示談交渉を行うことや、訴訟代理を行うことができない点に注意を要します。

⑧　子ども問題に携わるNPOなど

日本いのちの電話連盟の加盟団体やチャイルドラインなどの組織にも、いじめ問題について相談ができます。

以上、さまざまな第三者機関が存在しますので、身近な人に相談しにくいと感じている子どもであっても、第三者機関に相談していじめ問題の解決を図ることが期待されます。

いじめの相談を受け付ける施設や機関

■**24時間子供SOSダイヤル**
　文部科学省が設置
　全国統一の電話番号
　　0120-0-78310
　電話をかけた所在地の教育委員会の相談機関に接続

■**こどもの人権110番**
　各地の法務局・地方法務局に設置
　全国共通の電話番号
　　0120-007-110

■**子ども問題に携わるNPOなど民間組織**
　日本いのちの電話連盟の加盟団体
　チャイルドライン

■**臨床心理士によるカウンセリング**
　自殺や自傷行為が認められる場合

■**児童相談所**
　いじめている子どもが家庭内の問題を抱えている場合に相談

■**子どもの人権110番**
　各都道府県の弁護士会が設置
　いじめなどの人権侵害に苦しんでいる子どもたちの救済が目的

※各相談機関の連絡先が記載されている文部科学省のホームページ
URL　https://www.mext.go.jp/a_menu/shotou/seitoshidou/06112210.htm

いじめの事実が発覚した場合
悪いのはいじめであって被害者自身ではないことを伝える

●いじめ防止対策推進法上の義務

いじめ防止対策推進法では、いじめの発生が疑われる場合から、いじめの事実が確認できた場合、以下のように学校側（学校やその設置者）がとるべき措置を規定しています。

① いじめの確認・報告

学校は、いじめの通報を受けた場合の他、児童・生徒がいじめを受けていると思われる場合は、いじめの事実の有無を確認する義務を負います。

いじめの事実が確認されたときは、学校長を通じて、学校の設置者（たとえば、公立の小・中学校の場合は市区町村）に報告する義務を負います。

② 被害者・加害者への対応

学校は、いじめの事実が確認された場合、被害者やその保護者への支援や、加害者やその保護者への指導・助言などを継続的に行う義務を負います。重要なのは、教職員が支援や指導・助言をするにあたっては、単独ではなく複数で（組織的に）行うことです。

③ 被害者が教育を受けるための措置

学校は、いじめの事実が確認された場合、被害者が安心して学校で教育を受けられるようにする義務を負います。たとえば、加害者を別室で学習を受けさせて、被害者と同室にしない措置が考えられます。ただし、加害者の教育を受ける権利を過度に侵害しないように慎重な対応が求められます。

④ 保護者との情報共有

学校は、被害者の保護者と加害者の保護者との間で、いじめに関する情報を共有する義務を負います。その趣旨は、被害者の保護者と加害者の保護者とが紛争状態に陥りやすいことを考慮し、学校が情報の共有という観点から仲介することで、話し合いによる解決を促進することにあります。

いじめの当事者同士が冷静に話し合い、和解などの解決に至ることは少ないといえます。保護者同士の関係がこじれた場合、その影響はいじめの被害者である子ども自身や、その周囲の子どもたちにも波及することが考えられます。そこで、学校側に仲介者としての義務を課すことで、被害者の保護を図ることとされています。

⑤ 警察署との連携・通報

いじめの程度によっては、犯罪行為に該当する場合があります。この場合、学校は警察署と連携して対応にあたることが求められます。とくに被害者の生命・身体・財産などに重大な被害が生じるおそれがあるときは、警察署に直ちに通報する義務を負います。

通報を受けた警察署は、被害者に詳しい事情を聴くこととなりますが、場合によっては、被害者にとって非常にデリケートな内容に踏み込まざるを得ないこともあります。現在では、そうした場合も被害者の精神的負担に考慮するようさまざまな取り組みがされていますので、学校や被害者の保護者が警察署に事情を説明し、配慮を求めることが望ましいといえるでしょう。

●被害を受けた児童・生徒への対応

　いじめの被害者の多くは、加害者の気分や、被害者自身にはどうすることもできない理由で、いじめのターゲットにされているようです。しかし、被害者の中には、自分の弱さを責めたり「自分が悪いからこんな目に遭う」と思いつめたりする人もいます。学校側としては、被害者の苦しみを理解し、悪いのはいじめであって被害者ではないことを伝え、自分を肯定できるようにしてあげることが求められます。

　憲法では、保護者に対し、自分の子どもに普通教育を受けさせる義務を負わせています。この規定を受けて、学校教育法では、保護者に対し、自分の子どもに9年間の普通教育を受けさせ、小・中学校に就学させなければならないという就学義務を負わせています。したがって、いじめ被害を理由に登校拒否をする子どもについても、保護者がその子どもを登校させない場合は就学義務に違反することになるとも思えますが、そうではありません。

　学校でいじめを受けていることを理由に登校拒否をしている子どもを強引に学校に通わせると、子どもを精神的に追い詰めてしまい、子どもの利益となりません。したがって、いじめ被害を受けている子どもを登校させないことが、その子どもの利益となる場合は、就業義務に違反しないと考えられています。また、学校や教育委員会の裁量で、いじめなどを理由に不登校となった子どもが、フリースクール・教育支援センターでの学習や、ICTを活用した学習を行った場合などは、出席扱いとすることも認められています。

●当事者以外の児童・生徒への対応

　直接的にはいじめをしていなくても、たとえば、同じクラスにいていじめを目撃したが、見て見ぬふりをしたり、被害者から話しかけられても無視したりする行為をすれば、さらに被害者は追いつめられます。このような行為は、いじめに間接的に関与して被害者を傷つけることを、いじめの当事者以外の児童・生徒に対し、十分に認識させる必要があるでしょう。

　ただ、本当はいじめをやめさせたいのに、報復が怖くて声を出せないという児童・生徒もいますので、個々の状況を考慮した対応が重要です。

12 いじめ加害者への処分
退学の処分を行うことができる場合は制限されている

●加害者である児童・生徒への対応

いじめ加害者の児童・生徒は、他人を傷つける行為をしていますから、学校側（学校やその設置者）は、その行為をやめるよう働きかけなければなりません。しかし、ただ「いじめをやめなさい」と命じるだけでは、いじめをやめるどころか、反発をしていじめをエスカレートさせたり、別の児童・生徒にいじめの矛先を変えたりする可能性があります。学校側としては、しばらくの間、加害者の学校内での行動を監視するなど、いじめをさせないような措置をとる必要があります。

また、加害者が家庭内などで大きな問題を抱え、そのはけ口としていじめをしていることも多いようです。その場合、学校側としては、加害者の抱える問題について加害者と話し合い、自分のいじめを反省できるような状況をつくり出すことが求められます。

●どのような処分が考えられるか

いじめ防止対策推進法では、いじめの加害者である生徒・児童に対し、校長・教員が懲戒を加えることができるとしています。ただし、直ちに懲戒が可能になるわけではなく、学校教育法の規定に基づき、教育上必要があると認められるときに限り、適切に懲戒を加えることが可能です。校長・教員による懲戒は、児童・生徒の成長の一助とするために行われるものです。

具体的な懲戒の内容としては、次のものがあります。

① 法律上の懲戒

法律の規定に定められている懲戒であり、退学・停学・訓告の処分が該当します。退学・停学・訓告の処分をした事実は指導要録に記載されるため、処分を受けた子どもの将来に重大な影響を与えかねないといえます。とくに退学・停学の処分は、子どもの在学関係を強制的に変更するものです。

ただし、公立小中学校や特別支援学校の児童・生徒に対し、退学の処分をすることはできません。また、停学の処分をした児童・生徒の登校を禁止する期間は、無期限から数日間とさまざまです。訓告とは、児童・生徒に注意をしたり、児童・生徒の反省を促したりする処分ですが、教師が学校生活の中で行う事実上の懲戒と異なり、訓告の処分は校長が行います。

② 事実上の懲戒

法律に定められていない懲戒であり、授業中に教室内で起立させる、学習課題や清掃活動を課す、職員室に呼び出

して厳重注意する、といったことの他、自主退学勧告や自宅謹慎などが該当します。

事実上の懲戒の基準は、基本的に教員や校長に委ねられています。ただし、学校教育法で体罰は明確に禁止されています。また、文部科学省からの通達では、「一時の感情に支配されて安易な判断で行わないこと」「教員・児童・生徒・保護者間の信頼関係を築いておくこと」などが条件とされています。

なお、事実上の懲戒は校長と教員が行うことができるのに対し、法律上の懲戒は校長が行うこととされています（学校教育法施行規則26条参照）。

●加害者に対する法律上の懲戒

いじめの加害者である児童・生徒に対しては、話し合いやカウンセリングなどの対応がされますが、いじめの内容が器物損壊や暴力など、学校内の秩序を乱す重大なものである場合は、被害者を保護するためだけでなく、他の児童・生徒の教育環境を整えるためにも、厳しい内容の懲戒を行うことが必要となります。

最も厳しい懲戒である退学の処分を行う場合は、学校教育法施行規則26条3項により、当該児童・生徒（公立小中学校や特別支援学校の児童・生徒を除く）が、次のいずれかの要件に該当することが必要とされます。

加害者に対する法律上の懲戒

退学
- 検討される場面
  器物損壊や暴力によるいじめ行為など、学校内の秩序を乱すほど重大なものであり、他の児童・生徒の教育環境を整える必要がある場合
- 退学の要件
  ①性行不良で改善の見込みがない
  ②学業劣等で成業の見込みがない
  ③正当の理由なく常に出席しない
  ④学校の秩序を乱し、その他学生または生徒としての本分に反した
- 退学処分にできない児童・生徒
  公立小中学校の児童・生徒　特別支援学校の児童・生徒

停学
- 児童・生徒の登校を禁止する　● 停学の期間：無期限から数日間

訓告
- 児童・生徒に対し注意をする　● 児童・生徒に反省を促す
- 訓告は校長が行う

※ 法律上の懲戒：児童・生徒の在学関係を強制的に変更するもので、懲戒をした事実が指導要録に記載されるため、児童・生徒の将来に重大な影響を与える

- 性行不良で改善の見込みがないこと
- 学業劣等で成業の見込みがないこと
- 正当の理由がないのに常に出席しないこと
- 学校の秩序を乱し、その他学生または生徒としての本分に反したこと

　これらの要件は、退学が児童・生徒の教育の場を剥奪する重大なもので、その将来に大きな影響を与えかねないことから、とくに十分な教育上の配慮を要することを示しています。暴力によるいじめといった悪質な行為をしても、改善の可能性があれば、安易に退学という選択をすることは認められないわけです。ただし、改善の可能性があるかどうかの判断基準については明確な規定がなく、学校側の判断に委ねられています。

●加害者に対する事実上の懲戒

　事実上の懲戒のうち最も重いのが自主退学勧告です。自主退学勧告とは、児童・生徒が自ら退学届を出すように学校側が要求することです。校則違反を繰り返す、教員の再三の指導に応じない、犯罪行為をはじめとする反社会的行為をするなど、退学に値するかそれに近い行為をした場合に検討されます。表面的には児童・生徒や保護者の自主的な意思で退学の手続きが行われたという形で処理されますが、学校側から勧告を受ければ、ほぼ拒否することはできず、実質的には法律上の懲戒である退学の処分に相当します。

　また、自宅謹慎とは、停学と同様に一定期間学校への登校を禁じる処分であり、厳重注意とは、訓告と同様に注意喚起を求める処分です。

　いずれの懲戒も、法律上の懲戒と同じような行為を求めますが、事実上の懲戒には、教育委員会への報告や指導要録への記載といった義務がないことが法律上の懲戒と異なります。加害者の児童・生徒に反省を促し、学校の秩序を取り戻すことができる他、加害者の児童・生徒の将来に大きな影響を及ぼさずにすみます。そこで、加害者の児童・生徒の今後を考え、法律上の懲戒に相当するとしても、事実上の懲戒とする形をとることも多いようです。

●出席停止制度の運用について

　いじめ防止対策推進法では、教育委員会は、いじめの被害者が安心して教育を受けられるようにするため、加害者の出席停止などの措置をすみやかに講じるべきとしています。出席停止とは、一定期間登校することを停止する制度で、実質的には停学や自宅謹慎と変わりありません。ただし、出席停止の実施にあたっては、対象の児童・生徒が孤立しないように必要な支援をすることとされています。

　文部科学省の通知では、出席停止とした児童・生徒への支援の内容として、次のものが挙げられています。

① 学校は、児童・生徒が学校へ円滑に復帰できるよう学習を補完し、学級担任等が計画的かつ臨機に家庭への訪問を行い、課題をさせる
② 市町村教育委員会は、児童・生徒の出席停止期間中必要な支援がなされるように個別の指導計画を策定するなど、必要な措置を講じる
③ 都道府県教育委員会は、指導主事やスクールカウンセラーの派遣、教職員の追加的措置、当該児童・生徒を受け入れる機関との連携の促進など、市区町村教育委員会や学校をバックアップする
④ 地域では、警察、児童相談所、保護司、民生・児童委員などの関係機関の協力を得たサポートチームを組織するのも有効である

このような、出席停止の制度は、加害者以外の児童・生徒の教育を受ける権利を保障すると共に、加害者の教育を受ける権利についても登校とは別の形で保障するものといえます。

●出席停止はどのように行うのか

学校教育法では、小中学校においては、性行不良であって他の児童の教育に妨げのある児童がいる場合、市町村教育委員会は、その保護者に対し、児童の出席停止を命じることができるとしています。具体的には、①他の児童に傷害、心身の苦痛、財産上の損失を与える行為、②職員に傷害や心身の苦痛を与える行為、③施設・設備を損壊する行為、④授業その他の教育活動の実施を妨げる行為などを繰り返し行う場合に、性行不良であって他の児童の教育に妨げのある児童に該当し、出席停止を命じることができます。

出席停止を命じる際は、保護者の意見の聴取と理由・期間を明記した文書の交付が義務付けられており、学校長が独断で行うことはできません。

なお、いじめをした児童が深く反省し、改善の見込みが高いなどの事情がある場合には、学校側が反省文の提出を求めるなど、出席停止よりも軽い対応がなされる可能性があります。

加害者に帯する事実上の懲戒

事実上の懲戒

| 自主退学勧告 | 自宅謹慎 | 厳重注意 |

メリット

| 教育委員会への報告なし | 指導要録への記載なし | 加害者の反省を促せる | 生徒の将来に大きな影響をあたえない |

13 いじめの法的解決手段
専門家に相談して法的な解決方法を検討する

● 学校に設置される「いじめの防止等の対策のための組織」とは

学校は、いじめ防止対策推進法に基づき、学校におけるいじめの防止等に関する措置を実効的に行うため、その学校の複数の教職員、心理・福祉等に関する専門的な知識を有する者その他の関係者により構成される「いじめ防止等の対策のための組織」を設置する必要があります。この組織は、いじめの早期発見や適切な対処を図るための常設機関であることが求められています。

とくに重要なのは、心理・福祉等に関する外部の専門家が参加することで、客観性・公正性を担保しようとしていることです。いじめ問題については、教職員が組織として対応することが必要であることは当然ですが、それと同時に、いじめの事実を学校が隠ぺいすることを防止する必要があります。

そこで、外部の専門家の関与を求めることで、学校による隠ぺいを防止すると共に、いじめの被害に遭っている子どもやその保護者などにとって適切な対処を期待することができます。

「いじめ防止等の対策のための組織」の主な構成員は、以下のとおりです。

① **教職員**

構成員としては、まず児童・生徒に日常的に接している教職員が挙げられます。ただし、いじめ問題については、教職員が1人で対応することは、能力的にも限界があり好ましくありません。管理職の教員、生徒指導担当の教員、学年主任、養護教諭など、複数の教職員が構成員として対応にあたることが求められています。

② **心理・福祉等に関する専門的な知識を有する者**

客観性・公正性を保つことが「いじめ防止等の対策のための組織」の最大の特徴といえます。心理・福祉等に関する専門的な知識を有する者としては、スクールカウンセラーや社会福祉士などが挙げられます。その他にも、弁護士や精神科医、児童福祉司などが参加することも可能です。

③ **保護者、民生委員など**

いじめ問題への対応にあたっては、保護者の関与も重要になることがあります。そこで、「いじめ防止等の対策のための組織」には、「その他の関係者」として保護者が参加することが可能であると考えられています。また、民生委員や人権擁護委員などの他、警察官経験者などが参加することにより、組織の客観性・公正性をより強く担保することが可能になりますので、これらの

者も「その他の関係者」として参加することが可能であると考えられています。

いじめ問題が発生した場合、とくに保護者は学校と敵対関係になりがちですが、冷静になって学校と協力体制を築くことも大切です。

●専門家への相談と調停による解決

いじめの被害にあった場合、学校や加害者が適切な対応をしない場合には、法的な解決をめざすべく、弁護士などの法律の専門家への相談を検討することになるでしょう。とくに弁護士は、被害者の代理人として、被害者の意向を踏まえ、事実関係の確認をした上で、学校や加害者に対し、損害賠償請求などの交渉をする、必要に応じて調停の申立てや訴訟の提起を行う、裁判所に

被害者側が学校と話し合いをする際のポイント

学校に働きかけるときに注意すべきポイント

- 冷静さを保つ
- 学校を子どもの敵と思わない
- 子どもを守るために強い態度で臨まない
- 学校は親と共に子どもの教育をするための機関であることを認識する
- 一番困っているのは子ども自身であることを忘れない
- 最初から学校と戦う姿勢で話し合いに臨もうとしない
- 問題解決に向けて協力をしてほしいという思いを伝える

学校の対応に問題があるときに注意すべきポイント

- お世話になっている養護の先生や、以前の担任の先生など、子どもが信頼を置いている先生に相談する
- 臨床心理士や精神科医などの資格を持つスクールカウンセラーに相談する
- 担任の教師に問題がある場合、学年主任や教頭・校長など責任ある立場の人にも相談を持ちかける
- 学校全体で問題解決に向けた対策をとってもらえるように要請する
- 公立学校の場合、教育委員会に相談する

学校との話し合いのときに注意すべきポイント

- いつ何が起きたのか、主に問題になっていることは何なのか、子どもはどのように考えているのかといったことを伝え合い、問題に対する共通認識を持つ
- 今後の方針を確認する
- 何度か話し合いを重ねることを想定する
- 子どもの意向や状態なども考慮して具体的な目標を持って話し合う
- 最初は実態の調査を依頼する
- 子どもは保健室への登校や一時休学などの対応を検討してもらう
- 再発防止に向けた具体的な方策の提示を要求する
- 密室状態にしない
- 担任教師、副担任、学年主任、養護教諭、教頭、校長など関係者や責任者の同席を求める
- 両親そろって出席する
- 話し合いの日時や場所、学校・親の発言内容などについて細かくメモをとる
- スマートフォンやＩＣレコーダーなどで録音し、話し合いを記録に残す

出席・出廷する、人権救済の申立てをするなどの方法で、法的な解決に向けて対応します。

　いじめの当事者同士の話し合いや、弁護士を代理人とした交渉で問題の解決に至らなかった場合、裁判所に調停を申し立てて話し合うのもひとつの方法です。当事者同士の話し合いでは感情が先に立って話が先に進まないことや、弁護士を立てることで相手方が態度を硬化させて会おうともしなくなることもありますが、そこに裁判所という公的機関を介入させることにより、双方が冷静になって話し合いを行えるようになる可能性があります。

　いじめ問題の場合、被害者は、原則として、加害者の住所地を管轄する簡易裁判所に対し、民事調停を申し立てることになります。

●訴訟による解決をめざすには

　いじめ問題の解決に訴訟を利用する場合には、弁護士費用をはじめとして、相当のお金が必要になります。また、訴訟の手続きが終了するまでには一定の時間がかかりますし、必ずしも自分の希望どおりの結果が得られるとは限りません。さらに、公開の法廷に立って陳述をしなければならない場合もあり、その際には相手方からの質問を受けなければならず、精神的負担を感じることもあるでしょう。

　いじめ問題を含めた学校教育に関わる問題の多くについては、訴訟によって解決しようとする意識が低いといえます。たとえば、いじめの加害者に対し、訴訟を提起して不法行為に基づく損害賠償請求をする場合には、いじめによって自らの権利・利益が違法に侵害されたという事実を、具体的な証拠を提出して立証した上で、裁判所の判断を求めることになります。これに対して、学校教育は、教員と生徒という人間同士の触れ合いの中で生まれる信頼に基づいており、そこで生じるトラブルについては、内部の当事者の話し合いによる解決が必要であると考えられてきました。しかし、話し合いで解決ができない場合には、訴訟による解決を検討する必要があります。

　訴訟には、刑事訴訟と民事訴訟があります。刑事訴訟の場合、起訴（処罰を求めて裁判所に訴えること）するかどうかを決めるのは検察官です。いじめの被害者は、証人などの形で刑事訴訟に関わることはありますが、裁判所に加害者の処罰を求めて訴えを起こすことはできません。これに対して、民事訴訟は、誰でも訴えを起こすことができます。民事訴訟では、訴えを起こした人を原告、訴えを起こされた人（相手方）を被告と呼びます。いじめ問題の場合、いじめの被害者やその親が原告となって、いじめの加害者やその親、学校などを被告として、民事訴訟を提起することになります。

民事訴訟の提起は、訴状を裁判所に提出することで行います。たとえば、いじめの加害者を被告として、不法行為に基づく損害賠償請求訴訟を提起する場合には、加害者の住所地を管轄する裁判所か、もしくは不法行為（いじめ行為）があった地を管轄する裁判所に訴状を提出します。請求金額が140万円以下の場合は簡易裁判所、140万円を超える場合は地方裁判所に提起するのが原則です。

民事訴訟で請求することができる内容としては、金銭の支払いや物の引渡し、権利関係の確認、謝罪広告の掲載などがあります。いじめ問題の場合、いじめによって、身体や精神にダメージを負ったときは治療費や慰謝料、所有物の破壊行為があったときは修理費や再購入の費用、被害者が死亡に至ったときは逸失利益などのように、加害者に対して金銭の支払いを求める損害賠償請求を行うのが一般的です。

●人権救済の申立てをする方法

いじめ問題の解決に向けて、調停や訴訟など裁判所の介入を受ける以外の方法として、弁護士会に対して人権救済の申立てをする方法があります。

具体的には、日本弁護士連合会の人権擁護委員会が行っている人権救済制度では、捜査機関による人権侵害やえん罪（再審請求への支援）、薬害、社会保障など、さまざまな人権問題に取り組んでおり、いじめ問題についても人権救済の申立てを受け付けています。人権救済の申立ては費用がほとんど必要なく、手続きも簡単なので、裁判手続きよりも利用しやすいでしょう。

人権擁護委員会は、人権救済の申立てを受け付けると、まず簡易審査を行います。審査の結果、必要と判断されれば調査を行い、人権侵害が認められれば、警告や勧告などの措置をとります。ただし、これらの措置に法的な強制力はなく、根本的な問題の解決にはならない可能性もあります。

訴え提起から判決まで

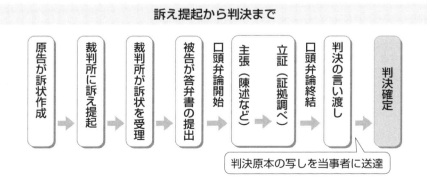

14 生徒や保護者の学校側に対する法的責任の追及
公立か私立かで相手方や適用法律が異なる

●安全配慮義務違反が理由となる

　学校は、児童・生徒が安全な環境で安心して学校生活を送ることができるように、その生命・身体・財産の安全を確保する義務を負っています。これを安全配慮義務といいます。具体的には、児童・生徒のいじめ被害の発生を防止する措置や、いじめ被害を軽減する措置を講じる義務があります。

　学校がいじめ被害に対して適切な措置をとらない場合、被害者側（被害者やその保護者）は、学校の安全配慮義務違反を理由とする損害賠償請求ができます。損害賠償請求は一般不法行為（民法709条）に基づいて行うことも可能ですが、従来から安全配慮義務違反については、債務不履行（民法415条）に基づく損害賠償請求（公立学校の場合は国家賠償法1条に基づく損害賠償請求）として検討されています。

●私立か公立かで相手方や適用される法律が異なる

　学校内でのいじめ被害、授業中の事故、校内設備の安全性の不備などが原因で、子どもが死傷した場合、被害者側は、被った損害の賠償を請求できます。この場合、損害賠償責任を負う相手方や、損害賠償責任の根拠として適用される法律は、学校が公立か私立かにより異なります。

　被害者が公立学校に通う場合は、民法でなく国家賠償法が適用され、公立学校やその教師に代わり、公立学校の設置主体（都道府県・市区町村）が損害賠償責任を負います（国が設置主体の国立学校では、国が損害賠償責任を負います）。被害者側による公立学校やその教師への責任追及はできません。

　これに対し、私立学校の場合は在学契約があり、民法で定める債務不履行を観念するのは容易であるため、私立学校に対しては債務不履行に基づく損害賠償請求を行うことが可能です。

　しかし、公立学校の場合は、対等な当事者同士の在学契約があるとみることができません。公立学校での教育活動は「公権力の行使」として国家賠償法1条の対象に含まれ、債務不履行としての安全配慮義務違反を観念するのは困難です。もっとも、実際の裁判では、公立学校の場合も在学契約に類似の法律関係があるとし、安全配慮義務違反を理由とする損害賠償請求が検討されています。その上で、安全配慮義務違反を理由とした国家賠償法1条に基づく責任追及が行われています。

　なお、国家賠償法に基づく損害賠償

責任には、国家賠償法1条の責任（公権力の行使に関する損害賠償責任）と国家賠償法2条の責任（営造物の設置管理に関する損害賠償責任）に区別されています。

簡単に言うと、国家賠償法1条の責任は、一般不法行為責任に類似しており、学校内の他の子どもや教師などの加害行為が原因で、被害者の子どもが死傷した場合に、設置主体に対して追及する責任です。

一方、国家賠償法2条の責任は、工作物責任（民法715条）に類似しており、学校内の設備の欠陥が原因で、被

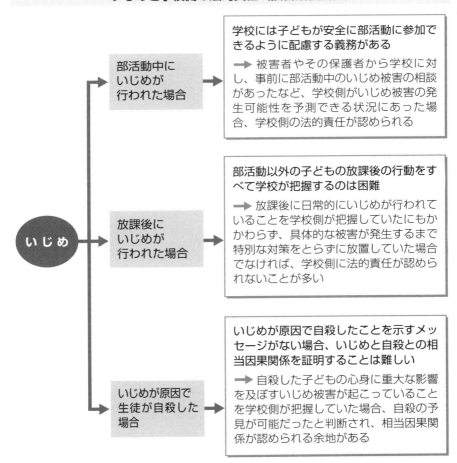

いじめと学校側の法的責任（損害賠償責任）

害者の子どもが死傷した場合に、設置主体に対して追及する責任です。遊具や備品の破損による事故などに適用されます。

なお、私立学校の場合、工作物責任は学校が負うのが原則です。

●公立学校への責任追及の問題点

公立学校でのいじめ被害に対して国家賠償法1条に基づく損害賠償請求をする場合は、学校が安全配慮義務を尽くしていたか否かが争われます。

学校が安全配慮義務を尽くすための手段として、アンケートや個別面談などによっていじめの実態を調査する、加害者に対する指導（場合によっては出席停止や停学などの処分）を行う、被害者に対する相談や救済措置（加害者とクラスを別にするなど）をとる、当事者の保護者と連携していじめの解消にあたる、などが挙げられます。

しかし、いじめ被害は実態が表面化しにくいという問題があります。SNSの普及により、学校外でもいじめ被害を受ける可能性があり、ますます学校がいじめの実態を把握するのが困難になっています。つまり、いじめ被害の発生を見越して事前に対策を立てることが難しく、学校が安全配慮義務を尽くさなかったのを証明することが困難といえます（学校に安全配慮義務違反があることは被害者側が証明しなければなりません）。

●裁判所の判断基準

どんなに配慮していても、教員の目の届かない状態や、被害者にも過失があることなどの理由で、事件・事故が起こることがあります。この場合、被害者側の損害賠償請求が認められるか否かは、個々の事件で異なります。

裁判所は、おおむね以下の基準で、学校側（公立学校の場合は国・都道府県・市区町村）の損害賠償責任の有無を判断する傾向があります。

① 学校の管理下といえるか

学校側への責任追及の前提として、学校が指導監督を行える範囲内、つまり学校の管理下で起きた事件・事故であるかが問題になります。

② 予見可能性の有無

必要な注意を払っていたにもかかわらず突発的に事件・事故が発生した場合や、何の前兆もなく予測不可能な状態で事件・事故が発生した場合、学校側には子どもへの被害発生を防ぐ責任がなかったと判断されることがあります。反対に、以前も同様の事件・事故が起きていたか、あるいは保護者などから事故防止に向けた要望を再三受けていたにもかかわらず、学校側が必要な対策を怠っていた場合、事件・事故が突発的に起きたとしても予見可能性があったとして、安全配慮義務違反が認められることがあります。

なお、一般不法行為責任や国家賠償法1条の責任が問題となる場合、予見

可能性があったとされると、過失としての注意義務違反が認められます。

③　相当因果関係の有無

事件・事故について学校側に安全配慮義務を尽くしていなかったという事実があっても、安全配慮義務違反が原因で被害者の損害が通常生じたであろうという相当因果関係が認められないときは、学校側に対する損害賠償責任が認められません。単純な原因と結果の関係だけで損害賠償責任を認めるのは公平でないとの価値判断からです。

●加害者に責任能力がある場合

公立か私立かを問わず、事件・事故の被害者側は、加害者である子どもに対して、一般不法行為責任に基づく損害賠償責任を追及することが考えられます。しかし、損害賠償責任を追及するための要件のひとつとして、加害者が責任能力を持っていることが必要とされます。責任能力とは、自己の行為の責任を弁識する能力です。責任能力の有無は、年齢や精神上の疾患、加害行為当時の精神状態などをもとに、最終的には裁判所が判断します。

過去の判例によると、12歳程度が責任能力の有無の判断の分かれ目となっています。ただし、12歳は小学校6年生から中学1年生程度の年齢であり、責任能力があるとされても、子どもに賠償能力があるとは考えられず、現実には被害者側が加害者本人に対して損害賠償請求をするのは困難です。

そこで、加害者の両親に対する損害賠償請求も可能とされていますが、その場合は、自分の子どもがいじめの加害者になっていることを知りながら注意も指導もしなかったなど、加害者に対する監督義務を怠ったことを被害者側が証明する必要があります。

●加害者に責任能力がない場合

民法714条は、責任無能力者（責任能力がない者）の監督義務者の責任について、監督義務者には責任無能力者とされた加害者と同等の責任があることを規定しています。監督義務者にあたるのは、主に親権者である両親です。したがって、監督義務者である加害者の両親などが被害者側に対して損害賠償責任を負うことがあります。

ただし、監督義務者が責任無能力者に対する監督義務を怠らなかったことを証明できれば、損害賠償責任を回避できますが、実際にその証明は難しいといわれています。

その他、いじめ被害が学校で発生した場合、私立学校の教師や校長が代理監督者として損害賠償責任を負うことがあります。ただ、私立学校の中での行為であれば、教師や校長が当然に代理監督者になるわけでなく、当事者が学校の管理下に置かれているときに限られるとされています。

15 子供の刑事責任と少年法
子どもに刑事責任を負わせるには少年事件の手続きがとられる

●刑事責任を負わせるための手続き

刑事責任とは、犯罪を犯した者が一定の刑罰を受ける責任のことをいいます。刑事責任を科す代表的な法律が刑法です。殺人や傷害、業務上過失致死傷などの罪を犯した者は、死刑・懲役・禁錮・罰金・科料などの刑罰が科せられます（令和7年6月の刑罰改正後により、懲役刑・禁錮刑が一元化されて「拘禁刑」となります）。

刑法などが規定する刑罰は、裁判所によって有罪判決が下されることによって科せられることとなります。その前提として、警察が捜査を行い、犯罪事実を明らかにして被疑者を送検（検察官への送致）する手続きが行われます。ただし、被害者が告訴・告発という形で犯罪の捜査を要求しなければならない場合があります。

告訴は被害者本人またはその法定代理人が犯罪事実を訴えて処罰を求めること（刑事訴訟法230条）、告発は犯罪があると考える人が犯罪事実を訴えて処罰を求めることです（刑事訴訟法239条）。告訴・告発は、書面や口頭で検察官や一定の警察官に対して行います。

たとえば、生徒間の窃盗や恐喝のように、被害者などが告訴・告発をしなければ発覚しにくい犯罪もあります。

また、名誉毀損や侮辱などのように、被害者本人またはその法定代理人が告訴しなければ、検察官が起訴することができない犯罪（親告罪）もあります。

●子どもと刑事事件

子どもが刑事責任と関わりを持つケースとしては、交通事故、いじめ、痴漢、誘拐などが挙げられます。

交通事故については、自転車通学中に通行人と接触してしまうという場合のように、子どもが加害者になる事態も生じます。

いじめについては、子どもが他の子どもを殴る・蹴るといった行為は暴行や傷害に該当します。また、子どもが他の子どもの教科書やノートをわざと切り刻む行為は器物損壊に該当します。ただし、14歳未満の者には刑罰が科せられません。14歳以上の者であっても、20歳未満であれば少年法が適用されるので、よほど悪質な犯罪行為でない限り、刑罰が科せられることは少ないです。後述するように、犯罪行為をした20歳未満の者は、少年法に基づいて、保護観察となったり、少年院などに送致されたりすることが多いようです。

また、痴漢行為については、基本的に軽犯罪法や迷惑防止条例の適用を受

けますが、その態様によっては、強制わいせつ罪の適用を受けることもあります。

そして、誘拐については、子どもが誘拐された場合、そのような誘拐行為は未成年者誘拐罪に該当します。ただし、最近の少年犯罪の状況を見てみると、子どもが誘拐の被害者ではなく、さらに年下の子どもを誘拐するというように、加害者側になる場合もあります。

● 少年法の存在理由

どのような行為が犯罪となり、その行為に対してどのような刑罰を科すのかについては、主に刑法で規定されています。また、刑法以外の法律や各地方公共団体の条例においても、犯罪となる行為とその行為に対する刑罰を規定している場合があります。

しかし、少年（20歳未満の者）が罪を犯しても、20歳以上の者と同じような取扱いをすることは問題があります。少年は心身共に成長途上にあり、善悪の区別がつきにくいこともあるからです。前科者のレッテルを貼ってしまうと、教育・処遇による少年の更生が困難になるおそれがあります。そこで、少年については、20歳以上の者と異なった取扱いをすべきであるとの見地に立って少年法が制定されており、少

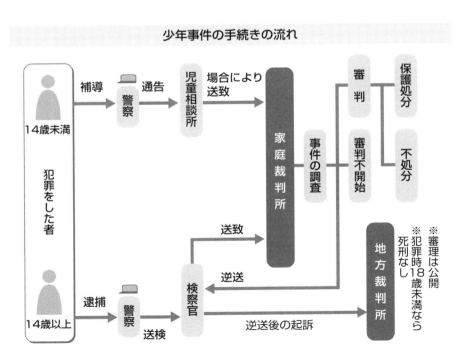

少年事件の手続きの流れ

年について特別に取り扱うことにしています。少年法の特色として、犯罪をした少年を処罰する観点よりも、将来の更生のために少年を教育・処遇するという観点が強いことが挙げられます。

●「少年」の分類

　少年法では、20歳未満の者を「少年」であると定義した上で、少年のうち18歳・19歳の者を「特定少年」と定義しています。

　さらに、家庭裁判所の審判（少年審判）の対象となる少年を「非行少年」と定義し、非行少年を次のように分類しています。

① 　犯罪少年（14歳以上）

　14歳未満の少年が罪を犯しても犯罪は成立せず処罰されない（刑法41条）ので、14歳以上の者による罪を犯す行為が処罰の対象となり、罪を犯した14歳以上20歳未満の少年を「犯罪少年」といいます。

② 　触法少年（14歳未満）

　前述したように、14歳未満の少年が罪を犯しても犯罪は成立しませんが、その行為が刑罰法令（刑罰法規）に触れる場合には、少年の更生の観点から何らかの措置が必要です。そこで、14歳未満で刑罰法令に触れる行為をした少年を「触法少年」といいます。

③ 　ぐ犯（虞犯）少年（少年の年齢は問わない）

　犯罪少年や触法少年に該当しないが、保護者の正当な監督に服しない性癖がある、正当な理由なく家庭に寄りつかない、不道徳な人と交際するなど、その性格や環境に照らし、将来、罪を犯しまたは刑罰法令に触れる行為をするおそれがある少年を「ぐ犯少年」といいます。

●少年事件の手続き

　少年事件では、主に教育・処遇により少年を更生させるという観点から、その手続きが定められています。

① 　少年の年齢による手続きの違い

　犯行時に少年が14歳以上であった場合は、事件の内容、少年の性格、心身の成熟度などから、事件の送致を受けた家庭裁判所が刑事手続きに移行させる（検察官に送致する）ことがあります。これを逆送（検察官送致）といいます。家庭裁判所から逆送を受けた検察官は、少年に起訴するに相当する犯罪の嫌疑がある限り、原則として起訴を行わなければなりません。

　さらに、16歳以上の少年のときに犯した故意の犯罪行為により被害者を死亡させた罪の事件や、特定少年のときに犯した死刑、無期または短期（法定刑の下限）1年以上の懲役・禁錮にあたる罪の事件については、原則として逆送をすることになっています（原則逆送対象事件）。逆送されると検察官が起訴し、刑事裁判の対象になるので、少年でも懲役や罰金などの有罪判決が

言い渡されることがあります。

② 審判（少年審判）の手続き

非行少年をどのように処遇すべきかを決める家庭裁判所の手続きを審判（少年審判）といいます。審判は刑罰を科する場ではなく、少年の更生・改善にために何が必要であるかを判断する場ですので、その手続きは刑事裁判の手続きとは大きく異なっています。

刑事裁判の手続きでは、検察官と被告人・弁護人が向かい合い、裁判官が一段高い席に座り、公平な立場から純法律的に有罪・無罪と有罪の場合の処罰を決めます。これに対し、審判の手続きでは、裁判官が非行少年と同じ目線に立って（弁護士などの付添人が非行少年のために同席することもあります）、後見的な観点から、非行少年のさまざまな事情を考慮し、どのように処遇すべきかを決定します。なお、非行事実の認定に必要な場合には、犯罪少年の審判の手続きに検察官を関与させることがあります。

審判の手続きは、少年のプライバシーや今後の更生への支障などに配慮し、原則として非公開です。ただし、主として次に掲げる罪の事件（12歳未満の少年の事件を除きます）について、被害者またはその遺族が申し出た場合は審判の傍聴が認められます。

・少年の故意の犯罪行為によって被害者を死亡させた場合（殺人、強盗殺人、傷害致死など）、または被害者の生命に重大な危険を生じさせた場合（殺人未遂、強盗致傷、傷害など）
・交通事件によって被害者を死亡させた場合、または被害者の生命に重大な危険を生じさせた場合（業務上過失致死傷、自動車運転死傷処罰法が規定する過失運転過失致死傷や危険運転致死傷など）

③ 少年に対する保護処分

少年事件の発生から審判（逆送された場合は判決）までの手続きの主な流れは、101ページ図のとおりです。少年の更生の観点から、犯罪少年に関する事件は、すべて家庭裁判所に送致されるのが原則です（全件送致主義）。そして、逆送されなかった非行少年が家庭裁判所の審判の対象となり、何らかの処遇が必要と判断されると「保護処分」が決定されます。保護処分には以下のものがあります。

なお、特定少年については、成年者であることを考慮し、将来罪を犯すおそれがある（ぐ犯少年である）ことを理由とする保護処分は行いません。

・保護観察

社会内で更生可能と判断した場合に、保護司や保護観察官が、その後の生活状況などについて監督・指導を行う処分です。

・各施設への送致

比較的低年齢の少年について、少年の自立支援や養護のため、児童自立支援施設や児童養護施設に少年を送る処

分です。

・少年院への送致

　再び非行を犯すおそれが強く、社会内での更生が難しい場合に、少年の更生・教育のため、少年院に送る処分です。

◉どんな犯罪が考えられるのか

　前述したように、犯罪少年（14歳以上の罪を犯した少年）の場合には、逆送（検察官送致）により検察官に起訴され、裁判所により刑罰が科される可能性があります。その場合、刑法上の犯罪の中で該当する可能性があるのは、主に次の犯罪です。

① 傷害罪・傷害致死罪

　他人の身体に傷を負わせた場合に成立する罪です。殴る蹴るなどの暴行を加えてケガをさせる行為や、洗剤や薬品などをかけてやけどや腹痛を引き起こさせる行為などが該当します。傷害行為の結果として被害者が亡くなった場合は傷害致死罪にあたります。

② 暴行罪

　殴る蹴るなどの暴行を加えたが、被害者が傷を負うには至らなかった場合に成立する罪です。

③ 不同意わいせつ罪

　暴行や脅迫を用いるなどにより、相手の真の同意なくわいせつ行為（体にさわる、服を脱がせるなど）をした場合に成立する罪です。

④ 強制性交等罪

　暴行や脅迫を用いるなどにより、相手の真の同意なく性交等の行為をした場合に成立する罪です。

⑤ 逮捕・監禁罪

　他人の自由を束縛した場合や、一定の場所から脱出できないようにした場合などに成立する罪です。

⑥ 脅迫罪・強要罪

　被害者を「殴るぞ」「秘密をばらすぞ」などとおどし、恐怖心を与えた場合は、脅迫罪が成立します。

　これに対し、暴行や脅迫を用いて、被害者が嫌がることを無理やりさせるなどした場合は、強要罪が成立します。

⑦ 名誉毀損罪・侮辱罪

　SNS上で根拠のない嘘や悪口などの誹謗中傷をした場合などは、名誉毀損罪や侮辱罪が成立する可能性があります。

　名誉毀損罪は、公然と相手の価値や評価を下げる事実を示した場合に成立する犯罪であり、示された事実が本当か嘘かを問わずに成立します。たとえば、「あいつは過去に近所の人に○○という迷惑行為をしている」などをSNS上に書き込んだ場合、名誉毀損罪が成立する可能性があります。

　これに対して、侮辱罪は、単に「あいつは馬鹿だ」などのように、事実を示さないで公然と相手をさげすむ場合などに成立する犯罪です。

⑧ 窃盗罪・詐欺罪

　物やお金などを被害者から盗んだ場合には窃盗罪が成立し、被害者をだまして物やお金などを被害者から得た場

合には詐欺罪が成立します。

⑨ 恐喝罪

暴行や脅迫を用いて被害者を怖がらせて、被害者からお金や物などを差し出させるなどした場合に成立する犯罪です。

⑩ 強盗罪

被害者の反抗を抑圧する程度の強い暴行や脅迫を用いて、被害者からお金や物などを奪った場合に成立する犯罪です。

⑪ 器物損壊罪・建造物損壊罪

器物損壊罪は、他人の所有物を破壊した場合だけでなく、その物の本来の効用を失わせる行為をした場合にも成立する犯罪です。損壊の対象が他人の建造物である場合は、建造物損壊罪が成立します。

たとえば、他人の自動車に落書きをした場合は器物損壊罪が成立し、他人の家の塀に落書きをした場合は、建造物損壊罪が成立する可能性があります。

主な刑法上の犯罪の罪名と法定刑

罪名	法定刑
傷害罪	15年以下の懲役または50万円以下の罰金
傷害致死罪	3年以上20年以下の懲役
暴行罪	2年以下の懲役もしくは30万円以下の罰金、または拘留もしくは科料
不同意わいせつ罪	6か月以上10年以下の懲役
強制性交等罪	5年以上20年以下の懲役
逮捕・監禁罪	3か月以上7年以下の懲役
脅迫罪	2年以下の懲役または30万円以下の罰金
強要罪	3年以下の懲役
名誉毀損罪	3年以下の懲役もしくは禁錮または50万円以下の罰金
侮辱罪	1年以下の懲役もしくは禁錮もしくは30万円以下の罰金または拘留もしくは科料
窃盗罪	10年以下の懲役または50万円以下の罰金
詐欺罪	10年以下の懲役
恐喝罪	10年以下の懲役
強盗罪	5年以上の有期懲役
器物損壊罪	3年以下の懲役または30万円以下の罰金もしくは科料
建造物等損壊罪	5年以下の懲役

16 性的自由を侵害する罪

人の性的自由を侵害する行為は刑法や特別法に基づいて処罰される

●性的自由を侵害する罪とは

人の性的自由（性的行動）を侵害する犯罪として、刑法では、不同意わいせつ罪、不同意性交等罪、監護者わいせつ及び監護者性交等罪、16歳未満の者に対するわいせつ目的面会要求等罪が規定されています。

さらに、性的自由を侵害する動画の撮影およびインターネットによる拡散が近年では容易であることから、性的な姿態の盗撮等を処罰する性的姿態等撮影罪や性的影像記録提供等罪などを定めた、性的姿態撮影等処罰法が令和5年7月から施行されています。

●不同意わいせつ罪とは

一定の行為または事由により、同意しない意思を形成、表明もしくは全うすることが困難な状態にさせ、またはその状態にあることに乗じて、わいせつな行為をした場合に成立する犯罪です。6か月以上10年以下の懲役（令和7年6月の刑罰改正後は拘禁刑）に処せられます（刑法176条1項）。不同意わいせつ罪における「一定の行為または事由」とは、以下の①～⑧のいずれかに該当する行為または事由です。

① 暴行もしくは脅迫を用いることまたはそれらを受けたこと。

② 心身の障害を生じさせることまたはそれがあること。

③ アルコールもしくは薬物を摂取させることまたはそれらの影響があること。

④ 睡眠その他の意識が明瞭でない状態にさせることまたはその状態にあること。

⑤ 同意しない意思を形成、表明または全うするいとまがないこと。

⑥ 予想と異なる事態に直面させて恐怖させ、もしくは驚愕させることまたはその事態に直面して恐怖し、もしくは驚愕していること。

⑦ 虐待に起因する心理的反応を生じさせることまたはそれがあること。

⑧ 経済的または社会的関係上の地位に基づく影響力によって受ける不利益を憂慮させることまたはそれを憂慮していること。

さらに、わいせつな行為でないと誤信をさせ、もしくは人違いをさせること、またはそれらの誤信もしくは人違いに乗じて、わいせつな行為をした場合にも、不同意わいせつ罪が成立します（176条2項）。

また、16歳未満の者にわいせつな行為をした場合は、上記の①～⑧の行為または事由や、上記の誤信・人違いが

なくても、不同意わいせつ罪が成立します。ただし、16歳未満の被害者が13歳以上の場合は、加害者が被害者よりも5歳以上年長のときに限り、上記の①～⑧の行為または事由や、上記の誤信・人違いがなくても、不同意わいせつ罪が成立します（176条3項）。

●不同意性交等罪とは

不同意わいせつ罪における上記の①～⑧の行為または事由や、上記の誤信・人違いによって性交等をすること、つまり本人の真の同意のないまま性交等をすることによって成立する犯罪です。5年以上の有期懲役（令和7年6月の刑罰改正後は有期拘禁刑）に処せられます（刑法177条1項・2項）。

また、16歳未満の者（13歳以上の者である場合は、加害者が5歳以上年長であるときに限る）に対して性交等をした場合は、上記の①～⑧の行為または事由や、上記の誤信・人違いがなくても、不同意性交等罪が成立します（177条3項）。

●性犯罪の公訴時効

公訴時効とは、犯罪が終了した時から一定期間を経過すると、検察官が起訴することができず、犯人を処罰できなくなるという定めのことです。

性犯罪は、一般的に羞恥心から、被害者が被害を訴えるまでに時間がかかります。そのため、令和5年7月から性犯罪の公訴時効期間が5年延長され、不同意性交等致傷罪などは20年、不同意性交等罪などは15年、不同意わいせつ罪などは12年の公訴時効となりました。

また、公訴時効期間は被害に遭った時から起算されますが、被害者が18歳未満の場合、十分な判断力が備わっていないことから、被害に遭った時からではなく、18歳になった時から起算されることになりました。

●監護者わいせつ罪・監護者性交等罪とは

18歳未満の被監護者に対して「影響力があることに乗じて」わいせつ行為や性交等を行った監護者に成立する犯罪です。不同意わいせつ罪や不同意性交等罪と同様の刑罰によって処罰されます（刑法179条）。

●わいせつ目的面会要求等罪とは

近年、少年少女の精神的未成熟さを利用してわいせつな行為をすることやわいせつな映像を取得することが問題となっているため、令和5年7月施行の改正刑法によって新設された犯罪です。

まず、わいせつ目的で、16歳未満の者（13歳以上の者である場合は、加害者が5歳以上年長であるときに限る、以下の182条2項・3項も同じ）に対し、以下の①～③の行為をした者は、1年以下の懲役（令和7年6月の刑罰改正後は拘禁刑）または50万円以下の

罰金に処せられます（刑法182条1項）。
① 威迫し、偽計を用いまたは誘惑して面会を要求すること。
② 拒まれたにもかかわらず、反復して面会を要求すること。
③ 金銭その他の利益を供与し、またはその申込みもしくは約束をして面会を要求すること。

なお、上記の①～③の行為をした上で、16歳未満の者と面会まで行った場合は、2年以下の懲役（令和7年6月の刑罰改正後は拘禁刑）または100万円以下の罰金に処せられます（182条2項）。

次に、16歳未満の者に対し、以下の①～②の行為を要求した者は、1年以下の懲役（令和7年6月の刑罰改正後の拘禁刑）または50万円以下の罰金に処せられます（182条3項）。
① 性交、肛門性交または口腔性交をする姿態をとって（写真や動画で撮影して）その映像を送信すること。
② わいせつなものとして、膣または肛門に身体の一部（陰茎を除く）または物を挿入しまたは挿入される姿態、性的な部位（性器、肛門、これらの周辺部、でん部または胸部）を触りまたは触られる姿態、性的な部位を露出した姿態その他の姿態をとってその映像を送信すること。

● 盗撮・送信等を処罰する法律

スマートフォンなどの普及に伴い、誰でも簡単に写真や動画の撮影や送信ができるようになったため、近年では、性的姿態を容易に盗撮し、そのデータをインターネット（とくにSNS）を通じて拡散する行為が増加しています。

そこで、令和5年7月から「性的な姿態を撮影する行為等の処罰及び押収物に記録された性的な姿態の影像に係る電磁的記録の消去等に関する法律」（通称「性的姿態撮影等処罰法」）が施行され、性的姿態等撮影罪などが定められました。

● 性的姿態とは

性的姿態撮影等処罰法では、「性的姿態」を次のように定義しています。
① 人の性的な部位（性器、肛門、これらの周辺部、でん部または胸部）または人が身に着けている下着（通常衣服で覆われており、かつ、性的な部位を覆うのに用いられるものに限る）のうち、現に性的な部位を直接もしくは間接に覆っている部分。
② その他、わいせつな行為または性交等がされている間における人の姿態。

● 性的姿態等撮影罪とは

以下の①～④の方法による撮影をした場合、3年以下の懲役（令和7年6月の刑罰改正後は拘禁刑）または300万円以下の罰金に処せられます。
① 正当な理由なく、ひそかに性的姿態を撮影する行為。

② 不同意わいせつ罪で規定されている「一定の行為または事由」に乗じて、真の同意のないまま性的姿態を撮影する行為。
③ 性的な行為でないもしくは特定の者しか閲覧しないと誤信させ、またはそのように誤信していることに乗じて、性的姿態を撮影する行為。
④ 正当な理由なく、16歳未満の者（13歳以上の者である場合は、加害者が5歳以上年長であるときに限る）の性的姿態を撮影する行為。

●性的姿態等撮影罪関連の犯罪

盗撮された画像がインターネットを通じて容易に拡散されることを防止するため、以下の行為も処罰されます。

① 提供等罪

性的影像記録を提供すると3年以下の懲役（令和7年6月の刑罰改正後は拘禁刑）または300万円以下の罰金となり、さらに、不特定または多数の者に提供（拡散）または公然と陳列すると5年以下の懲役（令和7年6月の刑罰改正後は拘禁刑）または500万円以下の罰金となります。

② 保管罪

提供等罪をする目的で性的影像記録を保管すると、2年以下の懲役（令和7年6月の刑罰改正後は拘禁刑）または200万円以下の罰金となります。

③ 送信罪

不特定または多数の者に、性的姿態等撮影罪で列挙された方法により性的姿態の影像を送信すると5年以下の懲役（令和7年6月の刑罰改正後は拘禁刑）または500万円以下の罰金となります。この送信罪を犯して送信された影像と知って、さらに不特定または多数の者に送信することも同様です。

④ 記録罪

送信罪を犯して送信された影像と知って記録すると、3年以下の懲役（令和7年6月の刑罰改正後は拘禁刑）または300万円以下の罰金となります。

性的自由を侵害する罪の公訴時効

不同意性交等致傷罪	20年
不同意性交等罪 監護者性交等罪	15年
不同意わいせつ罪 監護者わいせつ罪	12年

※被害者が18歳未満の場合は18歳に達するまでの期間を加算する。
（例：15歳の誕生日に不同意性交等罪の被害に遭ったケースでは、公訴時効の成立は3年＋15年＝18年後となる）。

17 配偶者からのＤＶ被害

DVの被害者を守るためにさまざまな相談・支援の窓口がある

◉どんな行為がＤＶにあたるのか

DV（domestic violence：ドメスティックバイオレンス）とは、配偶者など親密な関係にある人から振るわれる暴力のことです。DV防止法（正式名称「配偶者からの暴力の防止及び被害者の保護等に関する法律」）は、配偶者からの暴力とは、「配偶者（事実上婚姻関係と同様の事情にある者を含む）からの身体に対する暴力又はこれに準ずる心身に有害な影響を及ぼす言動」と定義しています。具体的には、次の行為がDVに該当すると判断されます。

① **身体的な攻撃**

殴る、蹴る、髪を引っ張る、モノを投げつけるなど、身体に直接攻撃する行為が挙げられます。

② **心理的（精神的）な攻撃**

怒鳴る、長時間無視をする、モノを蹴ったり投げつけたりして脅す、暴言を吐く、SNSで誹謗中傷する、行動を極端に細かく監視・制限・指示するなどの行為が挙げられます。

③ **性的強要**

拒否しているのに性的行為を強要する、特殊な性的行為を求める、避妊に協力しない、中絶を強要するなどの行為が挙げられます。

④ **経済的圧迫**

生活費を渡さない、借金をしたまま返済しない、仕事を制限する、無理やりモノを買わせるなど、過度に経済的な負担をかける行為が挙げられます。

◉ＤＶ被害を受けたときの救済

・DV被害の相談機関

① **DV相談ナビ「＃8008（はれれば）」**

全国共通の電話番号（＃8008）に電話をすることで、最寄りの配偶者暴力相談支援センターに直接相談ができます。

② **DV相談＋（プラス）**

専門の相談員が、電話やチャット、メールによる相談を365日・24時間受け付けています。必要な場合には、面接や同行支援などの直接支援や、安全な居場所の提供が行われます。

③ **警察相談専用電話「＃9110」**

電話をかけた地域を管轄する警察本部などの相談窓口に相談できます。

・DV被害者の保護や支援をする機関

配偶者暴力相談支援センターはDV防止法に基づく機関であり、その機能を果たしているのが、各都道府県が設置する女性相談支援センターや男女共同参画センター、児童相談所、福祉事務所などです。DVに関する相談や相談機関の紹介、カウンセリング、緊急

時における安全の確保や一時保護、自立した生活を促進するための情報提供などの援助、関係機関との連絡調整などの援助を行っています。

・DV被害者が受けられる保護・支援

① 一時保護

被害者の生命・心身の安全のために必要な場合には、被害者や同伴した子どもが安全に生活できるように、女性相談支援センターなどで一時的に保護してもらうことができます。

② 自立支援

自立して生活ができるようにするための支援として、職業紹介や職業訓練の他、公営住宅や生活保護に関する情報提供などが受けられます。

③ 保護命令

保護命令とは、地方裁判所が、DV被害者などの申立てにより、配偶者に対して一定の行為を禁止する命令を発令することです。保護命令は、接近禁止命令等（被害者やその同居の子・親族への接近禁止命令、被害者やその同居の子への電話等禁止命令）と、被害者と共に生活の本拠としている住居からの退去等命令に大きく分けられます。

令和6年（2024年）4月1日から、改正DV防止法が施行されました。改正DV防止法の主な内容として、接近禁止命令等の申立てができる被害者について、新たに「自由、名誉、財産に対する脅迫を受けた者」が追加され、接近禁止命令等の発令要件も「心身に重大な危害を受けるおそれが大きいとき」に拡大されました。また、被害者の子への接近禁止命令と共に発令できる命令として、「被害者の子への電話等禁止命令」が新設されました。さらに、保護命令違反に対する罰則が、かつての「1年以下の懲役又は100万円以下の罰金」から「2年以下の懲役（令和7年6月の刑罰改正後は拘禁刑）又は200万円以下の罰金」へと強化されました。

第3章 児童福祉・いじめ・DV・犯罪被害などの法律問題

配偶者からDV被害を受けた場合の救済

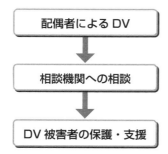

111

18 ストーカー規制法
つきまとい等や位置情報取得、ストーカー行為を処罰する法律

◯どんな法律なのか

「別居して離婚協議中である夫が、脅迫めいた電話やメールを繰り返し、つきまといをやめない」「特定の人に対する恋愛感情が満たされないために、つきまとう」などの行為は、被害者の身体や自由、名誉などに対して危害を加えるものです。このような行為に対しては、「ストーカー行為の規制等に関する法律」（通称「ストーカー規制法」）によって必要な規制や被害者に対する援助の措置等が定められています。ストーカー規制法に基づき、警察は、ストーカー行為を行った者に対して警告を与えたり、悪質な場合は逮捕することによって、被害者を守ることとなります。

ストーカー規制法が規制の対象としている行為は、①「つきまとい等または位置情報無承諾取得等」と、②「ストーカー行為」の2つです。

・「つきまとい等」

「つきまとい等」とは、特定の人に対する恋愛感情やその他の好意の感情、またはそれが満たされなかったことに対する怨恨の感情をみたす目的で、その特定の人またはその家族等に対して行う、以下の8類型のいずれかに該当する行為を指します。

① つきまとい、待ち伏せ、押しかけ、うろつき

他人を尾行してつきまとう、他人の行動先で待ち伏せする、他人の自宅や職場、学校などの付近で見張りをしたり押しかけたりみだりにうろついたりする、などの行為が該当します。

② 監視している旨の告知

「お前を常に監視している」などと告げる行為や、他人の行動や服装を電子メールや電話で告げる行為などが該当します。

③ 面会や交際の要求

面会や交際、復縁などを求めたり、贈り物を受け取るように要求したりする行為が該当します。

④ 乱暴な言動

大声で罵声を浴びせたり、他人の家の前で車のクラクションを鳴らしたりする行為が該当します。

⑤ 無言電話、拒否後の連続した電話・文書・FAX・電子メール・SNSなど

他人が拒否しているにもかかわらず、携帯電話や会社、自宅などに何度も電話をかけてきたり、文書・FAXや電子メール・SNSメッセージ、などを送信する行為が該当します。

⑥ 汚物などの送付

汚物や動物の死体などを送り付けて

いやがらせをする行為などが該当します。

⑦　名誉を傷つける

他人を中傷する内容を告げたりメールを送る行為などが該当します。

⑧　性的羞恥心の侵害

わいせつな写真を自宅等に送り付ける行為や、電話や手紙で卑わいな言葉を告げる行為などが該当します。

・「位置情報無承諾取得等」

「位置情報無承諾取得等」とは、相手方の承諾を得ずに、相手方の所持する位置情報記録・送信装置（GPS機器等）の位置情報を取得する行為や、相手方の所持する物に位置情報記録・送信装置（GPS機器等）の位置情報を取り付ける行為等をいいます。

前者に該当する行為としては、他人のスマートフォンを勝手に操作して、スマートフォンに記録されている位置情報を画面上に表示させて盗み見る行

ストーカー規制法の規制対象

つきまとい等

① つきまとい、待ち伏せ、うろつき、押し掛け、相手方が現に所在する場所における見張り等
② 監視していると告げる行為
③ 面会・交際などの要求
④ 乱暴な言動
⑤ 無言電話、拒否後の連続した電話、文書、FAX、メール、SNSのメッセージ等を送る行為
⑥ 汚物などの送付
⑦ 名誉を傷つける
⑧ 性的羞恥心の侵害

GPS機器等を用いた位置情報の無承諾取得等

相手方の承諾なく、相手方の所持する位置情報記録・送信装置（GPS機器等）の位置情報を取得したり、相手方の所持する物に位置情報記録・送信装置（GPS機器等）の位置情報を取り付ける行為

ストーカー行為

同一の者に対し「つきまとい等または位置情報無承諾取得等」を繰り返して行うこと
※ただし、「つきまとい等」で挙げられている①から④および⑤（電子メールの送受信に係る部分に限る）については、身体の安全、住居等の平穏、名誉が害されたり、行動の自由が著しく害される不安を覚えさせるような方法によって行われた場合に限られる

為や、他人の自動車にGPS機器を取り付けて、位置情報をスマートフォン等で受信する行為などが挙げられます。後者に該当する行為としては、他人が使用または乗車する自動車にGPS機器等を取り付ける行為や、他人のカバンにGPS機器等を差し入れたりする行為などが挙げられます。

・「ストーカー行為」

「ストーカー行為」とは、同一の者に対し、「つきまとい等または位置情報無承諾取得等」を繰り返して行うことをいいます。

ただし、前述の①から④および⑤（電子メールの送受信に係る部分に限ります）については、身体の安全、住居等の平穏、名誉が害されたり、行動の自由が著しく害される不安を覚えさせるような方法によって行われた場合に限られます。

●どんな刑罰が科されるのか

ストーカー規制法では、「つきまとい等または位置情報無承諾取得等」と「ストーカー行為」をした場合の罰則が定められています。

「つきまとい等または位置情報無承諾取得等」を行った場合、直ちに罰則が科されるわけではありません。被害者は、まず、行為者に「中止せよ」と警告を行うよう警察本部長等に対し申出を行う必要があります。この申出を警察本部長等が認めると、行為者に警告を発します。

また、行為者が「つきまとい等または位置情報無承諾取得等」をして被害者に不安を覚えさせていると認めるときは、被害者の申出または職権により、公安委員会が行為者に禁止命令等を発します。

警告違反には罰則がないのに対し、禁止命令等違反には罰則があり、行為者が禁止命令等に違反すると、6か月以下の懲役または50万円以下の罰金が科されます。さらに、行為者が禁止命令等に違反してストーカー行為をすると、2年以下の懲役または200万円以下の罰金が科されます。

一方、「ストーカー行為」をした行為者に対しては、禁止命令等を経ることなく、直ちに1年以下の懲役または100万円以下の罰金が科されます。

●ストーカー被害の相談先

実際にストーカー被害に遭った場合、被害者が直接行為者に対してストーカー行為等をやめるように働きかけても、行為者のストーカー行為等がエスカレートしたり、行為者が逆上して被害者に危害を加えるなどの行動にでる可能性があります。

そのため、ストーカー被害に遭った場合は、すぐに最寄りの警察署に相談するようにしましょう。警察署では、ストーカー行為に対する相談窓口を設けており、相談体制を整えています。

また、弁護士等に相談することで適切なアドバイスを受けることも期待できます。

◯ストーカー被害への対応

ストーカー被害に遭っていることを警察署に相談した場合、以下のようにさまざまな対応をしてもらえます。

まず、被害者の申出に応じて、行為者に対して警察署長などから「つきまとい等または位置情報無承諾取得等」をする者に対し、「その行為をやめなさい」と警告することができます。また、その行為をやめさせるための禁止命令を行うこともできます。

「つきまとい等または位置情報無承諾取得等」により被害者が不安を覚えている（ストーカー行為はこれに該当します）と認める場合、公安委員会は、被害者の申出だけでなく職権によっても、禁止命令等を発することができます。禁止命令等を発する際は、事前に行為者への聴聞が必要ですが、緊急の必要があれば、直ちに禁止命令等を発することができます。

このように、ストーカー行為に困っている場合は、警察署に相談し、行為者に対して警告や禁止命令等を発してもらえるよう申し出ることが必要です。とくに禁止命令等違反は罰則の対象となるので、一定の抑止効果が期待できます。

また、禁止命令等がなくても、ストーカー行為は、それ自体が罰則の対象となるので、行為者を告訴して処罰を求めることができます。

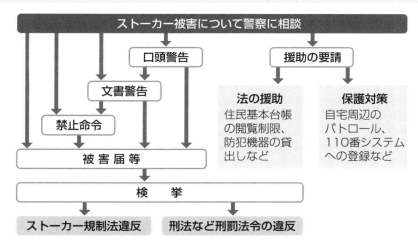

ストーカー被害と相談や対処法

19 こども性暴力防止法
教育や保育の現場での子どもの性被害を防止するための法律

●こども性暴力防止法とは

　子どもが保育所・学校・学習塾の教員などから性暴力やセクハラなどの被害を受けるケースが社会問題となっています。このような教育や保育の現場における子どもの性被害を防止し、被害を受けた子どもを適切に保護し、子どもの権利や尊厳を守るために、令和6年6月に「こども性暴力防止法」が成立しました（正式名称は「学校設置者等及び民間教育保育等事業者による児童対象性暴力等の防止等のための措置に関する法律」です）。

●性犯罪歴の確認義務

　こども性暴力防止法にいう「学校設置者等」に該当する事業者、具体的には、学校、幼稚園、認可保育所、幼保連携型認定こども園、児童相談所、児童養護施設などは、就労希望者の性犯罪歴を確認する義務の他、教員などに研修を受講させる義務などを負います。

　性犯罪歴の確認は、学校設置者等がこども家庭庁に就労希望者の性犯罪歴の照会申請をした後、就労希望者本人がこども家庭庁に戸籍情報を提出します。性犯罪歴がない場合は、こども家庭庁が「犯罪事実確認書」を学校設置者等に交付します。一方、性犯罪歴があった場合は、こども家庭庁が本人に事前通知を行い、本人が内定を辞退すれば学校設置者等に通知されません。

　これに対し、学習塾、学童保育、スイミングクラブなどの事業者は、一定の要件を満たすと、こども性暴力防止法にいう「民間教育保育等事業者」の認定を受けることができます。認定を受けると、学校設置者等と同様に、性犯罪歴の確認義務などを負います。しかし、民間教育保育等事業者の認定を受けない限り、性犯罪歴の確認義務などを負いません。

●確認対象の性犯罪歴や施行時期

　確認の対象となる性犯罪歴は、不同意性交罪、不同意わいせつ罪、児童ポルノ禁止法違反罪、痴漢や盗撮といった条例違反など、こども性暴力防止法にいう「特定性犯罪」に限定されています。下着の窃盗、ストーカー規制法違反罪などは含まれず、被害者との示談が成立して不起訴処分となった場合も対象外となります。なお、こども性暴力防止法は公布後2年6か月以内に施行されます。現職者も性犯罪歴の確認の対象となり、確認された場合は、教育や保育に従事させないなど、適切な措置を講じる必要があります。

第4章

未成年者の契約・成年後見制度

未成年者の契約と取消し

法定代理人の同意がない契約は取消しができるのを原則とする

●未成年者を理由とする取消し

　民法の規定では、未成年者（18歳未満の者）が法定代理人（主に親権者や未成年後見人）の同意を得ずに契約をした場合、原則として、その契約の取消しができるとしています。契約の取消しによって、その契約が初めからなかったことになります（遡及的無効）。

　たとえば、子どもが親の同意を得ずにネットショップで買い物をすることは、未成年者が法定代理人の同意を得ずにした契約なので、その契約の取消しができます。契約の取消しをネットショップに行えば、初めから契約がなかったことになるため、未払いの代金を支払う必要はなく、支払済みの代金は返金が必要です。これに対し、商品が発送前の場合はそのままですが、手元にある場合は返品が必要です。

　もっとも、契約の取消しができない場合もあります。未成年者が詐術を用いて、自分が成年者であるように装った場合や、法定代理人の同意があるかのように装った場合です。積極的にウソを言って相手方に信じ込ませるに足る程度でないと詐術を用いたとはいえませんが、インターネットでの購入の場合は、親権者の同意が必要であるとの警告を無視して、申込者の年齢の入力画面で成年者であると入力した場合は詐術を用いたといえるでしょう。

　また、法定代理人が相手方に契約を確定的に有効とする意思を示した場合も取消しができません。たとえば、法定代理人が代金を支払った後は取消しができないことになります。

●カード決済は注意が必要

　ネットショッピングでは、クレジットカード決済（カード決済）が広く用いられています。

　多くのクレジットカードの会員規約では、会員であるカード名義人以外が不正利用した場合に、会員の責任を限定しています。具体的には、①カード情報を管理する善管注意義務に違反した場合、②会員の家族や同居人の不正利用の場合、③会員の故意または重過失による場合、という３つのケースに該当しない不正利用であれば、会員に支払義務が生じないとしていることが多いです。裏を返せば、①～③に該当する不正利用は、会員に支払義務が生じることになります。

　たとえば、同居している未成年の子どもが、親のクレジットカードを勝手に利用してネットショッピングをした場合、会員である親は、契約の取消し

があった場合を除き、支払義務があるということになります。

インターネットでクレジットカードを利用すると、カード情報（カード番号など）がパソコンやスマートフォンに保存される場合があり、その場合は次回からカード情報の入力を省略してカード決済ができます。これは便利である反面、家族などによる不正利用が起こりやすくなる危険をあわせ持っています。カード情報が残らない設定にするなど十分な注意が必要です。

●商品の返品について

「未成年者を理由とする取消し」「なりすまし」「錯誤を理由とする取消し」などにより、契約が初めからなかったことになった場合、購入者の手元に商品が手元に届いているときは、基本的にその返品をすることになります。

「未成年者を理由とする取消し」は、商品の購入者が未成年者であった場合です。未成年者が法定代理人の同意を得ないでした契約は、未成年者や法定代理人によって取消しができます。

「なりすまし」は、勝手に他人のIDやパスワードを使って、他人になりすましてネットショップから商品を購入した場合です。なりすましの被害者とネットショップとの間の契約が無効になる場合があり、その場合は契約が初めからなかったと扱われます。

「錯誤を理由とする取消し」は、ネットショップで商品を購入する際、操作ミス、勘違いがあり、本心とは異なる意思を伝えた場合です。錯誤による契約は、本人に重過失がない限り取消しができるのを原則としています。

その他、商品に欠陥や傷（不適合）があった場合、購入者の側から契約が解除される可能性があります。

いずれの理由でも、店舗側は購入者による返品の主張に根拠があるかどうかを確認する必要があります。根拠があれば、店舗側は購入者からの商品の返品に応じなければなりません。

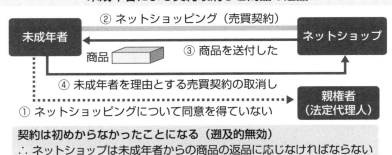

未成年者による契約取消しと商品の返品

2 クーリング・オフ
一定期間内は理由を問わず契約の解除などができる制度

● クーリング・オフとは

　クーリング・オフとは、一定期間内は、理由を問うことなく、消費者から申込みを撤回し、または契約を解除する（初めから契約をなかったことにする）ことを法律が認めたものです。法律が認めた一定期間のことをクーリング・オフ期間といい、この一定期間を過ぎるとクーリング・オフができなくなります。クーリング・オフができる契約は、特定商取引法やなどの法律で決められています。

　クーリング・オフは、理由を問わずに消費者側から契約を一方的に消滅させる強力な効果があります。クーリング・オフをした事実を明確にしておかないと、後で「解除した」「解除しなかった」という水かけ論になりかねません。そこで、クーリング・オフの通知を口頭で行うことは認められていません。特定商取引法に基づく「特定商取引」（訪問販売、電話勧誘販売、マルチ商法など）は、書面または電磁的記録で行うことが必要です。

　書面であれば、ハガキでも手紙でもかまいません。電磁的記録には、電子メールやFAXなどが含まれます。もっとも、クーリング・オフをした事実を確実に証明するには、内容証明郵便を用いるのが最も確実です。

　なお、宅地建物取引やゴルフ会員権取引などのように、書面でのクーリング・オフに限定している場合があることに注意を要します。

● クーリング・オフ期間の起算日

　多くの場合、クーリング・オフ期間は、クーリング・オフに関する記載のある契約書面（または申込書面）を受領した日から8日以内です。8日以内であれば、理由を問わず、消費者は契約の解除などができます。民法の初日不算入の原則と異なり、初日もカウントされる点に注意を要します。

　また、クーリング・オフの効果は、消費者がクーリング・オフの書面または電子的記録を発信した時点で生じます（発信主義）。たとえば、日曜日に契約書面を受領した場合は、翌週の日曜日までがクーリング・オフ期間となります。消費者は8日以内に通知を発信すればよく、事業者に届くのは9日目以降でもかまいません。消費者が8日目にクーリング・オフの通知を手紙で送った場合、事業者に届くのは9日目以降になりますが、この場合もクーリング・オフが成立するのです。

● クーリング・オフ妨害とは

　事業者によっては「書面が本社に到着しておらず、クーリング・オフは無効です」「消耗品の場合は、クーリング・オフが無効です」などの理由をつけて消費者にクーリング・オフをさせまいとします。こういった行為をクーリング・オフ妨害といいます。具体的には、事業者が消費者にクーリング・オフができないと告げ、消費者がそれを事実であると誤認した場合や、事業者が消費者を威迫したために、消費者が困惑してクーリング・オフができなかった場合などが挙げられます。威迫の例としては、契約の解除を望む消費者に対して「無責任だ」などと述べて高圧的な態度で接し、クーリング・オフの行使を心理的に困難にするの行為が当てはまります。

　特定商取引法では、クーリング・オフ妨害により消費者が誤認や困惑したため、クーリング・オフを行うことができなかった場合は、クーリング・オフ期間の延長を認めています。事業者は、「弊社は、クーリング・オフを妨害を行ったため、本日お送りした書面をお受け取りになった日より8日間はクーリング・オフが可能です」といった書面を、改めて消費者に交付しなければならず、その書面を受領した日から8日以内であれば、クーリング・オフができることになります。

　なお、クーリング・オフ妨害を契約締結前に行った場合も、8日間のクーリング・オフ期間の延長の対象に含まれます。契約締結前のクーリング・オフ妨害の例として、事業者の契約前の説明として、「本契約は特別なものであるため、解約が一切できません」などとクーリング・オフができないと虚偽の説明を行い、契約締結へと消費者を導く行為が当てはまります。

クーリング・オフできる主な取引

クーリング・オフできる取引	クーリング・オフ期間
訪問販売	法定の契約書面を受け取った日から8日間
電話勧誘販売	法定の契約書面を受け取った日から8日間
マルチ商法（連鎖販売取引）	クーリング・オフ制度告知の日から20日間
現物まがい商法（預託取引）	法定の契約書面を受け取った日から14日間
海外先物取引	海外先物契約締結の翌日から14日間
宅地建物取引	クーリング・オフ制度告知の日から8日間
ゴルフ会員権取引	法定の契約書面を受け取った日から8日間
投資顧問契約	法定の契約書面を受け取った日から10日間
保険契約	法定の契約書面を受け取った日から8日間

※期間は契約日を含む。ただし、海外先物取引は契約日の翌日から起算。

3 成年後見制度
判断能力の衰えた人の支援と尊重を考えた制度である

●どんな制度なのか

　成年後見制度とは、知的障害や認知症など、精神上の障害（身体上の障害は含まれない）が理由で判断能力が不十分な人が経済的な不利益を受けることがないように、本人を支援する人（成年後見人等）をつける制度です。

　成年後見制度は、判断能力が不十分な人の支援（本人の支援）だけでなく、その人に残された能力を活用すること、他者から干渉されずに自分のことは可能な限り自分で決定できるようにすること（本人の自己決定権の尊重）を理念としています。そして、判断能力が不十分な人が、家庭や地域で問題なく生活できるような社会を作ること（ノーマライゼーション）をめざしています。

　たとえば、認知症のお年寄りが悪徳業者にだまされて、自分には必要のない高価な商品を購入した場合でも、お年寄りが成年後見制度を利用していれば、その契約を取り消すことができます（本人の支援）。他方、そのお年寄りがスーパーで日用品を買う場合には、成年後見人等の手を借りたり、同意を得なくても自分で自由に買うことができます（本人の自己決定権の尊重）。

　このように、成年後見制度とは、財産管理と身上監護の点で判断能力の不十分な人を助ける一方で、本人を尊重するという側面もあわせ持った制度だといえます。

●法定後見制度の特長

　成年後見制度のうち法定後見制度には、後見（成年後見）・保佐・補助の3類型があります。また、戸籍とは別の後見登記制度が作成され、法定後見制度を利用している旨が戸籍に記載されません。なお、すでに戸籍に記載されているときは、登記に移行可能な場合があります（成年後見制度の導入前の禁治産・準禁治産の宣告が記載されているケース）。

●成年後見制度のデメリット

　成年後見制度を利用すると、弁護士や医師などの国家資格を要する業務を遂行できなくなる場合がある（国家資格の制限）というデメリットが生じます。令和元年の法改正で、成年後見制度の利用を理由とした国家資格の制限は撤廃されました。しかし、心身の故障を理由とする国家資格の制限は認められている点に留意が必要です。

　また、法定後見開始の審判申立てをしてから実際に後見が開始するまでの手続きに時間を要することがデメリッ

トとして指摘されています。この点については、任意後見制度を利用して事前準備をしておく、財産管理委任契約（財産管理を判断能力があるときからまかせる契約）を結ぶ、といった方法で対応することもできます。

さらに、いったん法定後見制度の利用を開始すると、判断能力が回復しないと利用をやめることができず、成年後見人等の交代も容易でないというデメリットも指摘されています。

なお、従来は成年被後見人になると選挙権・被選挙権が失われることがデメリットとして挙げられていましたが、現在では、成年被後見人にも選挙権・被選挙権が付与されています。

●市民後見人の育成

成年後見制度の活用にあたり、深刻な問題となっているのが、成年後見人等のなり手の不足です。人材が足りないと利用したくても利用できない高齢者や要介護者が増え、成年後見制度が有効に機能しません。そこで、平成28年に、成年後見制度の基本理念や国の責務などを定めた「成年後見制度利用促進法」が制定され、弁護士や司法書士といった専門家以外の一般市民を後見人（市民後見人）として育成し、その活用を図ることが明記されました。

成年後見人等は本人の財産管理などを行うため、法律の専門家を後見人とするケースが多いですが、人手不足を解消するため、市民後見人を育成しようとする方針です。なお、平成23年の介護保険法改正でも、市区町村が市民後見人を育成するよう努力するとの規定が加えられていました。

●障害者福祉との関係

障害者の生活支援について定める障害者総合支援法では、成年後見制度利用支援事業が市町村の地域生活支援事業の必須事業に位置付けられています。成年後見制度は、障害者・障害児の生活を支援する制度としても活用が期待されています。

成年後見制度のポイント

理念	本人の自己決定の尊重と本人の保護の調和
支援の内容	・財産管理（本人の財産の維持・管理） ・身上監護（生活に関する手配、療養・介護の手配など）
支援の類型	・法定後見制度 　後見、保佐、補助（本人の判断能力の程度に対応） ・任意後見制度 　本人が契約によって後見人になる人を選任
公示方法	登記制度による（戸籍への記載は廃止）

法定後見と任意後見

判断能力の衰える前後が基準になる

●成年後見制度の種類

成年後見制度には、法定後見制度と任意後見制度の2類型があります。任意後見制度は判断能力が低下する前から本人が自ら準備しておいて利用しますが、法定後見制度は判断能力が低下した後でなければ利用できません。

法定後見の場合には、認知症などの精神上の障害によって判断能力が不十分な人のために、家庭裁判所が選任した保護者（成年後見人等）が、本人の財産管理の支援、介護保険などのサービス利用契約についての判断など、福祉や生活に配慮して支援や管理を行います。そして、保護者については、家庭裁判所が本人に適する人を選任します。その際、本人の配偶者やその他の親族に限らず、介護や法律の専門家など幅広い候補の中から、本人の事情を考慮して適任者を選びます。

法定後見制度は、後見・保佐・補助の3種類に分かれ、本人の精神上の障害の程度によって区別されます。

① 後見（法定後見）

判断能力が常に欠けている人を対象としています。精神上の障害によって判断能力がない状態が常に続いている状況にある人を支援します。支援する保護者は「成年後見人」と呼ばれます。

② 保佐

判断能力が著しく不十分な人を対象としています。精神上の障害によって判断能力が不十分な人を支援します。簡単なことは自分で判断できるものの、法律で定められた一定の重要な事項については、支援してもらわなければできないような場合です。本人を支援する保護者を「保佐人」と呼びます。

③ 補助

精神上の障害によって判断能力が不十分な人を対象としています。本人を支援する保護者を「補助人」と呼びます。保佐と補助の違いは、本人の判断能力の低下の程度です。

●任意後見制度とは

任意後見制度とは、将来、自分の判断能力が衰えたときのため、受けたい支援の内容と、支援する任意後見人となるべき人（任意後見受任者）を決めて、あらかじめ公正証書（238ページ）による任意後見契約を結んでおく制度です。「支援の内容」は、不動産売買などの財産管理や介護サービス利用時の手続きと契約などです。

将来、本人の判断能力が衰えたときに、任意後見受任者などが家庭裁判所に申立てを行って任意後見監督人を選

任してもらうことで、任意後見受任者が任意後見人に就いて、任意後見制度が開始されます。

●どんな利用の仕方があるのか

法定後見制度と任意後見制度のどちらを利用するかは、本人の判断能力を時系列で考えるとわかりやすくなります。つまり、判断能力が衰える前に任意後見契約を結んで支援を受ける準備をしておいて任意後見制度を利用するのか、衰えた後に法定後見制度を利用するのか、ということです。

・**判断能力が衰える前の利用**

判断能力が衰える前なので法定後見制度の利用はできません。任意後見制度を利用することになります。

・**判断能力が衰えた後の利用**

判断能力が衰えると任意後見契約を結ぶことが難しいので、法定後見制度を利用することになります。

補助・保佐・後見(成年後見)の異同

		補　助	保　佐	後　見
名称	本人	被補助人	被保佐人	成年被後見人
	保護者	補助人	保佐人	成年後見人
	監督人	補助監督人	保佐監督人	成年後見監督人
要件	対象者	精神上の障害により判断能力を欠く者または不十分な者		
	判断能力の程度	不十分	著しく不十分	常に判断能力を欠く
	鑑定の要否	原則として不要	原則として必要	原則として必要
開始手続	申立者	本人、配偶者、四親等内の親族、他の類型の保護者・監督人、検察官、任意後見受任者、任意後見人、任意後見監督人、市区町村長		
	本人の同意	必　要	不　要	不　要
保護者の責務と権限	一般的義務	本人の意思を尊重すると共に、本人の心身の状態および生活の状況に配慮する		
	主な具体的職務	同意権・取消権の範囲における本人の生活、療養看護および財産に関する事務		本人の生活、療養看護および財産に関する事務
	同意権の付与される範囲	申立ての範囲内で家庭裁判所が定める「特定の法律行為」について	原則として民法13条1項列挙事由の行為について(※)	同意権なし(同意の有無にかかわらず取り消せる)
	取消権の付与される範囲	同上	同上	日常生活に関する行為を除くすべての法律行為について
	代理権の付与される範囲	申立ての範囲内で家庭裁判所が定める「特定の法律行為」について		財産に関するすべての法律行為について

※民法13条1項列挙事由
①元本を領収し、又は利用すること、②借財又は保証をすること、③不動産その他重要な財産に関する権利の得喪を目的とする行為をすること、④訴訟行為をすること、⑤贈与、和解又は仲裁合意をすること、⑥相続の承認若しくは放棄又は遺産の分割をすること、⑦贈与の申込を拒絶し、遺贈を放棄し、負担付贈与の申込を承諾し、又は負担付遺贈を承認すること、⑧新築、改築、増築又は大修繕をすること、⑨一定期間を超える不動産の賃貸借をすること、⑩①~⑨の行為を未成年者や成年被後見人等の法定代理人としてすること

成年後見人等の仕事
契約などの法律行為や財産管理に関するものに限られる

●成年後見制度と契約について

　法律行為の一種である契約は、本人が自分の意思に基づいて行うのが基本です。不動産の売買契約や介護サービスの契約の締結も、原則として本人が自らの意思で行う必要があります。

　一方、本人以外の人が契約を結ぶ場合、本人に代わって契約を結ぶ権利がなければなりません。この権利は一般的に代理権と呼ばれます。代理権がない状態では、たとえ親族でも本人の代わりに契約を結ぶことはできません。

　このように、契約は本人が行うのが基本です。ただ、本人の判断能力が低下している場合には、契約を行う意思決定が難しくなります。成年後見制度は、このような人の判断能力を補い、本人の権利を守り、損害を受けることのないようにする制度です。不動産の売買契約や介護サービス契約を本人のために結ぶことも、成年後見制度を利用することで可能になります。たとえば、高齢者の判断能力が著しく低下している場合、保佐という制度が利用できます。

　保佐人には、重要な法律行為についての代理権を審判で与えることができます。たとえば、不動産の売買契約に関する代理権を与えられた保佐人は、重要な法律行為にあたる土地の売買契約などを本人のために結ぶことができます。

●成年後見人等の仕事

　成年後見人等（成年後見人・保佐人・補助人）は、本人の身の回りに注意しながら、本人の生活の他、医療や介護などの福祉に関連した支援や管理を行います。成年後見人等が行う支援とは、本人に代わって不動産の売買契約を結んだり（代理）、本人が結んだ売買契約に同意を与えることです。権限の種類や内容はそれぞれ異なっており（前ページ図）、保佐や補助では保護者（成年後見人等）に同意権があるのに対し、成年後見では保護者に同意権がないといった違いがあります。

　ただし、どの制度を利用していても、日用品の購入などの日常生活上行う売買などは、保護者の仕事の対象となりません。これらの行為は、本人が単独で行っても取消しができません。

　なお、成年後見人等が支援できる内容は、契約などの法律行為や財産管理に関するものに限られます。食事の世話や入浴の補助といった介護サービスの提供（事実行為）は、成年後見人等の仕事には含まれません。

6 成年後見人等の選任

特別な資格は必要ない

●成年後見人等を選任する

成年後見人・保佐人・補助人（成年後見人等）は、法定後見を必要とする人を支援する重要な役割を担っています。成年後見人等は、後見開始・保佐開始・補助開始の審判の手続きに基づいて、家庭裁判所が選任します。

家庭裁判所は、調査官が中心となって調査を行い、本人の意見も聴いた上で、適切な人を成年後見人等に選びます。選任の際、本人の心身や生活、財産状況の他、成年後見人等の候補者となった人の仕事、本人との利害関係など、さまざまな事情を考慮して、成年後見人等が選ばれます。

成年後見人等になるための資格要件はありませんが、以前に成年後見人等を解任されたことがある人や、未成年者、破産者などは選任できません。

●候補者がいない場合

成年後見人等の候補者や、法定後見の内容について、親族間の意思が一致している場合は、その候補者に関する必要書類も準備した上で、候補者を立てて家庭裁判所に申立てを行うと、法定後見の開始時期が早まる可能性があります。ただし、候補者が成年後見人等に選任されるとは限りません。

しかし、親族間で意見が一致していない場合や、候補者が見当たらない場合は、候補者を立てずに申し立てることもできます。この場合、家庭裁判所が申立人から事情を聴くと共に、本人の意向も聴き、さまざまな事情を考慮し上で、成年後見人等に適した人を選任します。

●法人や複数の成年後見人等

成年後見人等の仕事の範囲が広すぎて、一人で行うには不適当な場合もあります。たとえば、本人所有の不動産などの財産が全国各地に点在している場合は、各地の財産管理を複数の成年後見人等で分担ができます。

また、財産関係、福祉関係、法律関係といったように区分し、それぞれ別の人が担当した方がよい場合は、複数の専門家や法人が、それぞれの専門分野を担当する成年後見人等に選任される場合もあります。

成年後見人等の候補者が法人の場合、家庭裁判所は、法人がどんな事業を営んでいるのかを調査します。その法人や法人の代表者と本人の間の利害関係も調べて、利害関係が生じている法人については、選任の可否が慎重に判断されます。

127

任意後見人の選任
任意後見人にふさわしい人物を選任する

●任意後見の効力発生時期

　任意後見制度を利用した場合に、本人を支援する人が任意後見人です。任意後見制度は「任意後見契約」という契約が基本となります。任意後見契約は、将来本人の判断能力が落ちたときに支援してもらう内容を、本人と任意後見受任者との間で、本人の判断能力がある間に決めておく制度です。本人と任意後見契約を結んで、将来本人の任意後見人として支援することを約束した人を任意後見受任者といいます。

　もっとも、本人と任意後見受任者の間で任意後見契約が締結されても、そのままの状態では何の効力も生じません。家庭裁判所による任意後見監督人選任の審判に基づき任意後見監督人が選ばれて、はじめて任意後見契約の効力が発生します。任意後見契約の効力が発生した場合、任意後見受任者が任意後見人となり、本人の支援を行うのが原則です。

●任意後見人になれない場合もある

　前述した任意後見監督人を選任する段階で、任意後見受任者が任意後見人に適さないと判断された場合には、任意後見監督人の選任自体が却下され、任意後見契約の効力が発生しません。

　任意後見受任者が任意後見人に適さないと判断されるのは、たとえば、任意後見受任者が未成年者の場合や、破産者である場合、行方不明の場合などです。また、裁判所から法定代理人を解任されたことがある場合や、不正な行為などをして著しく不行跡な場合（著しい浪費癖があるなど）も、任意後見人に適さないと判断されます。さらに、本人に訴訟を起こしたことのある者や、直系血族の中に本人に訴訟を起こした者がいる場合も、任意後見人に適さないと判断されます。

　一方、任意後見人として上記の不適切な事柄がないときは、本人が任意後見契約を結ぶ相手として信頼している成人であれば、誰でも任意後見人として選ぶことができます。複数でも問題ありません。

　複数の任意後見人を選ぶ場合には、全員に同じ範囲の仕事をまかせることができます。個別に依頼する内容を分けても、全員が共同で仕事を行っても問題ありません。予備の任意後見人を選んでおき、メインの任意後見人が任務を果たせない状態になった場合に、予備として選んでおいた人が任意後見人として任務を果たすように、契約で定めておくこともできます。

8 成年後見人等の権限
権限と仕事内容から利用すべき制度を判断できる

● どんな権限があるのか

法定後見制度は、本人に残された判断能力の程度によって、後見・保佐・補助に分けて考えることができます。

後見（成年後見）を利用する場合に本人を支援する成年後見人等を「成年後見人」といいます。他の類型よりも成年後見人が持っている権限の幅が広いのが特徴です。

保佐と補助を利用する場合に本人を支援する成年後見人等は、それぞれ「保佐人」「補助人」といいます。保佐人や補助人に対して認められる権限は、同じ類型を利用していても、ケースごとに異なります。

そして、成年後見人等に与えられる権限は、代理権・同意権・追認権・取消権です。①代理権は、売買契約や賃貸借契約などの法律行為を本人に代わって行うことのできる権限です。②同意権は、本人が法律行為を行うときに、その法律行為について同意できる権限です。③追認権は、本人の行った法律行為を後から認める権限です。④取消権とは、本人が行った法律行為の取消しができる権限です。

もっとも、成年後見人等に与えられる権限は、利用する制度によって異なります（下図参照）。同じ類型でも、どの種類の権限をどの範囲まで行使できるかは、本人の状況を考慮して考えることになります。

一方、任意後見制度で任意後見人に与えられる権限は代理権です。任意後見人に与えられる代理権の及ぶ範囲については、任意後見契約の締結時に、原則として本人と任意後見受任者の間で自由に定めることができます。

法定後見と任意後見における取消権と代理権

		取消権	代理権
法定後見	成年後見人	日常生活に関するものをのぞくすべての法律行為	財産に関するすべての法律行為
	保佐人	民法13条1項所定の本人の行為について取り消せる	申立ての範囲内で審判によって付与される
	補助人	申立ての範囲内で審判によって付与される	申立ての範囲内で審判によって付与される
任意後見		なし	任意後見契約で定めた事務について

9 後見
後見事務は財産管理と身上監護に分けられる

◯どんな職務内容があるのか

後見制度で本人を支援する人を成年後見人といい、成年後見人の支援を受ける本人を成年被後見人といいます。

成年後見人は、日常生活に関する行為以外のすべての法律行為（契約やその取消し・解除など）を本人にかわって行う代理権を持っています。また、成年被後見人が自分に不利益な法律行為を行った場合などにそれを取り消すことができる取消権も持っています。この2つの権限を持つ成年後見人が、実際に成年被後見人を支援するために行う職務内容のことを後見事務といいます。

後見事務については、財産管理と身上監護という、大きく2つの職務内容に分けることができます。

財産管理とは、成年被後見人の財産を維持したり処分する職務です。成年後見人には財産管理を包括的に行う権限が与えられています。財産管理の権限を部分的に与えられている保佐人や補助人と異なって、成年後見人の財産管理に関する権限は非常に重要で強力なものです。財産管理には、成年後見人になるとすぐに着手しなければならない職務もあります。それは、財産目録の作成と成年被後見人の生活や療養・看護、財産管理に必要になると予想される金額の算定です。

財産目録は、成年被後見人の財産状況を調査して作成するもので、成年後見人になってから1か月以内に作成する必要があります。

また、成年被後見人の財産を把握するだけでなく、本人が暮らしていくのに必要な費用や支出状況を把握しておくことも財産管理に含まれます。

一方、身上監護とは、成年被後見人の生活や健康管理、療養などに関する職務です。たとえば、介護サービスを利用する場合に成年後見人が行う仕事は身上監護に含まれます。

ただし、成年後見人に与えられている権限は、前述したように日常生活に関する行為を除く行為についての取消権や、財産に関する法律行為についての代理権です。したがって、成年被後見人の生活や健康管理、療養などのために何かの労務（サービス）を提供するといった行為は成年後見人の仕事ではありません。生活や健康管理、療養などのために成年被後見人が何らかのサービスの提供を受ける必要がある、と成年後見人が判断した場合に、提供を受けるサービスを選び、契約を締結することが成年後見人の仕事です。

10 補助

本人の意思が尊重される法定後見制度である

●補助人とその職務内容

　成年後見や保佐と同様に、補助も法定後見制度の一つの類型です。補助制度で本人を支援する人を補助人といいます。支援を受ける本人のことを被補助人といいます。

　補助人は、補助開始の審判が下されただけでは、何らの権限も持っていません。補助人に与える権限の種類と範囲については、本人の意思が尊重され、別途家庭裁判所に申立てをした上で、審判が下されます。この審判で認められた内容が補助人に与える権限と範囲となり、補助人の職務はすべてこの審判の内容をもとに行われます。

　他の類型と同様、補助人の職務の対象となるのは、被補助人の日常生活に関する行為以外の法律行為です。このうち、補助人に同意権と取消権を与える場合は、民法で定められている重要な行為（被保佐人が保佐人の同意を要する行為、133ページ図）の中から特定の行為を選んで申し立てます。一方、補助人に代理権を与える場合は、保佐人と同様、対象となる法律行為を選び、代理権付与の申立てを行います。

　補助人は、家庭裁判所の審判で定められた範囲内で、被補助人を支援するのが職務です。成年後見や保佐と同様に、財産管理と身上監護という2つの職務内容に分けられます。

　財産管理は、被補助人の財産の維持や処分をする職務です。代理権を与えられている場合は、被補助人に代わって法律行為を行いますし、同意権・取消権だけが与えられている場合は、被補助人の法律行為に同意を与えたり必要なときは取り消したりします。

　補助人は成年後見人や保佐人と異なって、最初からある程度の職務内容が予定されているわけではなく、権限の種類と範囲は審判で定められた内容に限られます。財産管理や身上監護もこの内容で行うことになります。

　財産目録の作成などは原則として補助人の職務ではありませんが、家庭裁判所から作成の指示があった場合は作成します。

　身上監護とは、本人の生活や健康管理、療養などに配慮することで、被補助人のために介護サービスなどを自ら提供する行為が補助人の仕事でない点は、成年後見人や保佐人の場合と同様です。なお、介護サービスの利用などに関する職務は、補助人にその職務を行う権限が与えられている場合に行うことができます。

11 保佐
申立てにより特定の法律行為の代理権を持つことができる

◉保佐人とその職務内容

保佐制度で本人を支援する人を保佐人といいます。保佐人の支援を受ける本人のことを被保佐人といいます。

保佐人は、日常生活に関する行為以外の法律行為のうち、民法で定められている「重要な行為」(次ページ図)についての同意権と取消権を持っており、本人に代わって行う代理権は原則として持っていません。

ただし、保佐の場合は、被保佐人の同意を得て、保佐開始の申立てとは別に、代理権付与についても申立てを行うことができます。代理権付与の申立てをした場合は、代理権付与の審判によって代理権を持つこともできます。

代理権申立ての対象となる法律行為は、日常生活に関する行為以外の法律行為の中から、本人しか行うことのできない法律行為(遺言など)を除いたものになります。そして、保佐制度を利用するときに、代理権付与の審判の申立てを行う場合は、対象となる法律行為の中から特定の法律行為を選び、申立てを行うことになります。

また、保佐人が持つ同意権・取消権の対象を「重要な行為」以外にも及ぼすようにすることも可能です。この場合も、別途、家庭裁判所に申立てをして審判を受ける必要があります。

保佐人は、家庭裁判所の審判によって定められた権限の範囲内で、被保佐人を支援するのが職務です。保佐人の職務は、具体的には、成年後見の場合と同様に、財産管理と身上監護という2つの職務内容に分けられます。

財産管理とは、被保佐人の財産の維持や処分をする職務です。代理権を与えられている場合は、被保佐人の代わりに特定の法律行為を行いますし、同意権と取消権のみ与えられている場合は、被保佐人の法律行為について同意を与えたり取り消したりします。

もっとも、保佐人は成年後見人と異なり、財産管理を包括的に行う権限は与えられていません。保佐人が被保佐人の財産管理を行う対象となる法律行為は、家庭裁判所で代理権を付与された範囲内となります。

たとえば、成年後見人の職務である財産目録の作成と、本人の生活や療養看護、財産管理に必要になると予想される金額の算定は、その代理権が付与されていない限り、保佐人の職務ではありません。保佐人には包括的な権限が与えられていないからです。

ただし、必要がある場合、家庭裁判所は、保佐人に財産目録の作成を指示

することがあります。家庭裁判所の指示があった場合、保佐人は財産目録を作成しなければなりません。

身上監護とは、成年後見の場合と同様、被保佐人の生活や健康管理、療養などに配慮することです。代理権が与えられている保佐人であれば、被保佐人が介護サービスを利用する場合に、その提供を受ける契約を本人に代わって締結することができます。

なお、被保佐人の生活や健康管理、療養などのためのサービスを自ら提供する行為は法律行為ではなく事実行為です。これらが保佐人の仕事でないことは、成年後見の場合と同様です。

●保佐人が行う重要な行為とは

保佐開始の申立てを行った際に保佐人に付与される同意権や取消権の対象は、民法が定めている被保佐人の財産に関係する下図の「重要な行為」です。この重要な行為の全部に同意権や取消権が及びます。また、重要な行為以外の行為にも同意権や取消権が及ぶようにするには、別途申立てを行い、家庭裁判所の審判が必要です。

民法で定められている「重要な行為」

重要な行為

① 不動産やその他の重要な財産の売買・担保の設定（重要な財産とは、自動車や貴金属などの目に見える重要な物の他、株式や著作権、特許権、商標権などの目に見えないが、重要な価値を持つ権利など）

② 借金をしたり、他人の保証をすること

③ 元本の領収や利用（不動産や金銭の貸付、預貯金の出し入れ、弁済金の受領、賃貸している不動産の返還を受けることなど）

④ 訴訟行為をすること（訴えの提起、訴えの取下げなど）

⑤ 贈与・和解・仲裁合意（仲裁人の判断に従う合意）をすること

⑥ 相続の承認や放棄を行ったり遺産分割を行うこと

⑦ 贈与や遺贈（遺言により財産が与えられること）を拒絶すること、負担つきの贈与や遺贈を承諾すること

⑧ 建物の新築・改築・増築・大修繕を行うこと

⑨ 民法で定める期間（山林は10年、山林以外の土地は5年、建物は3年、動産は6か月）を超えて賃貸借をすること

⑩ 上記に掲げる行為を制限行為能力者の法定代理人としてすること

12 成年後見人等の義務
正当な理由がなければ成年後見人等を辞めることはできない

●本人に対する義務

　成年後見人等は、本人の法律行為に関する取消権・代理権などの強力な権限を持つのと同時に、本人に対する義務も負っています。具体的には、意思尊重義務と身上配慮義務と呼ばれるものです。

　意思尊重義務とは、本人の意思を尊重することで、身上配慮義務とは、本人の心身の状態（身体や精神の状態）や健康の状況に配慮することです。

　成年後見人等は、本人に対する義務以外にも、自身の職務の状況について、原則として年1回、自主的に家庭裁判所に報告することが求められています（定期報告）。さらに、家庭裁判所だけでなく、成年後見監督人等（成年後見監督人、保佐監督人、補助監督人）による監督も受けます（136ページ）。

　また、成年後見人等が本人の住んでいる土地建物（自宅など）の処分を行う場合は、家庭裁判所の許可が必要です。処分とは、成年被後見人等の土地建物を売却もしくは贈与したり他人に貸すことや、土地建物に抵当権を設定することを指します。すでに他人に貸している土地建物の賃貸借契約を解除する場合も、同じく家庭裁判所の許可が必要です。

　そして、成年後見人等は、勝手に辞任することができません。辞任するには家庭裁判所の許可が必要です。成年後見人等の辞任は、正当な事情や理由がある場合に限って認められます。

　たとえば、高齢もしくは遠隔地への転居によって、成年後見人等としての職務を果たすことが困難な状況にあるといったような場合です。

成年後見人等の仕事に含まれない行為

仕事に含まれない行為	具体例
実際に行う介護行為などの事実行為	料理・入浴の介助・部屋の掃除
本人しかできない行為	婚姻・離縁・養子縁組・遺言作成
日常生活で行う法律行為	スーパーや商店などで食材や日用品を購入
その他の行為	本人の入院時に保証人になること 本人の債務についての保証 本人が手術を受ける際の同意

13 任意後見人
求められている職務は基本的に成年後見人等と同じである

●任意後見人について

任意後見契約は「任意後見契約に関する法律」に基づき、本人と任意後見受任者（将来的に任意後見人となるべき人）との間で結ばれる契約です。任意後見人の職務は、成年後見人等と同様に、本人の財産管理と身上監護に関する事務の全部または一部です。

任意後見人には、任意後見契約の内容に基づいて代理権が与えられ、任意後見人の職務も代理権が与えられた法律行為に関連する内容となります。

なお、医療や介護などのサービスを提供する行為（事実行為）は、任意後見人の職務には含まれません。たとえば、財産管理の面で、任意後見人に対して本人所有の不動産に関する契約の代理権が与えられている場合、その不動産の売買契約を結ぶのに必要な行為が職務となります。

身上監護の面でも同様です。任意後見人に対して医療や介護などのサービスの利用契約に関する代理権が与えられている場合、これに付随する諸手続きやサービス内容の確認などは、任意後見人の職務に含まれます。

そして、任意後見人の権限の詳細は代理権目録として、公証役場で作成する任意後見契約公正証書に記します。

任意後見人は、任意後見契約で与えられた権限の範囲内でしか本人を支援できません。与えられた権限の範囲が狭すぎたり代理権だけでは対応できない場合、本人の支援を十分に行えないこともありますが、権限の範囲を増やしたいときは、別途新たな任意後見契約を公正証書で結ぶことが必要です。

●後見（法定後見）との違い

任意後見契約は、本人の判断能力が十分な段階で結ぶもので、本人の判断能力が不十分になった後は、新たな任意後見契約を結ぶことができません。

一方、法定後見制度は、本人の判断能力が不十分な場合に利用します。成年後見人等に代理権・同意権・取消権（成年後見人には同意権がない）を付与できますし、権限の範囲を広く設定することも可能です。

こうした事情から、与えられた権限で十分な支援が行えないと判断した場合は、任意後見人自らが本人について法定後見開始の審判の申立てができるようになっています。実際に任意後見が開始される前に、こうした事情に気づいた場合は、任意後見受任者も法定後見開始の審判の申立てができます。

14 成年後見監督人等

成年後見人等の活動が本人に不利益がないか監督する

● 成年後見監督人等とは

家庭裁判所に選任される成年後見人等は、同意や取消・代理といった法律行為を通じて本人を支援します。成年後見人等に与えられた権限は本人を支援するためのものですが、適切に行使されない場合には、本人に不利益が生じてしまうおそれがあります。このため、成年後見人等の活動状況をチェックする人が不可欠になります。

成年後見人等を監督するのは、通常は家庭裁判所です。家庭裁判所以外では、成年後見監督人・保佐監督人・補助監督人が成年後見人等の活動を監督する役割を担います。成年後見人を監督する人が成年後見監督人、保佐人を監督する人が保佐監督人、補助人を監督する人が補助監督人で、あわせて成年後見監督人等と総称します。

成年後見監督人等は、本人や本人の親族、成年後見人等の申立てを受けて家庭裁判所が選任する他、家庭裁判所の職権で（申立てがなくても）選任することもあります。

● 成年後見監督人等の仕事

成年後見監督人等は、成年後見人等が適切に職務を行っているかをチェックするのが仕事です。

成年後見人等の職務遂行の状況を把握するため、成年後見監督人等は、成年後見人等に対して定期的な報告や必要な資料の提出を求めます。そして、不正な行為を見つけた場合には、家庭裁判所に成年後見人等の解任を申し立てることができます。

成年後見監督人等が判断するのは、本人の財産の管理についてだけではありません。成年後見人等が死亡した場合や、破産手続開始決定を受けた場合には、すぐに成年後見人等の後任者を選任するように家庭裁判所に申し立てなければなりません。緊急時は成年後見人等に代わって必要な職務を行うことも成年後見監督人等の職務です。

成年後見監督人等は、成年後見人等が本人の意思を尊重しているか、本人の身上監護を適切に行っているかについてもチェックします。

成年後見人等の職務を監督し、解任の申立てを行うこともできる成年後見監督人等ですが、成年後見監督人等に解任事由が生じた場合は、自身が解任される場合もあります。

成年後見監督人等の解任は、本人、本人の親族、検察官の申立てを受けて家庭裁判所が行う他、家庭裁判所が職権で行うこともできます。

15 任意後見監督人
任意後見人の代わりに法律行為をすることもある

●任意後見監督人とは

　任意後見制度で任意後見人を監督する人のことを、任意後見監督人といいます。任意後見契約では、家庭裁判所で任意後見監督人が選任されなければ、任意後見契約の効力が生じません。

　任意後見制度では、本人と任意後見受任者との間で事前に任意後見契約が結ばれます。任意後見契約の内容を実行に移すべきタイミング（本人の判断能力の低下など）が来た場合に、家庭裁判所に対し任意後見監督人選任の審判の申立てを行います。

　家庭裁判所は、候補者が任意後見監督人としてふさわしいかどうかを、成年後見人等や成年後見監督人等の場合と同様の基準で判断します。

●任意後見監督人の仕事

　任意後見監督人の職務のメインは、任意後見契約で定められた後見事務の内容を任意後見人が適切に行っているかどうかを監督することです。任意後見監督人は、任意後見人の仕事の状況を把握するために、任意後見人の職務内容や遂行状況についての報告を求めることができます。

　任意後見人の不正な行為を見つけた場合や、任意後見人に著しい不行跡があった場合、任意後見監督人は家庭裁判所に対し任意後見人の解任を申し立てることができます。この他、任意後見人が権限を濫用している場合、財産の管理方法が不適当であった場合、任務を怠った場合にも、解任の申立てができます。

　任意後見監督人は、任意後見制度を利用する上で重要な役割を果たしているため、勝手に辞任することができません。ただし、正当な事由がある場合には、申立てに基づいて家庭裁判所が辞任を許可します。正当な事由とは、たとえば、遠隔地に転勤したり、高齢または病気になったりして、任意後見監督人の職務を行うことが難しくなった場合が考えられます。

　任意後見監督人が解任される場合もあります。任意後見監督人が解任されるのは、任意後見人が解任される場合と同様の理由に基づきます。

　また、任意後見監督人が破産者となった場合や、任意後見人の配偶者となった場合などは、任意後見監督人の地位を当然に失います（欠格事由）。このような場合の他、任意後見監督人が辞任したり解任されたりした場合、家庭裁判所は、新たな任意後見監督人を選任することになります。

16 法定後見開始の申立て①
家庭裁判所への申立てから審判を経て法定後見が開始する

●法定後見制度の手続き

　本人の判断能力が不十分であるなどの理由から法定後見制度を利用する場合、家庭裁判所に後見等開始の審判の申立てを行います。申立てをする時には、あらかじめ必要な書類を用意しておきます。

　申立て当日に、裁判所書記官が申立書及び申立関係書類の点検を行い、家庭裁判所調査官あるいは参与員は、申立人と成年後見人等の候補者から事実関係を確認します。後見や保佐の場合には、本人の精神状況についての医師等による精神鑑定が行われます。

　親族の意向についても、申立内容や成年後見人等の候補者を書面で伝えて確認します。

　さらに、可能な場合には家庭裁判所で本人調査を行い、本人の意向を確認します。本人が家庭裁判所に出向くことができない場合には、本人の所在場所に家庭裁判所調査官が出向きます。

　家庭裁判所は、鑑定・親族への意向照会・本人調査の結果から、申立内容について検討・判断します（審理）。

　審理を経て、審判をした家庭裁判所は、その審判内容を申立人と成年後見人等に送ります（審判書の送付）。

　審判では、申立書に書かれている成年後見人等の候補者がそのまま選任されることがよくあります。ただ、場合によっては候補者ではなく法律の専門家などが選任されることもあります。

　家庭裁判所から審判書を受領してから、異議もなく2週間経過すると、審判が確定します。

　審判が確定すると、法定後見が開始され、法務局に法定後見開始の事実についての登記がなされます。

●申立方法はそれぞれ異なる

　法定後見開始の申立ては、本人、本人の配偶者や四親等以内の親族、検察官、市区町村長などが行うことができます。また、申立人と成年後見人等候補者は、申立ての後、家庭裁判所調査官から申立内容について確認されるので、家庭裁判所に出向くことになります。申立ての際は、どの制度を利用するかによって準備内容が異なります。

　後見（成年後見）の場合、後見開始の審判を求めるだけで、とくに他の準備は必要ありません。成年後見人は、申立て時に追記しなくても、審判が確定すると日常生活上の法律行為以外のすべての財産管理に関する法律行為の代理権が認められるからです。

　保佐の場合も、保佐開始の審判を求

めるだけで済む場合もあります。ただし、保佐人は重要な行為についての同意権・取消権が認められるだけですので、保佐人に代理権を与えたい場合は別途「代理権付与の審判」を求める必要があります。また、重要な行為以外の法律行為について保佐人に同意権を与える場合は、どの法律行為を対象にするかを明確にする必要があります。

補助の場合は、補助開始の審判を求めただけでは何らの支援内容も発生しませんので、具体的な支援内容を別の審判で決めなければなりません。補助人に代理権を与える場合は、代理権付与の審判を求めます。同意権を与える場合は、同意権付与の審判を求めます（同意権付与により取消権もセットで付与されます）。両方の権利を与える場合は、代理権付与の審判と同意権付与の審判を求めることが必要です（いずれも補助開始の審判の申立てと同時に行う）。これに加え、代理権・同意権が及ぶ法律行為の範囲も定めておかなければなりません。

申立手続きの流れ

1. 申立て（本人の住所地にある家庭裁判所に対して行う）
- 申立てができるのは、本人、配偶者、四親等以内の親族、検察官、任意後見人、任意後見監督人、市区町村長など。

2. 審判手続（調査 → 鑑定・診断 → 審問の順に行う）
- 家庭裁判所調査官が、本人の精神状態、生活状態、資産状況、申立理由、本人の意向、成年後見人等候補者の適格性などを調査する。家庭裁判所は、市区町村などの行政、金融機関などに必要な調査報告を求めることもある。
- 鑑定は裁判所から依頼された鑑定人、診断は申立人が依頼した医師が行う。鑑定や診断の結果は、本人の意思能力や障害の程度がどれくらいか、能力が回復する可能性があるかどうかなどを判断する重要な資料となる。
- 本人の精神的な障害の程度、状況を確認し、援助の必要性を判断するために、裁判官が直接本人に会って意見を聴く。審問は必要に応じて数回にわたって行われることもある。

3. 審判（家庭裁判所の判断の結果が示される）
- 申し立てられた類型やそれに伴う同意権・取消権、代理権を成年後見人等に付与することが適切かどうか、家庭裁判所の判断の結果が出される。誰を成年後見人等に選任するかも決定する。

4. 告知・通知（審判の結果が関係者に伝えられる）

5. 登記（法務局に後見等の内容が登記される）

17 法定後見開始の申立て②
専門家に頼む際は、事前に費用などの問い合わせをしておく

●申立てに必要な書類

　法定後見開始の申立てを行うに際しては申立書が必要です。申立書には本人の状況をはじめとする申立ての概要を記載します。申立書は定型の書式であり、各家庭裁判所で無料配布しています。具体的には、後見（成年後見）の場合は「後見開始申立書」、保佐の場合は「保佐開始申立書」、補助の場合は「補助開始申立書」を作成します。

　この申立書を補充する書類も可能な限り添付します。添付種類には、申立事情説明書、後見人等候補者事情説明書、財産目録、親族関係図などがあり、各家庭裁判所で用紙が用意されています。

　本人に関する書類としては、戸籍謄本、住民票または戸籍附票、登記事項証明書、診断書が必要です。ここにいう登記事項証明書は、法定後見登記についての証明書、つまり法務局が発行する申立ての対象となっている法定後見開始の審判を受けていないことを証明するものです。たとえば、成年後見開始の審判の申立てをする場合は、成年後見登記がされていないことの証明書を添付します。

　本人以外の人が申立てを行う場合は、申立人の戸籍謄本も必要です。成年後見人等の候補者がいる場合は、その住民票または戸籍附票が必要です。

　この他、家庭裁判所が判断する際に参考となりそうな資料がある場合は、審理を早く進めてもらうためにも添付するようにします。たとえば、本人の判断能力を把握するのに参考となる介護保険の保険証や障害者手帳、年金手帳などです。本人の財産状況（収支状況）の把握に有効なものとしては、財産目録の他に、預金通帳や不動産評価証明書、不動産登記事項証明書、株式に関する資料などが考えられます。

●申立時に必要となる費用

　次に、各手続き・書類入手にかかる費用を見ていきましょう。

① **申立手数料**

　収入印紙の貼付で納めるのが原則です。金額は1件につき800円です。これは1つの審判につき800円かかることを意味します。

　たとえば「保佐」について、代理権付与の審判の申立ても行う場合には、保佐開始の審判に800円、代理権付与の審判に800円とそれぞれの申立ての手数料を納める必要があります。

　また、保佐の対象となる法律行為の範囲を広げる場合は、その範囲を広げる申立て（同意権追加付与の申立て）

の手数料が800円かかります。

　これに対し「補助」について、代理権と同意権の双方を補助人に付与する場合は、補助開始、代理権付与、同意権付与の3つの審判を申し立てるので、合計2,400円（800円×3）の手数料がかかることになります。

② 登記手数料

　登記手数料とは、後見等が開始された後に裁判所が登記するために必要となる費用で、金額は2,600円です。収入印紙の貼付で納付するのが原則です。

③ 連絡用の切手

　各裁判所で費用が異なります。金額は約3,000〜5,000円程度です。連絡用として使われるものとしては、たとえば、裁判所から送られてくる審判書の郵送費用などです。

④ 鑑定費用

　鑑定費用は現金で支払います。鑑定の内容によって金額は左右しますが、約10〜20万円程度です。明らかに鑑定する必要がないと認められる場合や補助を利用する場合など、鑑定を要しない場合もあります。

⑤ 専門家に支払う費用

　弁護士などの専門家に依頼した場合は、相談料、申立書作成料、裁判所での面接に同行した場合の日当などの報酬が発生します。報酬額は一律に定まっているわけではありません。それぞれの専門家で報酬額が異なるため、事前に把握しておく必要があります。

⑥ 必要書類の入手費用

　戸籍謄本や登記事項証明書、診断書といった書類を入手するのには発行手数料がかかったり、郵送料が別途かかります。こうした費用は、各自治体で異なる場合があるので、事前に調べておくとよいでしょう。

申立書に記載する内容

申立人に関連すること
氏名・本籍・住所・生年月日・職業・本人との関係

本人に関連すること
氏名・本籍・住所・生年月日・職業

申立ての内容に関連すること
申立ての趣旨・申立ての理由・本人の状況

成年後見人等の候補者がいる場合における候補者に関連すること
氏名・住所・生年月日・職業・本人との関係・勤務先・連絡先

18 鑑定制度①
原則として補助の場合には鑑定を必要としない

●医学的な側面から判断する

　法定後見制度を利用する場合は、申立てに先立って、本人が医師の診断や鑑定を受ける必要があります。申立てに先立って行われた診断や鑑定の内容は、医師から診断書や鑑定書として発行してもらうようにします。診断書や鑑定書の記載内容は、申立てのあった法定後見制度の利用の可否を判断する材料にもなります。

　法定後見の申立てを行うときに提出する書類には、本人の状況を示す申立書や申立書を補充する事情説明書、戸籍謄本といった書類の他に、本人についての診断書や鑑定書も必要ですから、この診断書や鑑定書を申立ての際に提出します。これらの他に障害者手帳を持っている場合は、それも添付します。さらに、本人の精神上の障害や判断能力について裁判所が判断する際の参考となるものがある場合は、その書類を提出しましょう。

●鑑定が必要な場合と不要な場合

　診断や鑑定の手続きは、本人の判断能力がどの程度あるのかを医学的に判定するために行われます。

　後見（成年後見）で本人の行為を取り消すことや、保佐で本人が重要な行為（133ページ）をする際に保佐人の同意を要することは、本人の支援を趣旨とするものですが、同時に本人の自由な行為に制限を加える側面もあります。制限を加えるべき程度の精神上の障害が本人にあるかどうかは慎重に判断しなければなりません。そこで、後見や保佐の申立てに際しては、診断書に加えて、専門的で時間を要し、費用の高い鑑定書も必要とするのが原則です。ただし、明らかに鑑定の必要がないと認められる場合は、後見や保佐であっても診断書の提出で足り、鑑定書が不要とされるケースがあります。

　一方、補助の申立てをする際は、本人の同意が必要です。また、後見や保佐と比べて本人の判断能力が高く、本人の行為を制限する必要性も低いのが通常です。そこで、補助の申立てをするに際しては、原則として鑑定書が必要とされず、診断書で足ります。ただし、本人の判断能力についての判定が難しいときは、補助であっても鑑定書を必要とするケースもあります。

　なお、鑑定は家庭裁判所が鑑定人を指定して行いますが、申立人が鑑定人を推薦することができます。鑑定人候補を見つけられない場合は、家庭裁判所に相談してみるとよいでしょう。

19 鑑定制度②

正確な診断書を精神科医などに作成してもらうのがよい

●鑑定書と診断書について

　申立時に提出する診断書は、近所の病院や診療所の医師に作成を依頼しても問題ありません。診断書を書いてもらう場合は、鑑定書とは異なり、医師が精神科医でなくてもかまいません。ただし、診断書には、本人の状況についての診断名と所見、判断能力についての医師の意見と根拠などが記入されます。精神科医に依頼できそうな場合は精神科医に依頼した方が的確な診断書となることは間違いないでしょう。

　鑑定の場合は、原則として家庭裁判所が鑑定人となる医師を指定し、診察や検査を経て鑑定が行われます。鑑定の結果を記した鑑定書には、本人の診察経過や入院先の診療録、既往歴と現病歴、日常生活や心身状態などが記載されます。その他、親族が話した内容が記される場合もあります。また、本人の財産管理や処分に関する能力についての鑑定人の考察、失われている能力の回復の見込みといった事項についても記載されます。

　診断書の作成については「成年後見制度における診断書作成の手引・本人情報シート作成の手引」が、鑑定書の作成については「成年後見制度における鑑定書作成の手引」が、それぞれ裁判所によって作成されており、診断書や鑑定書の書式もあります。これらの手引きは、診断書や鑑定書を作成する医師に向けたもので、各家庭裁判所で手に入れることができる他、裁判所のホームページでも公開されています。

●鑑定書と診断書の費用と期間

　鑑定を行う場合、事案によっても異なりますが、結果が出るまで約1～2か月の期間が必要です。一方、診断は事案によって異なりますが、鑑定ほどの期間はかかりません。かかりつけの医師の場合は、スムーズに診断書の作成が行われるでしょう。

　鑑定の費用は5～10万円程度のことが多く、診断書の費用は3,000～1万円程度のことが多いようです。

　家庭裁判所によっては、あらかじめ鑑定料に充当する金額を納めるようになっています。利用する予定の家庭裁判所の予納額を事前に把握しておくようにしましょう。

　後見や保佐の利用を考えている場合は、申立ての前に医師の診断を受けるときに、診断書と共に鑑定書の作成を依頼しておくのも、申立ての手続きを早める1つの方法です。

20 任意後見契約
任意後見契約は公正証書で作成しなければならない

●任意後見契約とは

　任意後見契約とは、任意後見が実際に開始される前に、支援する人と本人の間で将来の後見事務について取り決めた契約です。

　任意後見の契約書は、本人と任意後見受任者が公証役場に出向いて、公正証書で作成します。公証役場では、本人の意思と代理権の範囲などを公証人が確認します。任意後見契約書を作成した後、公証人は、管轄の法務局に任意後見契約の登記を嘱託します。法務局では任意後見契約について、本人と任意後見受任者が誰であるか、代理権の範囲がどの程度であるか、といった内容が登記されます。

　本人と任意後見受任者の間で任意後見契約を結んだだけでは、効力は発生しません。実際に任意後見監督人が選任されたときに任意後見受任者は任意後見人となり、効力が発生します。

　任意後見監督人は、任意後見人が任意後見契約の内容に従って後見事務を行っているかどうかを監督します。

　任意後見契約にはいくつかの利用パターンがあります。1つ目は、判断能力が十分な時に将来に備えて任意後見契約を結んでおくパターンです（将来型）。2つ目は、判断能力が十分なうちは委任契約で財産管理を委任し、判断能力が不十分になった場合に任意後見を開始するようにしておくパターンもあります（移行型）。

　3つ目は、任意後見契約を結んですぐに任意後見監督人選任の申立てを行うパターンです。本人に判断能力がある場合で、それが低下し始めた段階で本人が気づいて、任意後見契約を結ぶものです。補助を選ぶこともできますが、任意後見制度を利用したいと考えた場合、任意後見契約を締結してすぐに効力が生じるように家庭裁判所に申立てをすることもできます（即効型）。

●公正証書の作成方法と費用

　公正証書は、公証役場で公証人が法律に従って作成する公文書です。原則として公証人は、公証役場で仕事を行っていますが、体力的な理由などで公証役場に本人が出向けないような場合、本人の自宅や入院先などに公証人が出向いて公正証書を作成することもあります。

　任意後見契約公正証書を作成する場合には、印鑑証明書と実印、運転免許証と認印などの本人確認書類を持っていく必要があります。公正証書を作成する費用は以下のとおりです。

・公正証書作成基本手数料 1万1,000円
・登記嘱託手数料 1,400円
・法務局に納付する印紙代 2,600円
・書留郵便の料金 約570円
・正本謄本作成手数料 250円×枚数分

●任意後見契約の終了

　任意後見契約は、任意後見契約の解除、任意後見人の解任、本人について法定後見の開始、本人の死亡、任意後見人の死亡などにより、終了します。通常の委任契約であれば、当事者の一方の申出あるいは両者の合意によって、いつでも解除できますが、任意後見契約の場合は、任意後見監督人が選任される前に解除する場合と、選任後に解除する場合とで、解除が認められる条件が異なります。

　任意後見監督人が選任される前に解除する場合は、本人か任意後見受任者のどちらからでも自由に解除できます。ただし、公証人の認証を受けた解除通知書を相手に送る必要があります。認証とは、署名や署名押印、記名押印が本人のものであることを公証人が証明することです。これに対し、任意後見監督人が選任された後に解除する場合は、解除するのに正当な理由や事情がある場合に、家庭裁判所の許可を受けなければなりません。

　任意後見人の解任は、本人や本人の配偶者や親族、任意後見監督人、検察官が家庭裁判所に請求できます。任意後見人が職務を行うのにふさわしくないと判断された場合に解任されます。

　また、本人や任意後見人が死亡した場合や、任意後見人が破産手続開始決定を受けた場合、任意後見人自身が後見開始の審判を受けた場合は、任意後見契約が当然に終了します。

任意後見契約利用のポイント

	将来型	移行型	即効型
財産管理の方針・制度利用の目的	将来判断能力が低下した時になってはじめて支援を頼む	将来判断能力が低下した時はもちろん、判断能力のある現在から支援を頼む	すでに判断能力が落ちてきつつある現在からすぐに支援を頼む
任意後見契約締結時の状態	判断能力が十分にあり、自分のことは自分ですべて行える	現在、判断能力は十分にある	現在、判断能力が落ちてきているが、任意後見契約の締結を行う能力はある
契約締結後の動き（実際に行うこと）	任意後見契約を締結するにとどまる。将来判断能力が低下したときに、任意後見監督人選任の申立てを行う	任意後見契約と委任契約を同時に結んでおき、早速、委任契約に基づいて財産管理を委ねる	任意後見契約を締結してすぐに任意後見監督人選任の申立てを行い、任意後見を開始する

21 任意後見制度の利用
他の制度と併用することで将来への対策を万全にする

●任意後見制度の長所・短所

任意後見制度には、いくつかのメリットとデメリットがあります。

まず、メリット（長所）としては、次のような事項が挙げられます。
① 今現在、本人に判断能力の低下がなくても利用することが可能
② 契約内容が公正証書で作成され、かつ登記もされるため、任意後見人の地位を公的に証明できる
③ 家庭裁判所で任意後見監督人が選任されるので、任意後見人の仕事ぶりをチェックできる
④ 法定後見制度と比べて支援内容の幅が広い

これに対し、デメリット（短所）としては、以下の事項が挙げられます。
① 本人の判断能力が低下してしまった後には契約できない
② 本人の死後の事務や財産管理を委任することができない
③ 本人がした契約の取消権がない
④ 財産管理委任契約ほど簡単に早く行うことができない
⑤ 判断能力が十分な間は任意後見を開始できない

●任意後見制度と他の制度の併用

任意後見制度にはメリットだけでなくデメリットもありますから、他の制度と比較検討した上で、他の制度の利用を選択するか、他の制度を併用する方法も考えるとよいでしょう。ここでは、制度を併用する方法を紹介します。

任意後見は、将来自分の判断能力が低下したときに備えて、あらかじめ支援してくれる人を選び、将来の財産や身の回りのことを支援する人に頼んでおくことができる制度です。現時点で自分に判断能力がある場合は、任意後見制度の利用をまず考えましょう。

その上で、判断能力が十分である現時点から財産管理を依頼したい場合には、財産管理委任契約を結びます。

任意後見制度を利用する場合は、本人の判断能力が低下しはじめていないかどうか、本人の状況を見てもらった方がよいでしょう。そのためには、見守り契約（任意後見が開始されるまで、支援する人と本人が定期的に連絡をとる契約）を結んでおく方法が考えられます。

また、身寄りがない場合は、自分の死後のことが気にかかる場合もあります。たとえば、葬儀の手配や財産の清算などについては、死後の事務委任契約などを別途結ぶとよいでしょう。

22 成年後見登記制度
本人のプライバシー保護を配慮した制度である

●成年後見登記制度とは

法定後見制度や任意後見制度を利用している場合に、その後見がどのような内容であるかを公示する制度を成年後見登記制度といいます。成年後見制度を利用すると、成年後見人等に認められている権限の範囲や任意後見契約の内容などが法務局で登記されます。

登記された内容は、請求に応じて発行される登記事項証明書に記載されます。登記事項証明書は、登記の内容を記し、その内容が確かに存在していることを証明する公的な証明書です。登記事項証明書の発行は、請求を受けた法務局の登記官が行います。

登記事項証明書があれば、たとえば成年被後見人と第三者との間で行われる契約の締結に際して、成年後見人が本人を代理して契約する権限を持っていることを、取引の相手方に対して証明することができます。

このように、成年後見制度を利用していることを公示することで、成年後見人等の信頼性が高まり、契約などもスムーズに行われるようになります。

成年後見登記制度については、本人のプライバシーを守る必要から、登記内容を閲覧できないようになっています。登記の閲覧に代わって、登記事項証明書（登記されていないことの証明書など）が交付されますが、登記事項証明書の交付を請求できる人は法律で定められており、定められた人以外は、登記事項証明書の交付を請求することはできません。

●法定後見・任意後見と登記

法定後見制度では、後見・保佐・補助を利用するときに、申立権者が家庭裁判所に法定後見の開始の申立てを行います。申立てを受けた家庭裁判所による審理を経て、法定後見の開始の審判が確定すると、その内容は法務局で登記されます。

審判の確定から登記までの具体的な手続きの流れとしては、まず家庭裁判所の書記官から法務局に対して、審判の内容を通知します。通知を受けた法務局の登記官は、その内容を、定まった方式に従って後見登記等ファイルに記録します。

任意後見制度の場合、任意後見契約が公証人による公正証書で作成されます。公正証書が作成されたときに、その内容を公証人が法務局に通知します。

通知を受けた法務局の登記官は、その内容を、定まった方式に従って後見登記等ファイルに記録します。

23 財産管理委任契約
自分にかわって財産を管理してもらう契約

●財産管理委任契約とは

判断能力が衰える前から、財産管理などを信頼できる人に任せたい場合には、自分に代わって財産を管理してもらうように財産管理委任契約を結びます。任せる人に代理権を与えることから、任意代理契約と呼ばれることもあります。財産管理委任契約では、財産管理の他に身上監護の事務を任せる契約を結ぶことができます。

なお、任意後見契約と同時に財産管理委任契約も結ぶことができます。

●財産管理委任契約の依頼内容

財産管理委任契約で委任を受けた人のことを受任者といいます。財産管理委任契約で受任者に委任（依頼）する内容として定める事項は大きく2つに分かれます。1つは財産管理、もう1つは療養看護です。

財産管理とは、受任者が本人の財産を適切に管理することです。具体的には、銀行での現金の引出し・預入れや振込、家賃の支払い、電気・ガス・水道・電話などの公共料金の支払い、保険の契約・解約や保険金の請求といった事項のことを意味します。

一方、療養看護とは、医療や介護など、本人の心身を守るために必要なサービスの利用に関わる事務処理のことです。療養看護の具体例は以下のとおりです。

・入院時に必要な手続き
・介護施設への入所時に必要な手続き
・入院中・退院時に必要な手続き
・介護保険の要介護認定の申請
・介護サービス利用時に必要な手続き
・介護サービスの内容の変更、解除、契約更新などに必要な手続き
・医療・介護サービスを利用したときの費用の支払い

●財産管理委任契約締結のメリット

銀行などの金融機関の口座から多額の現金を引き出す場合、本人確認が必要となります。定期預金口座の解約や多額の振込みを行う場合も同様です。

このような本人確認が必要な行為を本人以外の者が行う場合は、本人が交付した委任状が必要です。また、役所で戸籍関係の書類や住民票などの交付を本人以外の者が請求する場合も、原則として委任状が必要です。

しかし、財産管理委任契約は、手続きの代行などを包括的に委任するので、この契約を結んでおくと、個々の手続のたびに新たな委任状を作成する手間が省けます。契約後に本人が寝たきり

状態になり、委任状を作成できない状況になったとしても、受任者は本人のために手続きをすることができます。

とくに子が複数いる場合には、財産管理委任契約を結ぶメリットは大きいでしょう。身内に財産を危うくするような人がいる場合、信頼のおける人に委任することで、自分の財産を守ることができます。子のうちの1人に財産管理や療養看護を任せた場合に、その子が親の委任を受けて行っていることを、他の子をはじめとする周囲に示すことができるからです。これによって、受任者である子は気兼ねなく親の手助けができますし、親も他の者との兼ね合いを考える必要がなくなります。

●財産管理委任契約締結の注意点

財産管理委任契約の受任者を選ぶときに一番の基準とすべきことは、「その人が信頼できる人かどうか」ということです。候補者が弁護士などの専門家の場合には、毎月数万円程度の報酬を支払うことになりますから、遠慮や妥協をせずに依頼内容にあった専門家を選ぶようにしましょう。

また、「受任者に権限を与えすぎない」ことも大事です。とくに、財産管理を委任する場合には、財産の処分までは権限に含めないようにすべきでしょう。

●財産管理委任契約書の上手な作り方

財産管理を頼む相手が決まると、受任者に依頼する項目や付与する権限を定める財産管理委任契約を締結することになります。契約書は当事者間で自由に作成することもできますが、法律の専門家である公証人に作成してもらうことで、後々のトラブルを防ぐことが可能になります。

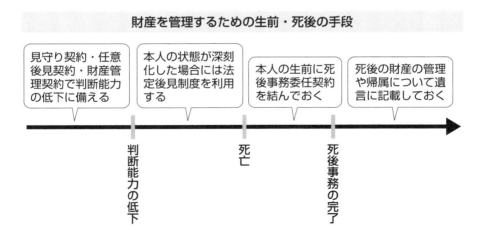

財産を管理するための生前・死後の手段

24 後見制度支援信託
被後見人の財産を守る必要がある

●信託とは何か

　信託とは、簡単に言えば、他人を信じて何かを託すことです。信託契約において、何かを他人に依頼する者を委託者、依頼を受けて何かを行う者を受託者、信託契約によって利益を受ける者を受益者といいます。このうち信託契約は、委託者になる者と受託者になる者との間で締結します。信託契約は書面で締結する必要はありません。委託者と受託者との間で合意をすれば、それで信託契約は成立します。

●後見制度支援信託とは

　後見制度支援信託とは、後見制度を利用している被後見人（成年被後見人または未成年被後見人）の財産を守るための制度で、生活費など日常的に使用する金銭は後見人（成年後見人または未成年後見人）が管理し、それ以外の金銭は信託銀行等に信託するしくみです。近年、後見人による使い込みが社会問題となっているのを受け、後見人の不正を防止する有効手段として利用が増えています。なお、後見制度支援信託は、成年後見と未成年後見において利用できます。保佐、補助、任意後見では利用できません。

　後見制度支援信託の手続きの流れは、次のようになります。

　家庭裁判所は、後見開始の審判をするにあたり、後見制度支援信託の利用を検討すべきケースであると判断した場合は、弁護士や司法書士などの専門職後見人を選任します。

　選任された専門職後見人は、被後見人の生活・経済状況などに照らし、後見制度支援信託の利用の適否を検討します。そして、利用に適していると判断した場合は、信託する財産の額、生活費などの日常的に支出に充てるための額などを設定し、家庭裁判所へ報告書を提出します。

　家庭裁判所は、報告書の内容を踏まえて指示書を発行します。専門職後見人は、発行された指示書を信託銀行等（受託者）に提出して、信託契約を締結します。信託が設定されると、専門職後見人は辞任し、親族後見人に財産の引継ぎが行われ、以降、親族後見人は日常的に必要となる金銭を預貯金等として管理し、それ以外は信託銀行等が管理していくことになります。

　親族後見人が管理する金銭が不足する場合は、家庭裁判所から指示書を得て、信託銀行等から払戻しを受けることになります。

　なお、後見制度支援信託を利用して

信託できる財産は、金銭に限定されています。

●後見制度支援信託のメリット

後見制度支援信託を利用した場合の大きなメリットとして、後見人の不正を防止できることが挙げられます。

後見制度の下では、後見人は大きな権限をもつことになります。しかし、後見人が被後見人の財産を流用してしまうという事例が増加しており、このような後見人の不正行為を防ぐ必要がありました。

後見制度支援信託であれば、信託財産を払い戻すには家庭裁判所の指示が必要になります。被後見人の財産からの支出を家庭裁判所がチェックすることができるため、後見制度支援信託を利用すれば、後見人の不正行為を防ぐことができます。

このことは、裏を返せば、後見人となった親族が他の親族から使い込みなどを疑われて親族間で深刻なトラブルに発展するという事態を未然に防ぐ効果も期待できます。被相続人の財産を信託財産として管理してもらうことで、後見に関する金銭管理の透明性や客観性が確保できるというわけです。

ただし、後見制度支援信託を利用した場合、後見人は、被後見人の年金を受け取り、その中から介護施設のサービス利用料など日常的な支払いを行っていきます。被後見人の収入よりも支出の方が大きくなる場合は、信託財産から必要な金額が定期的に振り込まれ、その中から日常的な支払いをしていく

後見制度支援信託のしくみ

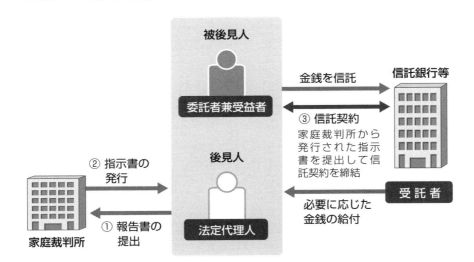

ことになります。

　つまり後見人が管理できるのは日常生活費等に限定されているため、急な医療費や臨時の支出など緊急に金銭が必要となった場合は、裁判所から指示書を発行してもらわない限り、信託財産からの払戻しを受けることができないので、不便さを感じてしまうかもしれません。

●家庭裁判所の指示書が必要な事項

　後見人が信託財産について下記の行為を行う場合には、家庭裁判所が発行した指示書が必要になります。
・一時金を払い戻してもらう場合
・定期的に交付されている金額を変更する場合
・信託財産を追加する場合
・信託契約を解約する場合

●信託契約が終了する場合とは

　信託契約の契約期間は、成年後見の場合は被後見人の死亡時に終了します。被後見人の後見開始取消審判が確定した場合にも信託契約は終了します。

　後見制度支援信託は、被後見人の生活を守るための制度です。そのため、被後見人が死亡したり、後見開始審判が取り消された場合には、後見制度支援信託を続ける意味がなくなるため、その時点で契約が終了します。この他にも、信託金額が1回の定期金の額を下回った場合、信託契約が解約された場合、信託会社等が受託者を辞任した場合などに信託契約が終了します。

　なお、未成年後見では、被後見人が成年になった時点で契約は終了します。ただし、最低信託契約期間が定められている場合には、被後見人が成年になった後も最低信託契約期間が経過するまでは契約は継続します。

●専門職後見人から親族後見人への引継ぎ

　成年後見制度を利用する場合でも、後見制度支援信託を利用しないときは、弁護士や司法書士といった専門家に限らず、親族その他一般の人（個人だけでなく法人も可能）を後見人として選任してもらうことができます。

　しかし、後見制度支援信託を利用する場合、信託契約の締結には専門知識が必要になるため、弁護士あるいは司法書士が専門職後見人として選任されます。弁護士や司法書士であれば誰でもよいわけではなく、実務上は、ケースごとに一定の弁護士や司法書士を選任する取扱いがされているようです。

　信託契約の締結など、専門職後見人が関与する事務の終了後、専門職後見人から親族（親族後見人）に財産管理の事務などが引き継がれます。

●どんな問題点があるのか

　後見制度支援信託には、以下のような問題点も存在します。

まず、①被後見人の財産を信託することになるので、後見人が柔軟に被後見人のための支出ができなくなる可能性があります。また、②後見制度支援信託で信託財産にできる財産は金銭だけであるため、被後見人が持っている不動産や株式、社債などの金銭以外の財産については後見制度支援信託を利用できません。さらに、③専門職に依頼した場合の専門職後見人に対する報酬額や、信託会社等に対して支払う手数料も高額になる可能性があります。

①の問題点については、家庭裁判所が財産の払戻しについての指示書を迅速に発行することで対処する必要があります。それぞれの事情にあわせた財産の支出をすることで、適切に被後見人を支援することが可能になります。

②の問題点については、後見制度支援信託を利用するためには、被後見人の財産を金銭にしておくことが必要です。ただし、金銭以外の財産を金銭にしてしまうと、被後見人が不利益を受けてしまう可能性があります。そのため、被後見人の財産が不当に目減りしてしまうことがないよう、慎重に金銭への換価をすることが必要です。

③の問題点については、報酬額などが高額になる可能性があるものの、そもそも後見制度支援信託のメリットには費用軽減という点があります。信託会社等が受け取る報酬は信託財産の運用益から支払われます。信託財産の元本が取り崩されることはありません。ただし、信託会社等が必要とする手数料は、運用益がないときは元本から支払う必要があります。

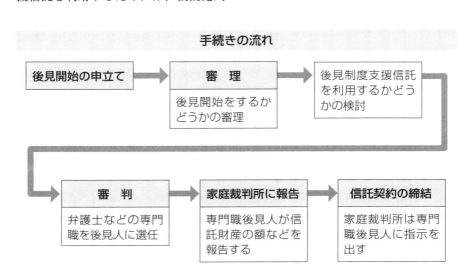

25 見守り契約
任意後見開始前に本人と定期的に連絡をとる契約

●見守り契約とは

　任意後見が開始されるまでの間、支援してくれる人（支援者）と本人が定期的に連絡をとる契約のことを、一般に見守り契約といいます。定期的に連絡をとることで、たとえば、任意後見を開始する時期について、支援者に相談したり判断したりしてもらえます。

　任意後見制度を利用する場合、本人に判断能力がある段階で、支援者（任意後見受任者）との間で任意後見契約を交わしますが、実際に任意後見が開始するのは、本人の判断能力が衰えてからです。したがって、「何年の何月何日から任意後見契約が始まる」とは約束できません。場合によっては、任意後見契約をしてから数十年間、顔を合わせない状況もあり得ます。

　そのような状態で判断能力が不十分になったとしても、支援者が任意後見人に就任できない状況になっていたり、行方不明になっていたりする可能性があります。せっかく将来を見越して依頼の内容などを決めておいたのにムダになってしまった、という事態を避けるには、定期的に本人と支援者が定期的に連絡をとる見守り契約を結ぶことが非常に有効です。

●見守り契約のポイント

　見守り契約の締結については、任意後見契約の締結と一緒に、同じ支援者との間で行うとよいでしょう。見守り契約の書式や内容は、自由に決めることができますが、契約の目的、本人と支援者の面談や連絡についての詳細、支援者の義務などを記載します。

　任意後見契約の効力が生じるまでの期間中に支援者が本人のもとに赴くなど、定期的に連絡をとることも具体的に記載します。このように、定期的な連絡をとることで、本人の生活や健康の状態を把握し、本人を見守ることが見守り契約の目的です。

　連絡の具体的な取り決めは、「1か月に1回程度の電話連絡を行う」「3か月～半年に1回程度の面談を行う」などのように定めるとよいでしょう。本人の状態を見守ることができる程度の頻度を保ちつつ、本人の負担にならないように配慮する必要があります。

　また、支援者は、ただ本人を見守るだけではいけません。見守りを継続して本人との信頼関係を築きつつ、任意後見を開始するタイミングを見極めなければならないのです。

　なお、見守り契約の報酬は、年払いであることが多いようです。

26 生前契約
自分の葬儀も自分で決めたい人などにおすすめ

●どんな契約なのか

生前契約とは、本人が生前のうちに、葬儀の予算や内容、所持品の処分方法など死後の事務について、引き受けてもらえる専門の事業者と契約しておくことをいいます。契約内容を定めるにあたっては、以下の点を検討します。

・自分の死を知らせる人や方法
・葬儀の方法や規模はどうするか
・遺骨の取扱い
・所有物はどのような形で処分するか
・財産は誰に相続してほしいか
・祭祀を誰に任せるのか

●生前契約と公正証書

生前契約を締結しておくと、より確実に自分の遺志どおりの葬儀や死後事務を行ってもらうことができます。

ただし、生前契約の場合、履行の時期が「依頼者の判断能力が認知症などで低下したとき」「依頼者が死亡したとき」など、どうしても不確実になります。このため、生前契約は公正証書によって締結するのが一般的です。

まずは、契約内容の原案を作成し、公証役場で契約書を公正証書にしてもらいましょう。さらに、葬儀に関する契約や財産管理の委任契約を公正証書として締結すると共に、公正証書遺言を作成しておくと、遺言執行者が葬儀事業者や財産管理事業者に契約を実行するよう指示をするという形がとれるので、より確実に契約を履行してもらえるようになります。

●生前契約の費用

費用は契約内容や、選択したサービスによってさまざまで、一概には言えません。葬儀であれば、祭壇や棺のランク、遺体搬送の費用、会食の費用などの細かいメニューがあります。遺品整理であれば、遺品の量や処分方法などによって金額が変わりますし、任意後見契約であれば、受任者が誰であるか（弁護士、司法書士、行政書士、NPOなど）によって金額が変わります。

これらに加え、生前契約の場合、履行の時期がいつになるか不確実という特殊性から、入会金として契約時に数万円から数十万円、管理費、維持費などの名目で、月に数千円から数万円単位の費用がかかることがあります。

管理費や維持費などは、契約期間が長くなればその分、金額が積み上がっていきますから、決して安いものではないと覚悟しておくべきでしょう。

第4章 未成年者の契約・成年後見制度

155

27 死後事務委任契約
自分の死後について相続以外にも決めておくべきことは多い

●死後に生じる事務に備える

死後と言うと、すぐに相続を思い浮かべがちですが、その他にも、医療費や公共料金の支払い、葬儀や埋葬、行政官庁などへの届出、賃借建物の明渡しなど、自分の死後に必要となる事務（死後事務）は意外に多いものです。それを見越して準備しておくことは、残された人への思いやりともいえます。

●死後事務委任契約とは

死後事務委任契約とは、自分の死後に生じるさまざまな手続きを、第三者（受任者）に行ってもらうように定める契約のことです。原則として自由に契約内容を定めることが可能で、委任契約の一種です。本来委任契約は、契約当事者の一方が死亡すると終了しますが、死後事務委任契約の場合は、本人が死亡した場合に受任者が行うべきことを定めておくことができます。

死後事務委任契約の締結の方法は、大きく2つに分かれます。1つは、単独で契約する場合です。受任者との間で自分の死後の事務についての契約を結ぶことになりますが、契約書については財産管理委任契約と同様、契約内容の原案を作成した後、公正証書で作成するようにしましょう。

一方、財産管理委任契約の特約事項として、死後事務委任契約を含める方法も考えられます。この場合、財産管理委任契約の受任者に、死後事務についても依頼することになります。信頼できる相手として選んだ人に死後事務も任せたい場合、この特約事項で定める方法をとると、契約関係も複雑にならずにすみます。

●契約を結ぶときの注意点

自分の死後も関係者ができるだけスムーズに動けるように、事前に準備できるものについては、文書などに残しておくようにします。たとえば、死亡の連絡を行う相手についても、事前にリストアップしておくと、受任者はすばやく動けます。

葬儀について希望がある場合は、喪主となる人と相談しておくのが理想的です。家財道具や生活用品なども日頃から整理するよう心がけ、自分の死後に処分して欲しいものについては、連絡先と同様、リストアップしておくとよいでしょう。スマートフォンやパソコンのように、さまざまな情報が入っている機器についても、忘れずに破棄処分などの指示をしておきましょう。

第 5 章

人の死亡と相続の
ルール

人の死亡と火葬などの手続き

死亡届を提出しなければ火葬許可書が発行されない

●死亡届の提出と葬儀

被相続人が亡くなると、死亡を確認して、死亡届を提出し、亡くなった人を送り出す葬儀を行います。

自宅で亡くなったときは、119番通報をして病院へ運んでもらった後、医師に死亡を確認してもらいます。この場合、死亡診断書は、死亡を確認した医師が作成します。かかりつけの医師がいる場合は、できるだけ早く連絡して、死亡を確認してもらった後に、死亡診断書を書いてもらいます。

病院で亡くなった場合は、担当医に死亡診断書を書いてもらいます。死亡診断書は、死亡届と一緒になっています。また、事故死や変死などで亡くなった場合で、死体検案書を書いてもらったときは、死亡届と同時に死体検案書を提出しなければなりません。死体検案書は、警察で遺体を検死（医学的な死亡確認）した後、検死官に書いてもらえます。

●死亡届の提出の期限は7日以内

死亡届は、①死亡した場所（死亡地）、②死亡した人の本籍地、③届出人の住所地のいずれかの市区町村役場の戸籍課に提出します。提出期限は、死亡の事実を知った日から7日以内です。死亡届を提出しないと、「死体火葬（埋火葬）許可書」が発行されません。

死亡届の提出は、葬儀社が代行してくれるのが一般的ですが、届出の義務者は、①同居の親族、②親族以外の同居者、③家主、地主、土地・家屋の管理人です。その他、同居していない親族、後見人、保佐人、補助人、任意後見人なども死亡届の提出ができます。

●火葬・埋葬許可書の発行申請

遺体の火葬・埋葬は、死亡届の提出と同時に、「死体火葬（埋火葬）許可申請書」を提出して、市区町村長の許可を得ます。申請用紙は、役所や葬儀社にあります。なお、最近は葬儀社などが死亡届の提出から火葬場の予約までを代行することが多いようです。

「死体火葬（埋火葬）許可書」は、遺体を火葬する日に火葬場の管理事務所に提出すると、裏書きして返却してもらえます。これが「埋葬許可書」になります。この「埋葬許可書」は、納骨の際に墓地管理者に提出する必要があるので、それまで保管します。裏書きされた後の「埋葬許可書」は、実際には、遺骨を納めた遺骨箱と一緒に、喪主へと渡されます。

故人名義の変更などの手続き

公共料金や運転免許証、国民健康保険などの手続きがある

●預貯金口座は相続人全員の共有

故人名義の預貯金口座は、いったん凍結され、遺産保全のために、遺産分割が確定するまで現金の引き出しができなくなります。凍結されるタイミングは、故人の死亡を金融機関に届け出た時点か、もしくは銀行が故人の死亡を確認した時点です。

ただ、故人名義の口座から現金を引き出す必要が生じた場合は、金融機関の窓口に相談し、民法で定める預貯金の仮払い制度の手続きを利用すると、相続人が単独で、一定額の現金を口座から引き出すことができます。

この場合も、故人名義の口座は相続人全員が共有する財産ですから、遺産分割協議が終わるまでに引き出す場合は十分な配慮が必要です。

●公共料金の名義変更など

遺産分割前に変更できる公共料金の名義などは、すぐに変更の手続きをします。公共料金の支払いが故人名義の口座からの自動引き落としになっている場合は、引き落とし指定口座を変更する必要があります。指定口座の変更は金融機関の窓口で行います。

また、返却や解約が必要なものとして、運転免許証（警察署に返却）、国民健康保険被保険者証や後期高齢者医療制度被保険者証（役所の窓口に届出）、扶養家族が死亡した場合の扶養控除異動の届出、クレジットカード（カード会社に連絡して解約）などがあります。

また、故人が会社員であった場合は、死亡退職届の提出、社員証・健康保険証の返却、最終給与・退職金・社内預金の受け取りなどがあります。

●死亡保険金は課税対象となる

死亡保険金の請求は、被保険者が死亡した日から2～3年以内に行わないと請求権がなくなります。また、被保険者が保険契約を締結してから1～2年以内に自殺した場合や、契約時に健康状態を正しく告知していなかった場合は、死亡保険金が支払われないことがあります。手続きは、保険会社に連絡して、保険証券番号、被保険者の氏名、死亡日時、死因などを伝えます。

また、死亡保険金は、相続税、贈与税、所得税などの課税対象となり、どの税金が課税されるのかは、契約者、被保険者、受取人が誰であるかによって異なります。たとえば、契約者と被保険者が同じ人で、受取人が別の人の場合には、相続税が課せられます。

第5章 人の死亡と相続のルール

3 相続と戸籍の取り寄せ
相続人全員を確認する必要がある

●戸籍謄本の取り寄せ

相続人は、通常、家族同士で確認ができます。念のために相続人を確認したい場合は、被相続人の戸籍謄本（または除籍謄本）を取り寄せて確認します。その場合、被相続人が出生届により初めて入籍した戸籍から、その後の婚姻や離婚、養子縁組、転籍などで戸籍が変動した場合など、生まれてから死亡するまでのすべての事柄が記載された戸籍謄本が必要です。知らなかったとはいえ、他に認知した子などの相続人がいた場合、その相続人を除いて行った遺産分割協議は一部の例外を除いて無効になるので注意しましょう。

また、相続に関する手続きや請求をする場合も、相続人を確認できる範囲の戸籍謄本の提出が求められますので、戸籍謄本は数通まとめて請求した方がよいでしょう。戸籍謄本を取り寄せる手順は、以下のとおりです。

① **被相続人の死亡時の本籍地の市区町村役場で交付を受ける**

被相続人の出生から死亡までに被相続人に生じたすべての事柄が記載された戸籍謄本を申請したい旨を申し出ます。戸籍の変動のため、死亡時の本籍地で取得した戸籍謄本で出生までさかのぼれない場合は、戸籍謄本に記載された変動前の本籍地をひとつずつさかのぼって戸籍謄本を取り寄せます。

② **相続人の戸籍謄本の交付を受ける**

戸籍謄本の記載で判明した相続人のそれぞれの戸籍謄本を、その本籍地の市区町村役場で交付を受けます。

このように、戸籍謄本は本籍地がわからないと交付を受けられません。本籍地がわからない場合は、被相続人の死亡時の居住地の市区町村役場で住民票の除票をとることで本籍地の確認ができます。戸籍謄本を請求する際は、各役所所定の交付請求用紙の他、請求者の本人確認書類（免許証やパスポートなど）、手数料などが必要です。

●戸籍謄本の請求に関する制限

戸籍の情報が記載された書類には、謄本（全部事項証明書）と抄本（個人事項証明書）があります。謄本にはその戸籍に入っている人全員の情報が記載されています。一方、抄本には特定の個人の情報しか記載されません。

ここで問題になるのが、相続人と戸籍をとる人の関係です。戸籍は重大な個人情報であり、役所で厳重に保管されているため、戸籍の交付を受ける際には、さまざまな制限があります。

戸籍に記載されている本人以外が戸

籍謄本の交付を請求する場合は、原則として、ⓐ戸籍に記載されている人の配偶者、ⓑ直系尊属（父母や祖父母など）、ⓒ直系卑属（子や孫など）が請求しなければなりません。これら以外の人が戸籍謄本の交付を請求する場合は、交付を受けるに値する正当な理由を示さなければなりません。なお、弁護士、司法書士、税理士、社会保険労務士、行政書士などの専門職は、業務を遂行する上で必要な場合に限り、戸籍謄本の交付請求ができます。

郵送請求や広域交付制度の活用

遠方に転居したが本籍地を前の居住地に残したままにしているなどの場合に備え、郵送による交付請求が用意されています。その際、一般に必要なものとして、手数料分の定額小為替証書、切手・宛名つきの返信用封筒、本人確認書類のコピーなどがあります。

もっとも、令和6年3月1日から開始された広域交付制度により、戸籍に記載されている本人と、前述したⓐⓑⓒに該当する者に限り、戸籍謄本を全国の市区町村窓口どこでも発行できるようになりました。必要な戸籍謄本の本籍地が全国各地にあっても、1か所の市区町村窓口でまとめて請求ができます。ただし、コンピュータ化されていない一部の戸籍謄本は、広域交付を利用できない場合があります。

また、戸籍に関する書類の交付に必要な費用は、戸籍謄本（戸籍全部事項証明書）と戸籍抄本（個人事項証明書）が1通450円、除籍謄本（除籍全部事項証明書）と除籍抄本（除籍個人事項証明書）が1通750円です。一方、戸籍の附票などは、各市区町村によって手数料が異なります。

戸籍の請求手続き

被相続人の本籍地がわからない場合

❶ 被相続人が亡くなった当時の住所地にある市区町村役場で住民票の除票を請求して、本籍地を調べる

❷ 住民票の除票に記載されている本籍地にある市区町村役場に保管されている戸籍のすべてを請求し、被相続人の死亡から出生まで戸籍をたどっていく

※本籍地を移転している場合

転籍後の戸籍に転籍前の本籍が記載されているため、転籍前の本籍地にある市区町村役場に戸籍（除籍・改製原戸籍）を請求し、出生から死亡までつながるように戸籍を集める（広域交付制度を利用できる場合もある）

4 相続手続きと相続登記の義務化
相続人と相続分を決めて相続財産が確定する

●相続とは

相続とは、簡単に言えば「死亡した人の遺産（財産）を相続人がもらうこと」です。民法には、「相続人は、相続開始のときから、被相続人の財産に属した一切の権利義務を承継する」と定められています（民法896条）。

相続は、被相続人の死亡によって始まる相続人への財産上の地位の移転です。「相続人が誰か」については、かなり複雑な場合があります。妻と子が相続人という場合が多く、この場合は単純なように思えますが、相続放棄がからむと複雑になります。

また、相続分は法律で決まっていますが（法定相続分）、遺言で変えることができます（指定相続分）。その場合は、特別受益（174ページ）や遺留分（177ページ）の関係で複雑な問題が生じることがあります。相続人については、寄与分（175ページ）の制度もあります。

そして、被相続人が死亡した時点で有していた財産（プラスの財産だけでなくマイナスの財産も含む）を相続財産といいます。相続財産は、これを分割できる場合を除いて、相続人全員の共有となります。その後は、遺産分割と税金が問題となります。紛争があれば裁判所の手続きなどが必要です。

●手続きをしなくても相続は発生する

相続は、被相続人の死亡と同時に始まります。相続人が被相続人の死亡を知っている必要はありません。たとえば、相続人である子どもが遠方にいて、被相続人である親の死亡を知らなかったとしても、相続財産は親の死亡と同時に子どもに移転しているのです。

被相続人が死亡したが遺産分割や相続登記など、名義変更の手続きがまだ済んでいない、ということはあり得ます。ただ、この場合も相続自体は始まっています。

相続の手続きは、民法で、誰が（相続人、受遺者）、何を（相続財産）、どの程度の割合で引き継ぎ（相続分）、分割するのか（遺産分割協議、分割の実行）について定めています。また、遺産分割協議が成立すれば、相続開始時にさかのぼって効力が生じます。

●相続登記が義務化された

所有者不明の土地に関する問題の解決策として、相続登記の義務化が長年検討されてきましたが、令和3年4月に「民法・不動産登記法」の改正法が成立しました。改正法により、令和6年4月1日から、3年以内の相続登記が義務化され、期限内に相続登記を

162

怠った場合は10万円以下の過料が科されるようになりました。遺贈（遺言）により不動産を取得した者も同様に3年以内の登記義務化および10万円以下の過料が科されます。なお、遺贈により不動産を取得した相続人については、単独で登記申請ができます。

また、相続登記の義務化に伴い、遺産分割などがすみやかにまとまらない場合に備えて、法務局に「相続が開始した旨」「自己が相続人である旨」を戸籍などの提供と共に申告すれば、相続登記の義務を履行したとみなす制度（相続人申告登記）も創設されました。相続人申告登記が利用された場合、申出をした相続人の氏名、住所などが登記簿に記録され、相続人不明となる状況を防ぐことにつながります。

なお、相続人申告登記を利用した場合でも、後に遺産分割によって不動産を取得した者は、遺産分割の日から3年以内に登記義務が課されます。

この他、法定相続分による相続登記後に遺産分割などがあった場合、従来は不動産取得者と他の相続人と共同して持分の移転登記を申請する必要がありましたが、改正法により、不動産取得者などが単独で更正の登記を申請できるようになりました。

ただ、相続登記が義務化されれば、管理できない土地や登記手続きに要するコストを下回る価値の低い土地などを、一方的に相続させることになり、相続人に大きな負担を強いる危険性もあります。改正法には、相続や遺贈を受けた土地の所有権放棄に関する内容も盛り込まれており、令和5年4月27日から、建物が存在しない土地、担保権・使用収益権がない土地、土壌汚染などがない土地、といった一定の要件を満たした土地は、10年分の管理費相当額を納付することで、不要な土地を国庫に帰属させることができるようになりました。これを相続土地国庫帰属制度といいます。

さらに、改正法により、令和8年4月1日から、住所変更登記や氏名変更登記の義務化も決まっています。

相続登記義務化（不動産登記法改正）の内容

相続開始

↓ 自己のために相続の開始があったことを知り、かつ、当該所有権を取得したことを知った日から3年以内

 ← 義務！

※正当な理由もなく登記申請を怠ったときは、10万円以下の過料に処せられる

相続人と相続分
相続人の範囲は法定されている

●相続人の範囲

相続人の範囲は民法で定められています。したがって、民法で定められた範囲内の人だけが相続人となり、それ以外の者は相続人になれません。現時点で相続人になることが推定される者を推定相続人といいます。

ただし、民法の定めのとおり相続させるのは不合理と被相続人が考え、その旨を遺言した場合は、被相続人の遺言に基づいて処理するという原則がありますので、遺言書により指定された者が相続します。また、相続放棄または廃除による相続権の喪失や、代襲相続の問題があるため、推定相続人が必ずしも相続人になるとは限りません。

●血族の相続順位

相続における血族は、被相続人と血縁関係のある親族のことで、直系血族と傍系血族（兄弟姉妹やその子など）に分けられ、直系血族はさらに、直系尊属（父母や祖父母など）と直系卑属（子や孫など）に分けられます。

血族の相続順位について、第1順位は被相続人の子（直系卑属）です。養子、胎児、非嫡出子も含まれます。ただし、非嫡出子が父を相続する場合は認知が必要です。また、胎児の場合、被相続人の死亡時には生まれていませんが、相続については、すでに生まれたものとみなします。そして、子またはその代襲相続人（孫やひ孫など）が1人でもいる場合は、その者が配偶者と共に相続人となり、父母や兄弟姉妹は相続人になりません。

注意しなければいけないのが、養子の実父母が亡くなった場合です。普通養子縁組の養子は、実父母との親子関係が終了しておらず、実父母の相続人になります。しかし、特別養子縁組の養子は、実父母との親子関係が終了しており、その相続人になりません。

第2順位は被相続人の父母（直系尊属）です。第1順位の子や代襲相続人がいない場合に限り、父母が相続人になります。直系尊属の中で親等が異なる者の間では、被相続人に親等が最も近い者が相続します。したがって、父母のうち1人でも生きていれば、祖父母は相続人になりません。

第3順位は被相続人の兄弟姉妹です。第1順位と第2順位の相続人が1人もいない場合に限り、兄弟姉妹が相続人になります。兄弟姉妹の間に優先順位はありません。ただし、父母の一方だけが同一の兄弟姉妹は、双方が同一の兄弟姉妹の半分の相続分になります。

なお、兄弟姉妹にも代襲相続が生じますが、被相続人の子の場合（再代襲あり）と異なり、代襲相続は兄弟姉妹の子までで、再代襲（兄弟姉妹の孫以下への代襲相続）はありません。

◯配偶者の相続権

民法は、「被相続人の配偶者は、常に相続人となる」と定めています（民法890条）。相続権がある配偶者とは、婚姻届が出されている法律上の配偶者のことです。内縁の配偶者に相続を受ける資格はありません。たとえ長年一緒に生活し、夫婦同然だとしても同様の結論になります。

◯指定相続分と法定相続分

相続人が２人以上いる場合、各相続人の受ける相続財産の割合を相続分といいます。相続分は、被相続人の遺言で定められる割合（指定相続分）が優先し、遺言がなければ民法で定められた割合（法定相続分）に従います。

① 指定相続分

被相続人が、相続人ごとに相続分を自由に決めて、遺言で指定した相続の割合のことです。具体的な割合を示さずに、特定の者を指名し、その者に相続分の決定を一任することもできます。

ただし、遺言によって相続分を指定しても、それが相続人の遺留分を侵害している場合は、遺留分侵害額請求の対象になります。

② 法定相続分

民法に定められている相続人の相続の割合のことです。誰が相続人になるかによって法定相続分が変化します。相続人の組み合わせに応じた法定相続分が定められており、下図のようなパターンがあります。

法定相続分

<配偶者>		<血族>
第１順位		
配偶者 相続分 $\frac{1}{2}$		相続分 $\frac{1}{2}$ 直系卑属
第２順位		
配偶者 相続分 $\frac{2}{3}$		相続分 $\frac{1}{3}$ 直系尊属
第３順位		
配偶者 相続分 $\frac{3}{4}$		相続分 $\frac{1}{4}$ 兄弟姉妹

6 代襲相続
被相続人の孫などに相続権を認めたもの

●代襲相続とは

代襲相続とは、本来は相続人になるはずだった者が、被相続人より先に死亡するなどの事情で相続権を失った場合に、その者の子や孫などが代わりに相続人となることです。この場合、本来は相続するはずだった人を被代襲者といい、代襲相続によって相続人になる人を代襲相続人といいます。

代襲相続人になるのは、被相続人の直系卑属または甥・姪です。被相続人の配偶者や直系尊属については代襲相続がありませんし、被相続人の養子の連れ子は、被相続人の直系卑属ではないので代襲相続が生じません。

被相続人に直系卑属も直系尊属もいない場合は兄弟姉妹が相続人になりますが、直系卑属の代襲相続が無限に続く（再代襲）のに対し、兄弟姉妹の代襲相続はその子（被相続人の甥・姪）までに限られ、再代襲が生じません。兄弟姉妹に再代襲を認めると、被相続人が知らない人にまで財産が与えられることになりかねないからです。

●相続放棄は代襲原因でない

代襲相続の原因となる事実（代襲原因）は、相続人の死亡、相続廃除、相続欠格によって相続人が相続権を失うことです。相続放棄は、初めから相続人でなかったことになるので、代襲原因になりません。

代襲相続のしくみ

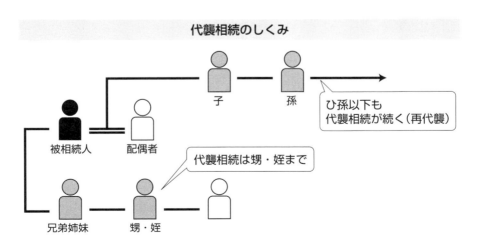

7 相続欠格

相続欠格になると遺贈を受けることもできなくなる

●相続欠格とはどんなことか

本来は相続人になるはずの人（推定相続人）でも、法に触れる行為をした場合などの一定の事情があると、相続人になる資格を失います（相続権を失います）。これを相続欠格といいます。

相続欠格に該当した場合は、特別な手続きがなくても相続権を失います。相続欠格は遺言よりも強い効力があるので、遺贈を受ける資格も失ってしまいます。そして、他の人が代わって相続権を得ることになります。なお、推定相続人である父母が相続欠格となっても、その子は代襲相続人として相続権を得ることになります。

相続欠格となる事項は、以下のように定められています。

① 故意に、被相続人または先順位もしくは同順位にある相続人を死亡させたり、死亡させようとした（未遂）ために、刑（執行猶予付きも含む）に処せられた者
② 詐欺・強迫によって、被相続人が相続に関する遺言をすることを妨げたり、または遺言の取消し、変更をすることを妨げたりした者
③ 詐欺・強迫によって、被相続人に、相続に関する遺言をさせ、または遺言の取消・変更をさせた者
④ 被相続人の相続に関する遺言を偽造、変造、破棄、隠匿した者
⑤ 被相続人が殺されたことを知って、これを告発、告訴しなかった者

相続欠格とは

- 被相続人などを殺害・殺害未遂して刑に処せられる
- 詐欺・強迫による遺言書の作成・変更・取消
- 被相続人が殺害されたことを知って告発・告訴をしない
- 遺言書の偽造・変造・破棄・隠匿など

当然に相続人になることができない

8 相続廃除
兄弟姉妹は相続廃除の対象にならない

●相続廃除とはどんなことか

相続欠格ほどの相続権を奪う理由がなくても、被相続人の意思によって推定相続人の相続権を奪う制度として相続廃除があります。相続廃除の対象になるのは、遺留分をもっている推定相続人（配偶者、直系卑属、直系尊属）です。遺留分をもたない兄弟姉妹は相続廃除の対象になりません。

相続廃除には、遺言によっても奪うことのできない遺留分を失わせることができるという意義があります。そもそも遺留分のない兄弟姉妹は、遺言で相続権を奪うことができるので、相続廃除の対象外とされています。

相続廃除を行うためには、家庭裁判所の審判が必要です。相続廃除ができるのは、下図の3つのいずれかの理由によって、被相続人と推定相続人の信頼関係が破たんした場合です。

●相続廃除の方法と取消し

家庭裁判所へ相続廃除の審判を申し立てる方法は、①被相続人が生前に申し立てる方法、②遺言書に相続廃除の意思表示をする方法の2つです。

一方、被相続人の気持ちが変わり、相続廃除を取り消したい場合は、家庭裁判所への申立て、あるいは遺言で相続廃除の取消しを求めることもできます。家庭裁判所が相続廃除を取り消すと相続権が回復します。

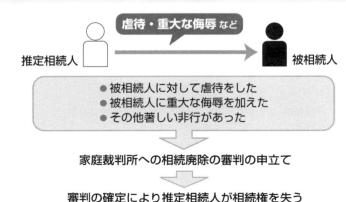

相続廃除とは

9 相続放棄①
相続人の子や孫は代襲相続できなくなる

●相続開始を知ってから3か月以内

相続するかしないかは、相続人の自由です。相続放棄をする場合は被相続人のすべての財産（プラス分とマイナス分）を放棄します。相続放棄をした人は、最初から相続人ではなかったとみなされます。

相続放棄をするかどうかは、被相続人の死亡時から3か月以内ではなく、相続の開始を知ってから（自分が相続人になったことを知ってから）3か月以内に決めなければなりません。相続放棄をする場合は、相続人が家庭裁判所に相続放棄申述書を提出することが必要です。

なお、相続人が未成年者や成年被後見人などの制限行為能力者（単独で法律行為をする能力が制限されている人のこと）の場合は、その法定代理人が制限行為能力者のために相続の開始があったことを知った時から3か月以内に決める必要があります。

そして、相続放棄をした人は、相続放棄によって新たに相続人となる者が遺産の管理を始めるまで、被相続人の遺産を管理する必要があります。

●相続放棄と代襲相続

相続放棄は代襲原因（166ページ）に該当しないので、相続放棄をした人の子や孫が代襲相続をすることはできません。また、相続放棄があった場合は、他の同順位の者が相続人となりますが、同順位の者がいなければ、次順位の者が相続人となります。

被相続人の子が相続放棄をした場合の相続分の例

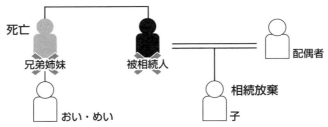

※本事例での相続分は配偶者4分の3
死亡した兄弟姉妹を代襲したおい・めいが4分の1となる。

10 相続放棄②

相続放棄以外に相続分のないことの証明書を作成する方法もある

●遺族年金や退職金は個々の判断

相続放棄と遺族年金・退職金請求権の関係は、それがどのような財産であるかによって違います。弔慰金や遺族年金が、遺族の権利であれば、相続放棄に関係なく自分の権利として請求できますが、故人である被相続人に支払われるべき相続財産（遺産）にあたるものについては、相続放棄をすれば請求できなくなります。

●事故の慰謝料は相続財産になる

死亡者本人の物的損害の賠償や苦痛に対する慰謝料は相続財産になります。たとえば、事故死の場合も本人に対する損害賠償であれば、相続財産になります。また、事故死の場合の自動車の破損による損害賠償請求権は相続財産となり、相続人が請求できるものになりますが、相続放棄をした遺族は相続できません。しかし、加害者に遺族として苦痛を受けたことについての慰謝料を請求するのであれば、これは遺族の意思によるものであって、相続財産ではありません。したがって、相続放棄とは関係がなく請求できます。

●生命保険金の請求権

被相続人が保険金受取人になっている場合は、その保険契約上の権利は被相続人に属する財産、つまり相続財産ですから、相続放棄した遺族はこれを相続することはできません。

これに対し、被相続人が死亡した場合の保険金受取人に指定されている者が最初から相続を放棄した遺族であった場合、保険金は遺産とはなりませんので、相続放棄をしてもその遺族は保険金を請求できます。

民法では「相続の放棄をした者は、初めから相続人とならなかったものとみなす」と規定していますが（民法939条）、特定の遺族を保険金受取人と定めていた場合は、その特定の個人を受取人とする趣旨の記載であることから、相続放棄によりその遺族が相続人ではなくなっても、保険金請求権の保険金受取人としての資格は失われないとする判例があるからです。

●相続分のないことの証明書と相続放棄

相続放棄はしないものの、主に遺産分割協議の手間を避けるため、相続分のない相続人が「相続分のないことの証明書」（特別受益証明書）を作成する方法があります。

自分は特別受益や他の相続財産を受

けており、相続分がないので、他の相続人に相続を認めるというものが「相続分のないことの証明書」です。たとえば、相続人が3名でそのうちの2名が「相続分のないことの証明書」(実印で押印・印鑑証明書添付)を作成することにより、遺産分割協議を経ずに登記申請が可能となります。

自分だけが先順位者で、配偶者もいない場合は、自分だけが相続人となるので、この場合は「相続分のないことの証明書」により後順位者に相続財産を譲ることはできません。

なお、「相続分のないことの証明書」は、特別受益があるといった事情により「自分には相続分がない」ことを証明するに過ぎず、借金などのマイナスの財産も含めて受入れを拒否する相続放棄とは意味が異なります。相続人となるつもりがなければ、相続放棄の手続きをとることが必要です。

●相続分のないことの証明書の偽造

相続分のないことの証明書は、特別受益となる生前贈与の内容などを詳細に記載する必要がないため、特定の不動産についての「相続分のないことの証明書」が偽造されたり、他の不動産についての「相続分のないことの証明書」が流用されたりすることもあります。作成する際は証明書のどこかに対象の不動産を明記するのが大切です。

法務局は、偽造や流用であっても書類に不備がなければ、証明書の名義人に相続分がないとみなしますから、証明書の名義人を除いた他の者の名義で相続登記が行われてしまいます。もっとも、このような不正の登記は無効であり、刑法上の有印私文書偽造・同行使罪にあたります。

この場合、偽造や流用された相続人が身内として刑事事件にはしたくないとすれば、民事事件として、所有権移転登記手続き、真正な登記名義回復手続き、抹消登記手続きなどの措置を求めることになります。また、遺産分割が終わっていなければ、是正を求めることもできますし、相続回復請求権の対象になることもあります。

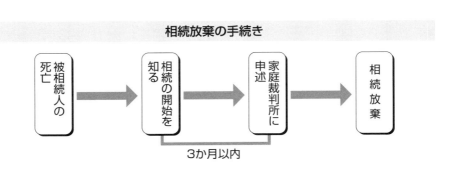

相続放棄の手続き

被相続人の死亡 → 相続の開始を知る → 家庭裁判所に申述 → 相続放棄

3か月以内

単純承認
相続財産を受け入れるかどうかは相続人の自由

●相続財産にはマイナスもある

相続財産には、大きく分けて、積極財産（プラスの財産）と消極財産（マイナスの財産）があります。

たとえば、被相続人が住宅ローンで郊外に家を買っていた場合、家が積極財産、住宅ローンが消極財産です。「家は相続するが、住宅ローンの相続はいやだ」などというわがままは許されません。積極財産だけでなく消極財産もまとめて相続の対象になることを十分に理解して、相続するのか放棄するのかを決める必要があります。

●相続するかどうかの選択

借金も相続財産ですから、被相続人の死亡によって、相続人はその借金も承継します。しかし、自分が借金をしたわけではないのに、相続により高額の借金を背負って、長期にわたり返済の苦しみに耐えなければならないのでしょうか。それは非常に酷な話です。

そこで、民法は相続財産を受け入れるか否かを、相続人の自由な選択に任せることにしています。消極財産も含めた相続財産を受け入れることを相続の承認、一切の相続財産の受入れを拒否することを相続放棄といいます。

●相続の承認の種類

相続の承認には2つの方法があります。その1つが、被相続人の財産を無条件かつ無制限に受け入れることを承認する場合で、これを単純承認といいます。一般に「相続する」といっているのは、単純承認のことです。

単純承認をした場合は、被相続人の権利義務をすべて引き継ぐことになります（包括承継）。消極財産であっても相続分の割合に応じて責任を負うことになるので、相続人に借金などの返済義務が生じることになります。

なお、以下の3つの場合は、単純承認をしたものとみなされます。

① 相続人が相続の開始を知ってから3か月以内に限定承認または相続放棄をしなかった場合
② 相続人が相続財産の全部または一部を処分した場合（短期賃貸借と保存行為は除く）
③ 相続人が消極財産を相続しないために相続放棄または限定承認をした後において、相続財産の全部または一部を消費した場合や、悪意で財産目録中に相続財産を記載しないなどの不正行為があった場合

12 限定承認
自分の個人財産を失いたくない場合に有効

● 条件つきで相続するのが限定承認

相続の承認のもう１つの方法で、相続によって得た積極財産の範囲内で、被相続人の消極財産を相続する（債務を弁済する）という条件つきの相続を限定承認といいます。とくに債務の額が不明な場合に限定承認を申し立てると、予想を超える債務を相続するリスクを回避できます。

限定承認をすれば、相続人は、被相続人が遺した借金の返済について不足分があっても、自分の個人財産から支払う義務はありません。

ただ、限定承認をしても、相続放棄とは異なり、被相続人の債務をいったんすべて引き継ぎます。限定承認の場合は、債務の返済義務や強制執行（裁判所が権利者の権利内容を強制的に実現する手続き）が限定されるのです。

注意しなければならないのは、限定承認は相続人全員が一致して行わなければならない点です。相続人のうち１人でも単純承認をすると、他の人も限定承認ができなくなります。なお、相続人の中に相続放棄をした人がいる場合は、その人を除く相続人全員が一致して行えば限定承認ができます。

限定承認をするときは、相続の開始を知った日から３か月以内に、家庭裁判所に「相続限定承認申述書」を提出して申し立てます。財産目録に記載もれなどがあった場合は、単純承認をしたものとみなされる場合があるので気をつけましょう。その後、限定承認が認められると、家庭裁判所によって相続財産清算人が選ばれ、清算手続きが行われます。相続財産清算人には、相続人のうちの１人が選任されます。

限定承認の手続き

限定承認		
	申述書	家庭裁判所に備え付けの「相続限定承認申述書」の用紙に必要事項を記入して作成する。または「家事審判申立書」でも可
	申述先	相続開始地（被相続人が死亡した住所地）を管轄する家庭裁判所
	申述する人	相続人全員。相続放棄をした人がいる場合はその人を除く全員
	期限	自己のために相続の開始があったことを知った時から３か月以内。ただし、相続財産の調査に時間がかかるような場合は家庭裁判所に期間伸長の請求をすることも可能
	添付書類	被相続人の戸籍謄本（除籍を含む）、相続人全員の戸籍謄本、財産目録、相続人全員の印鑑証明書

13 特別受益
遺留分に反しない限りは尊重される

●特別受益とは

相続人の一部が被相続人から特別にもらった財産のことを特別受益といい、特別受益を得た相続人を特別受益者といいます。

相続開始時の財産の価額（遺贈の価額を含む）に特別受益にあたる生前贈与の価額を加えた（これを特別受益の持戻しといいます）ものが全相続財産（みなし相続財産）となります。その上で、相続人間の公平性を図るため、全相続財産を基準として具体的相続分を計算します。

特別受益を受けた相続人の具体的相続分を計算する際は、特別受益を前渡し分として差し引きます。ただし、被相続人が遺言で、特別受益を相続開始時の財産に持ち戻さないことや、前渡し分として差し引かないと決めていた場合は、その遺言に従います。

特別受益に該当するものとして、①相続人が婚姻または養子縁組のために受けた贈与、②相続人が生計資金（住宅の購入や特別な学費など）として受けた贈与、③相続人が受けた遺贈があります。

●贈与額や遺贈額が相続分を超える場合

特別受益にあたる贈与や遺贈が多すぎて、計算上の具体的相続分がマイナスになることがあります。遺留分に反しない限り、この場合は、自らの具体的相続分がゼロになるだけです。

●相続人である配偶者が居住用不動産の贈与・遺贈を受けた場合

たとえば、被相続人が、自分の死後、残された配偶者が安心して暮らせるように、居住用不動産を贈与・遺贈するケースがあります。被相続人から相続人である配偶者が贈与・遺贈を受けた居住用不動産は特別受益に該当するため、相続人が複数いる場合は、前述した計算方法によって、それぞれの相続人の具体的相続分を計算することになります。

ただし、平成30年に成立した相続法改正（令和元年7月1日施行）で、生存配偶者の生活保障を図る趣旨から、婚姻期間が20年以上の夫婦間でなされた贈与・遺贈のうち居住用不動産（建物やその敷地）の贈与・遺贈については「持戻し免除の意思表示」があったと推定することになりました。この推定が及ぶ限り、居住用不動産の価額（特別受益）を相続開始時の財産に持ち戻したり、前渡し分として差し引いたりする必要がなくなります。

14 寄与分
寄与分は相続分にプラスされる

●財産形成への貢献を評価する

相続人には相続分の他に寄与分という取り分があり、相続分に加えられることがあります。これは被相続人の財産の維持または増加に特別の寄与をした人に対して、本来の相続分とは別に寄与分を相続財産の中から別に取得できるようにする制度です。

寄与分は、特別受益（前ページ）と同様に、法定相続分の一部を修正することにより、相続人同士の実質的な公平を図っている制度です。

●寄与分の対象となる人

配偶者としての貢献や、通常の親孝行などは、被相続人の財産の維持・増加への特別の寄与とは認められず、寄与分の対象になりません。

また、寄与分は相続人についてだけ認められる制度ですから、相続人でない人には寄与分は認められません。ただし、寄与分とは異なりますが、相続人がいない場合に、貢献者が特別縁故者（内縁関係の夫や妻、療養看護に努めた者など、被相続人と一定の特別の縁故があった者）として、家庭裁判所の審判により、遺産の一部または全部の取得を認められることがあります。

●寄与分の具体的な計算方法

寄与分の算出方法は、まず遺産の総額から寄与分を差し引いた相続財産を決定し、次にそれぞれの相続分で分配し、寄与分は貢献した人に与えます。

たとえば、被相続人の妻、長男、二男、長女の4人が相続人、相続財産が2,000万円、長男の寄与分が200万円のケースでは、以下のとおり、寄与分権者である長男の相続分は500万円となります。

- 相続財産………2,000万円－200万円＝1,800万円
- 妻の相続分………1,800万円×2分の1＝900万円
- 長女の相続分…（1,800万円－900万円）×3分の1＝300万円
- 二男の相続分…（1,800万円－900万円）×3分の1＝300万円
- 長男の相続分……300万円（本来の相続分）＋200万円（寄与分）＝500万円

なお、寄与分の割合について、とくに定めはありませんが、遺産の価額から遺贈の価額を控除した額を超えることはできません。

15 特別の寄与
相続人でない被相続人の親族も特別寄与料を請求できる場合がある

●相続人以外の者の特別の寄与

　寄与分は、相続人だけを対象とする制度であるため、次のようなケースにおいて、不都合が生じる場合があります。たとえば、父Aが亡くなり、Aには相続人として子Bと子Cがいて、Cの妻DがAの生前の療養看護を担当していたという場合を考えてみましょう。

　仮にAの財産が1,000万円であったとすると、法定相続分に従うならば、相続人BとCが各500万円ずつを相続します。しかし、日常生活におけるAの世話を見てきたのはDであるにもかかわらず、DはAの相続に関して、何らかの主張ができないのでしょうか。

　被相続人を献身的に介護したり、被相続人の家業に従事したりするなど、被相続人の財産の維持や増加に特別な貢献をした場合は、その貢献を寄与分として考慮して、相続分に上乗せすることが認められています。

　しかし、寄与分が認められるのは相続人に限定されるため、たとえ相続人の妻が被相続人を献身的に介護しても、その貢献は寄与分として認められません。したがって、上記ケースにおけるDは、寄与分を主張することはできません（Dの貢献を相続人Cの貢献と考えて、相続人Cの寄与分として認めら

れる可能性はあります）。

　こうした不公平な取扱いを是正するため、平成30年の相続法改正（令和元年7月1日施行）では、前述したケースのDのように、相続人でない被相続人の親族が、無償で被相続人の療養看護などの労務の提供を行い、被相続人の財産の維持・増加に特別の寄与をした場合、そのような親族を特別寄与者として扱い、相続人に対して、相当額の金銭（特別寄与料）の支払いを請求できるとする規定が置かれました。

　特別寄与料の請求ができるのは「相続人でない被相続人の親族」です。具体的には、被相続人の①6親等内の血族、②配偶者、③3親等内の姻族のうち、相続人、相続放棄をした者、相続欠格に該当する者、相続廃除された者を除く、特別の寄与をした者ということになります。前述したケースのDは、③（1親等の姻族）にあたるので、相続人B・Cに特別寄与料の支払いを請求できます。

　また、相続法改正では、当事者間で特別寄与料についての協議が調わない場合は、家庭裁判所に処分の請求（特別寄与料を定める請求）をすることができるという規定も置かれました。

16 遺留分とその算定
遺留分は兄弟姉妹以外の相続人に認められる

●指定相続と遺留分

遺言による相続分の指定や遺贈については、原則として遺言者（被相続人）の自由ですが、すべての遺産を他人に遺贈されたりすると、相続人の権利が守られません。そこで、兄弟姉妹以外の相続人（遺留分権利者）には、遺言によって影響されない遺留分（民法で決められている最低限の相続できる割合）が与えられています。

遺留分は、直系尊属だけが相続人の場合は相続財産の3分の1、それ以外の場合は相続財産の2分の1です。兄弟姉妹には遺留分がありません。

●遺留分算定の基礎となる財産

遺留分を算定する基礎となる財産には、生前贈与や遺贈をした財産も含まれます。具体的には、以下の①～③の財産も含まれます。

① 相続開始前の1年以内の贈与
② 相続人に対する贈与で、婚姻もしくは養子縁組のためまたは生計の資本としてなされた贈与（特別受益となる贈与）に限り、相続開始前10年以内の贈与
③ 相続開始から1年以上前に贈与したもので、当事者双方が遺留分権利者に損害を与えることを承知した上での贈与

つまり、相続開始時の財産（遺贈を含みます）に以上の財産の額を加え、そこから借金などの負債を差し引いた額が、遺留分算定の基礎となります。

ケース別で見る遺留分

	配偶者	子	直系尊属	兄弟姉妹
①配偶者と子がいる場合	($\frac{1}{4}$)	($\frac{1}{4}$)		
②子だけがいる場合		($\frac{1}{2}$)		
③配偶者と父母がいる場合	($\frac{1}{3}$)		($\frac{1}{6}$)	
④父母だけがいる場合			($\frac{1}{3}$)	
⑤配偶者だけがいる場合	($\frac{1}{2}$)			
⑥配偶者と兄弟姉妹がいる場合	($\frac{1}{2}$)			0
⑦兄弟姉妹だけがいる場合				0

17 遺留分侵害額請求権
必ず請求しなければならないわけではない

●遺留分侵害額請求とは

遺留分が侵害されたときは、遺留分権利者が遺贈や贈与を受けた相手方に遺留分侵害額に相当する金銭の支払いを請求します。この請求を遺留分侵害額請求といいます。遺留分権利者が遺言どおりでよいと考えるときは、請求をしなくてもかまいません。

遺留分侵害額の請求は、まず受遺者（遺贈を受けた者）について行い、それでもなお遺留分が侵害されている場合は受贈者（生前贈与を受けた者）について行います。生前贈与が複数行われていた場合は、そのうち新しく行われた贈与（遺言者の死亡時から近い贈与）の受贈者について順に行います。

なお、相続人に対する一定の贈与は特別受益として相続分の前渡しとみなされます。これは相続開始前の10年以内の贈与が対象になります。ただし、他の相続人の遺留分を害することを知りながら贈与した場合には10年より前にした贈与も対象になります。

●遺留分侵害額請求権の消滅

遺留分侵害額請求は、受遺者や受贈者に対して意思表示をすれば、その権利を行使したことになります。

そして、遺留分侵害額請求権の行使期限は1年以内です。この1年の計算については、相続開始および遺留分を侵害する贈与や遺贈があったことを知った日から数え始めます。

ただし、相続開始は知っていたが、贈与や遺贈があったことを知らずにいた場合でも、相続開始から10年を経過すると、遺留分侵害額請求権が消滅します。

●どのように請求するのか

遺留分侵害額請求をしたい者は、各自で意思表示をしなければなりませんが、権利の消滅を防ぐため、通常は配達証明付内容証明郵便を用いて受遺者等に請求します。受遺者等との交渉が困難な場合は、調停や訴訟を通じて請求します。請求を受けた受遺者等がすぐに金銭を支払えないなどの場合、裁判所は、受遺者等の請求を受けて、支払いについて相当の期限を与えることが可能です。

遺留分侵害額請求がされた場合、前述したように負担する者の順序が決まっています。なお、遺贈が複数ある場合（受贈者が複数おり、その贈与が同時にされた場合も同じ）は、目的物の価格の割合に応じて負担します。

18 遺留分の放棄

相続開始前に遺留分の放棄は家庭裁判所の許可が必要

●相続開始前の遺留分の放棄

兄弟姉妹以外の推定相続人は、相続開始前（被相続人の生存中）に遺留分を放棄することもできます。その場合、家庭裁判所の許可が必要です。

たとえば、ある人が生前、配偶者にすべての財産を残したいと思った場合に、推定相続人である子どもと話し合い、遺留分を放棄してもらう方法があります。つまり、遺留分の放棄は、被相続人の遺言が相続人となる者の遺留分を侵害することが明らかである場合、その遺言の効力を有効にするためのものなのです。

相続開始前に遺留分を放棄したい場合は、家庭裁判所に「遺留分放棄許可審判申立書」を提出し、許可を得なければなりません。家庭裁判所は審問期日に申立人の出頭を求め、真意を聴き取ります。具体的には、遺留分放棄が申立人の自由意思によるものか、遺留分放棄の理由と必要性、遺留分に見合う遺留分放棄の見返りがあるかなどについての質問があります。

聴き取りの結果、遺留分放棄が妥当と判断されれば、遺留分放棄の審判が行われ、申立人に審判書が交付されます。なお、遺留分放棄の撤回や取消しは原則不可なので注意しましょう。

●相続開始後の遺留分の放棄

相続開始後は、遺留分を自由に放棄することができます。その方法については、とくに規定がありません。遺留分を放棄することを遺産分割協議の場で意思表示をしても有効です。

ただ、遺産の存在など事実関係についての誤った認識や、他の相続人の作為的な偽りなどがあれば、遺留分放棄も含めて、遺産分割協議の合意の無効や取消しが問題になる場合があります。

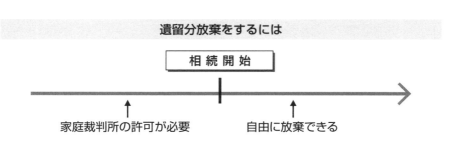

遺留分放棄をするには

19 相続財産清算人と特別縁故者

相続人の不存在の場合に相続財産清算人が選任される

●相続財産清算人とは

相続人が不存在の場合(相続人のあることが明らかでない場合)、相続財産清算人が選任されます。

相続財産清算人は、利害関係人や検察官の請求により、家庭裁判所が選任します。家庭裁判所は、選任後に清算人選任公告をします。この公告にあわせて、不明の相続人を捜索し、相続人に対して6か月以上の一定期間内に権利を主張することを求める相続人捜索公告も行います。その後、相続財産清算人は、相続財産の管理や弁済などの清算手続きのために、2か月以上の期間を定めて、相続債権者や受遺者に対する催告の公告を行います。

そして、相続人捜索公告の期間内に相続人としての権利を主張する者がない場合、相続人と相続財産清算人が把握できなかった相続債権者や受遺者は権利行使ができなくなります。

●特別縁故者とは

以上の手続きで相続人の不存在が確定した場合、特別縁故者に相続財産の分与がされることがあります。

特別縁故者とは、被相続人と一定の特別の縁故があった人です。内縁関係にある配偶者、被相続人と生計を同じくしていた者、被相続人の療養看護に努めた者などが特別縁故者にあたります。特別縁故者は、財産分与請求の申立てを、被相続人の最後の住所地の家庭裁判所に行うことができます。

申立ての期間は、相続人捜索公告の期間の満了後3か月以内です。特別縁故者の種類、財産の内容、縁故の度合い、生活状況などの一切の事情を考慮して、分与の可否と分与する場合は、その内容、程度を決定します。

相続人の不存在と相続財産の行方

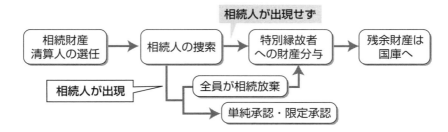

20 相続回復請求権
真正な相続人が侵害者から相続財産を回復する権利

●相続回復請求権とは

たとえば、「相続分がないことの証明書」を偽造された場合や、相続人であることを無視された場合には、侵害された相続を受ける権利の回復を求めることになります。この権利を相続回復請求権といいます。

この相続回復請求権は、侵害者に対して相続権を主張して、相続分にあたる財産の全部の引渡しを要求する権利です。つまり、個々の財産についての請求権だけでなく、相続人としての地位そのものの回復を要求する権利です。

相続回復請求権の行使方法は限定されていませんが、現実問題としては訴訟によることになります。弁護士に相談するのがよいでしょう。

●相続回復請求権と消滅時効

相続回復請求権は、侵害の事実を知ったときから5年間、相続開始のときから20年間で時効消滅します。

真正な相続人の立場からすると、正当な権利が時効消滅してしまうというのは、不合理なようにも思えます。

しかし、侵害者に対していつまでも相続回復請求権を行使できるとすれば、事情を知らない第三者が、侵害者などの表見相続人（実際には相続人でないが、外見上相続人に見える者）から当該相続財産を購入した場合、いつまでも真正な相続人から目的物の返還を請求されることになってしまい、法律関係が不安定になります。そのため、このような消滅時効の規定が設けられているのです。

第5章　人の死亡と相続のルール

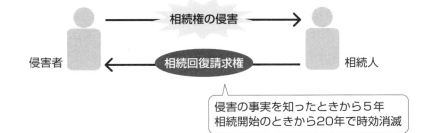

相続回復請求権のしくみ

侵害者 ← 相続権の侵害 → 相続人
侵害者 ← 相続回復請求権 ← 相続人

侵害の事実を知ったときから5年
相続開始のときから20年で時効消滅

21 失踪宣告

被相続人が一定期間生死不明の場合に申立てができる

●被相続人の死亡時とは

死亡時は、通常は脈が止まったときですが、症状によっては呼吸の有無など別の認定方法もとられます。死亡に立ち会った医師が脈を取りながら時計を見て確認します。その死亡時刻が死亡診断書、死亡届、戸籍に記載されます。

●被相続人の生死が不明な場合

たとえば、失踪者（被相続人）の行方が長期間わからなくなるなど、生死不明の状態が長期間続くと、困った問題がでてきます。配偶者はいつまでも再婚ができませんし、生命保険に加入していても保険金はもらえません。失踪者の財産の管理・処分も思うようにできなくなります。

この場合、民法では、配偶者や相続人などの利害関係人が、家庭裁判所に失踪宣告を申し立てることで、一定期間が経過したときに、失踪者が死亡したとみなすことにしています。

失踪宣告は、所持人が生死不明であるため、長期間にわたり管理・処分ができない財産について、民法が相続開始の原因として認め、所持人以外の者が管理・処分をすることを許可した制度といえます。失踪宣告を受けた場合も相続が開始し、不明者である被相続人の財産は相続人に承継されます。

●失踪宣告とその取消し

失踪宣告は、生死不明の失踪者を死亡したものとして扱う制度です。たとえば、事故や災害で死亡したことが明らかな状況でも、遺体が発見されないと死体検案書が作成されず、死亡届の提出できません。このような場合、利害関係人の利益を害さないために失踪宣告が必要になるのです。

失踪宣告は、家庭裁判所がする審判です。この審判は、配偶者や相続人などの利害関係人の請求に基づいて行われます。失踪宣告によって失踪者は死亡したものとみなされる結果、婚姻関係が終了し、相続も開始されます。

しかし、失踪宣告を受けた後、失踪者が生存していたことや、異なる時期に死亡していたことの証明があったときは、本人または利害関係者が、家庭裁判所に対し、失踪宣告の取消しを請求することができ、家庭裁判所が失踪宣告の取消しを審判します。ただし、失踪宣告の取消しは、失踪宣告後その取消し前に、善意で（失踪宣告があったことを知らずに）した行為の効力に影響を及ぼしません。

●普通失踪と特別失踪

失踪宣告には、原則的な失踪宣告である普通失踪と、特別失踪（危難失踪）の2つがあります。

① 普通失踪

失踪者の生死が不明になってから7年以上経過し、なお生死の確認ができない状態にある場合に、失踪宣告の請求ができます。その後、失踪宣告が行われると、不在者の生死が不明になってから7年間が満了した時点で失踪者が死亡したとみなされます。

② 特別失踪（危難失踪）

海・山での遭難、船舶・飛行機での事故、戦争などの特別な理由・場所で危難に遭遇した者が、危難の去った後1年以上生死が不明な場合に、失踪宣告の請求ができます。その後、失踪宣告が行われると、危難の去った時点で失踪者が死亡したとみなされます。

●同時死亡の推定

たとえば、船や飛行機の事故で親子が亡くなった場合、事故の詳細が不明で、どちらが先に亡くなったのかを特定できない場合があります。

このように、複数の者が死亡したが、死亡の前後が不明の場合は、同時に死亡したものと推定され、その複数の者の間に相続は発生しません。これを同時死亡の推定といいます。死亡の前後を厳密に追及すると相続人の範囲が変わることがあるなど、難しい問題を引き起こすのを避けるための制度です。

なお、この制度は同時死亡を推定するだけであり、同時に死亡していないことが証明されれば、複数の者の間に相続が発生することがあります。

第5章 人の死亡と相続のルール

同時死亡の推定とは

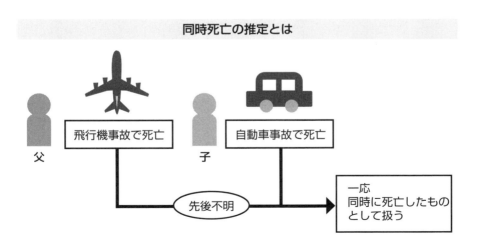

22 失踪宣告以外で死亡を認定する方法
認定死亡や死亡証明書の添付による死亡届がある

◉戸籍法上認められる死亡の処理

家庭裁判所は通常の場合、戸籍の記載により死亡を認めて、相続に関する手続きを開始します。戸籍の死亡の記載は死亡届によって行われます。死亡届には、原則として死亡診断書か死体検案書を添付し、死後7日以内に提出します。

ところが、自然災害や戦争で、死体が発見できないため、死亡診断書や死体検案書の作成が不可能な場合もあります。この場合は、失踪宣告があれば家庭裁判所の失踪宣告を待って、相続が開始されますが、災害での死亡などが確実と思われる場合、戸籍法上、2つの処理方法が認められています。

① 認定死亡

水難、火災、その他の自然災害や戦争による騒乱などによる死亡は、官公署（役所）の報告により戸籍に死亡の記載がなされます。

② 死亡証明書の添付による死亡届

死亡届に死亡診断書や死体検案書を得られない理由を記載し、死亡証明書（死亡の事実を証すべき書面）を添付することで、死亡診断書や死体検案書に代えることができます。死亡証明書にはとくに制限がなく、官公署の証明書、状況目撃者の陳述書なども含まれます。その他、国外で死亡した場合における現地医師の死亡診断書なども含まれます。

◉戸籍上記載された死亡時刻について

死亡届には、死亡診断書または死体検案書の添付が原則です。これには死亡時刻も記載されており、死亡届の提出によって戸籍の死亡の欄にも死亡時刻が記載されます。相続手続きは、この死亡時刻の時点で開始されます。死亡時刻は相続権の有無にも影響があるため重要です。

死亡時刻は、戸籍の記載によって定まりますが、それが相続に関係した争いになれば、訴訟で決することができます。戸籍の記載は、死亡診断書などの内容を転記したもので、訴訟の判決のような確定力がないからです。

たとえば、同時死亡（183ページ）については、医師が死亡時刻を確認している死亡診断書は信用性が高く、戸籍記載の時刻に死亡したと推定され、同時死亡の推定は受けません。これに対し、検死医による推定死亡時刻を記載した死体検案書の場合は、死体検案書記載の死亡時刻より同時死亡の推定が優先するといわれています。

第6章

遺言がでてきた場合の法律関係

1 遺言の種類
自筆証書遺言と公正証書遺言によるのが通常である

●遺言とは何か

相続といえば、民法が定める法定相続分の規定（民法900条）が原則と考えている人が多いようですが、それは誤解です。遺言による指定（民法902条）がないときに限り、法定相続分の規定が適用されます。民法では、遺言者の意思を尊重するため、遺言による相続分の指定を優先させています。

相続分の指定だけでなく、遺言で遺産分割の方法を指定したり、相続人としての資格を失わせたり（相続廃除）もできます。

このように、遺言の中でとくに重要なのは、遺産の相続に関する事柄です。この他、子の認知（民法781条2項）や、未成年後見人の指定（民法839条1項）も、遺言で行うことができます。

これらの民法が定めた事項について書かれた遺言は「法律上の遺言」として、法律上の効果（法的な効力）が認められます。しかし、「兄弟仲良く暮らすように」「自分の葬式は盛大にやってくれ」などの遺言をしても、法律上は何の効果もありません。

●遺書にはどんな種類があるのか

遺言には、普通方式と特別方式がありますが、一般には普通方式の遺言によります。特別方式の遺言は、「死期が迫った者が遺言をしたいが、普通方式によっていたのでは間に合わない」といった場合に認められる遺言です。具体的には、死亡の危急に迫った者の遺言、伝染病隔離者の遺言、在船者の遺言、船舶遭難者の遺言があります。

普通方式の遺言には、自筆証書遺言、公正証書遺言、秘密証書遺言の3つがあります。実務上、秘密証書遺言はほとんど利用されていないため、遺言書の作成は、自筆証書遺言または公正証書遺言によるのが通常です。

① **自筆証書遺言**

遺言者が自筆で全文・日付・氏名を書き、押印した遺言です。他人の代筆やパソコンで作成したものは無効です。簡単で費用もかかりませんが、紛失・偽造・変造の危険があります。

② **公正証書遺言**

公証人が作成する遺言です。遺言者が証人2人の立ち会いの下で口述した内容を公証人が筆記し、それを遺言者と証人が承認し、全員が署名押印して作成します。紛失・偽造・変造の危険はほぼないですが、作成手続きに不備があると無効になります。

自筆証書遺言保管制度
家庭裁判所による遺言書の検認手続きが不要

●どのような制度なのか

かつては、自筆証書遺言の場合、公正証書遺言のように遺言書を保管する制度がないため、自宅で保管されることが多く、紛失・偽造・変造のおそれが高いことが問題でした。また、相続人が遺言書の存在を把握しないまま遺産分割協議が成立し、後から遺言書が発見されたことでトラブルになるケースもあります。さらに、自筆証書遺言は家庭裁判所による検認手続きが必要で、これを怠ると過料に処せられることから、相続人や保管者の負担が重くなるという問題点もありました。

これらの問題を是正し、自筆証書遺言の利用を促進するため、自筆証書遺言の原本を公的機関である法務局で保管する自筆証書遺言保管制度が令和2年7月10日から施行されています。

●自筆証書遺言保管制度の手続き

具体的な手続きの流れは、以下のようになります。

・遺言者による遺言書の保管など

遺言者は、遺言者の住所地あるいは本籍地、または遺言者が所有する不動産の所在地を管轄する法務局に、自筆証書遺言の原本を無封状態で持参して保管申請をします。申請を受けた遺言書保管官（法務局の担当官）は、遺言書の形式的審査を行い、誤りがあれば補正を促し、誤りがなければ原本を保管すると共に画像データ化して保存します。遺言者は保管証を受け取り、いつでも保管された遺言書の閲覧と返還を請求できます。

・相続開始後の相続人等による手続き

相続開始後になると、相続人等（相続人、受遺者、遺言執行者）は、法務局に対し、遺言書が保管されている法務局の名称等を証明する書面（遺言書保管事実証明書）の交付請求ができます。これにより遺言書の保管の有無を照会します。さらに、相続人等は、保管されている遺言書の閲覧と、遺言書の画像データ等の証明書（遺言書情報証明書）の交付請求ができます（原本の交付請求はできません）。

遺言書保管官は、相続人等に遺言書を閲覧させた場合、遺言書の画像データ等の証明書を交付した場合、第三者請求により遺言書の閲覧をさせた場合は、他の相続人等に遺言書を保管していることを通知します。

なお、自筆証書遺言保管制度を利用した場合、遺言書情報証明書は登記などに利用でき、家庭裁判所による遺言書の検認手続きが不要になります。

3 遺贈と相続の違い
遺言で相続分の指定があればそれに従う

●遺言による相続分の指定

指定相続分とは、被相続人が遺言で指定した相続分のことです。たとえば、「妻、長男、長女の相続分を各3分の1ずつとする」という遺言をした場合です。ある相続人の指定相続分が法定相続分より多い場合、それが他の相続人の遺留分を侵害しているときは、遺留分侵害額請求権の問題が生じます（相続分の指定それ自体は有効です）。

●遺贈について

遺贈とは、遺言により特定の財産を贈与することです。遺言は、被相続人の生前における最終意思を法律的に保護し、その人の死後にその実現を図るために設けられています。

なお、遺言は、民法が定めた一定の様式を備えた遺言書を作成していた場合のみ、法律上の効果が与えられます。

遺言に記載される事項の多くは、財産の処分に関することです。遺贈により財産を与える人（遺言をした人）を遺贈者といい、財産をもらう人を受遺者といいます。遺贈は遺贈者から受遺者への財産の贈与ですが、人の死亡を原因として財産を取得する点では相続と同じですから、受遺者には贈与税ではなく相続税が課税されます。

受遺者は誰でもかまいません。遺贈者が自由に決めることができます。たとえば、遺贈者が夫の場合、妻や子といった相続人はもちろん、相続権のない親や兄弟姉妹、血縁関係のない第三者でもかまいません。会社などの法人に遺贈をすることもできます。

遺贈をするにあたっても、遺留分に注意しなければなりません。遺留分を侵害する遺贈は、それ自体は有効であるものの、後から遺留分を侵害されたとする相続人から遺留分減殺請求権が行使され、相続人間でトラブルが生じるおそれがあります。

遺贈の概要

内容	遺言による財産の贈与
受遺者	遺贈者が自由に決定可
受遺者の死亡	受遺者が遺贈者よりも先に死亡した場合、遺贈は無効
遺贈の放棄	特定遺贈の場合、遺贈者の死亡後ならいつでも放棄可。包括遺贈の場合、受遺者となったことを知った時から3か月以内に限り放棄可。

4 特定遺贈と包括遺贈

特定の物や額を与えるのが特定遺贈、割合で分割するのが包括遺贈

●遺産分割方法の指定がある場合

遺言で全遺産について遺産分割方法の指定があれば、相続と同時に遺言に基づいて全遺産が分割され、遺産分割の余地はありません。ただし、相続人や受遺者が全員で同意すれば、指定がないものとして遺産分割をすることができます。

●遺産分割方法の指定がない場合

遺言で全遺産についての遺産分割方法の指定がない場合、遺贈の態様によっては、遺産分割が必要になることがあります。

① 特定遺贈の場合

「不動産はAに、株式はBに」というように、遺言者の有する特定の財産を具体的に特定して無償で与える遺贈です。遺贈の対象となった財産は、遺産分割の対象から外れますから、残りの財産について遺産分割協議をすることになります。

② 包括遺贈の場合

遺言者が一定の割合を示して財産を遺贈する方法で、全部包括遺贈と割合的包括遺贈があります。

全部包括遺贈の場合は、遺産分割の手続きを経ることなく、相続と同時にすべての資産と負債が受遺者に移転します。割合的包括遺贈とは、「Aに全財産の3分の1、Bに全財産の4分の1を遺贈する」「全財産の30％を○○に遺贈する」といったもので、この場合は、遺言で示された割合を基準とした遺産分割が必要です。ただし、極めて例外的に個々の財産について指定した割合に応じた共有持分を取得させる意思が明白な場合は、遺産分割の余地がなくなります。

●遺贈の放棄

財産だけでなく借金があった、あるいはそもそも遺産がほしくないなどの事情があれば、受遺者は遺贈を放棄できます。遺贈の放棄の方法は、特定遺贈と包括遺贈で異なります。

特定遺贈の放棄は、相続人や遺言執行者に対し、放棄の意思表示を行います。放棄の期間制限はありません。放棄は遺言者の死亡のときにさかのぼって効力が生じます。

一方、包括遺贈の放棄は、相続の放棄と同様に扱われます。そこで、受遺者となったことを知った時から3か月以内に家庭裁判所に申述して行う必要があり、遺産を処分したり隠匿したような場合は、遺贈の放棄ができなくなります。

公正証書遺言の作成方法
証人2人の立会いが必要である

●公正証書にしておくと安心

公正証書とは、公証人という資格者が当事者の申立てに基づいて作成する文書で、一般の文書より強い法的な効力が認められています。公証人は、裁判官・検察官・弁護士などの法律実務経験者や一定の資格者の中から、法務大臣によって任命されます。裁判官経験者が比較的多いようです。

遺言書などを作成する場合は、公正証書にしておくと無用なトラブルを避けることができます。公正証書の作成にあたっては、弁護士に依頼して行うのが最も安心です。

●公正証書遺言を作りたいときは

公正証書遺言は、遺言者が公証人に遺言を口述して、その公証人に遺言書を作成してもらいます。作成された公正証書遺言は、原本が公証役場に20年間または遺言者が100歳に達するまで、のどちらか長い年数保管されるのが原則です。公証役場は全国にあるどこの公証役場でもかまいません。

公正証書遺言の作成は、まず証人2人以上の立会いの下で、遺言者が遺言の趣旨を公証人に口述します。遺言者に言語機能の障害がある場合は、通訳または筆談によって公証人に伝えます。

公証人はその口述を筆記し、遺言者と証人に読み聞かせ、または閲覧させます。そして、遺言者と証人は、正確に筆記されていることを承認した上で、署名押印します。このように、公正証書遺言の場合、立ち会った証人に遺言の内容を知られてしまうことになります。この点はあらかじめ注意しておく必要があるでしょう。

最後に、公証人が正しい方式に従ったものであることを付記して、署名押印します。遺言者が署名できないときは、公証人はその旨を付記して署名に代えることもできます。なお、公正証書遺言に遺言者が押印する印鑑は実印でなければなりません。

この方式では、遺言者は遺言の趣旨を公証人に口述し、署名するだけです。しかも口述するのは遺言の趣旨だけでかまいません。細かいことを全部述べる必要はありませんし、文章になるように述べる必要もありません。

●公正証書遺言作成の手続き

公正証書遺言の作成を依頼するときは、遺産のリスト、不動産の登記事項証明書、預金通帳などの資料をそろえます。作成を依頼する時点では証人の同行は不要です。証人の氏名と住所を

伝えるだけで大丈夫です。証人は署名押印をする日に公証役場に行くだけですが、本人確認のため当日は住民票と認印を持参しましょう。一般的に公証人は公正証書の下書きを用意してきますので、署名押印の当日はこれを参考にして遺言を作成します。

完成した公正証書遺言は、公証役場に保管されますが、遺言の正本1通は遺言者に交付されます。また、遺言書を作成した公証役場で請求すれば、必要な通数の謄本をもらえます。

●公正証書遺言作成にかかる費用

遺産の金額によって費用が異なりますので、事前に公証役場に電話して確認しましょう。弁護士などの専門家に公正証書遺言の原案の作成を依頼する場合は、遺言の内容や遺言者の財産状況にもよりますので、これも事前によく確認しましょう。

●必要な書類を用意しておく

身分関係や財産関係を証明するための書類を事前に用意しておきましょう。

・本人性を証明する

遺言者本人であることを証明するために、パスポートや3か月以内に発行された「印鑑証明書」を用意します。

・遺言の内容を明らかにする

遺言の内容には相続人や受遺者、財産が登場します。それらの存在を明らかにするための書類も、準備しておかなければなりません。具体的には、相続人や受遺者の「戸籍謄本」や「住民票」を用意します。また、相続財産については、「財産目録」を作成しておきましょう。不動産については、登記事項証明書を法務局（登記所）で交付してもらっておきます。

公正証書遺言を作成するための資料

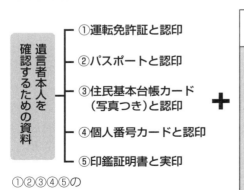

特別方式の遺言
病院や船舶中などの緊急を要する事態でする遺言

●死期が迫った者がする遺言

特別方式の遺言は、死期が迫った者が遺言をしたいが普通方式によっていたのでは間に合わない、といった場合などに利用することができます。具体的には、①病気などで死亡の危急に迫ったとき、②伝染病で隔離されているとき、③船舶内にいるとき、④船舶遭難の場合に船中で死亡の危急に迫ったとき、の4つがあります。

① **死亡の危急に迫った者ができる遺言**

病気、ケガなどの理由で死亡の危急に迫った者が遺言をしようとするときは、死亡危急者の遺言という特別方式で遺言ができます。この方式は、ⓐ証人3人以上が立ち会う、ⓑそのうちの1人に遺言の趣旨を口授（口頭で伝えること）する、ⓒ口授を受けた者がこれを筆記する、ⓓこれを遺言者と他の証人に読み聞かせ、または閲覧させる、ⓔ各証人がその筆記の正確なことを承認した後、これに署名押印する、ⓕ遺言の日から20日以内に、証人の1人または利害関係人から家庭裁判所に請求して、その確認を得る、という流れで遺言が作成されます。

家庭裁判所は「遺言が遺言者の真意により出たものであるとの心証」を得なければ確認することはできませんから、証人などの関係者は、裁判所側が確認しやすいように注意すべきです。

② **伝染病隔離者などがする遺言**

伝染病隔離者などがすることのできる遺言です。伝染病隔離者とは、伝染病をわずらっているため、行政処分によって交通を断たれた場所にある者のことです。この場合は、警察官1人と証人1人以上の立会いによって遺言書を作ることができます。

この方式による遺言は、刑務所にいる者や、地震・洪水などで交通が断たれた者にも利用ができます。

③ **在船者や船舶遭難時の遺言の作成**

在船者や船舶遭難時の遺言は、船舶中にいる者がする遺言です。船長または事務員1人と証人2人以上の立会いで遺言書を作ることができます。

④ **遭難した船舶の中で死亡の危急に迫った者がする遺言**

証人2人以上の立会いの下で、口頭で遺言ができるものです。証人が遺言の趣旨を筆記し、これに署名押印します。その上で、証人の1人または利害関係人が、遅滞なく家庭裁判所に請求して確認を得ることになります。

署名と押印

自筆証書遺言と秘密証書遺言は署名押印がないと無効になる

●署名は戸籍上の姓名が原則

遺言書への署名は自筆で氏名を書きます（自署）。自筆証書遺言を作成するときは、遺言者本人が日付と氏名を自署し、押印をしなければなりません。氏名の自署は戸籍上の姓名が原則ですが、遺言者本人であると判断できれば名前だけの自署でもかまいません。通称、雅号、芸名、屋号、ペンネームなどの自署であっても、遺言者との同一性が示せるのであれば有効です。

●遺言書に押す印鑑はどうする

自筆証書遺言と秘密証書遺言の遺言書への押印は、拇印（指先に朱肉をつけ、指を印の代わりにして指紋を残すこと）でもよいと考えられていますが、遺言者本人のものかどうかの判読が難しいため、できれば遺言者本人の実印を押しておくべきでしょう。

遺言者の死後、遺言書に押印がないのを知った相続人などが後から印鑑を押すと、遺言書を偽造・変造したとみなされます。印鑑を押した人は相続欠格者になる可能性もあります。

●遺言書に署名押印がないときは

自筆証書遺言と秘密証書遺言は、遺言書への署名押印がなければ無効です。署名押印の場所は問いませんが、押印は署名に続けてしなければなりません。ただし、自筆証書遺言の署名押印が遺言書自体になく封書にある場合、遺言書と一体の部分に署名押印があったとして、その自筆証書遺言を有効とした判例があります。

なお、封印のある遺言は、家庭裁判所において、相続人またはその代理人の立会いの下で開封しなければなりません。秘密証書遺言では、遺言書への署名押印の他、封書に入れて封印もしなければなりません。

遺言が無効とされないための要件

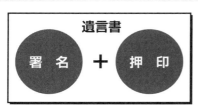

自筆証書遺言と秘密証書遺言には遺言書への署名と押印が必要！

8 代筆や文字の判読をめぐる問題
自筆証書遺言は代筆が認められていない

●遺言書の代筆は認められるか

　自筆証書遺言は、遺言者本人の自筆であることが絶対条件であり、代筆は一切認められません。なお、遺言書に添付する財産目録に限り、その各ページ（各葉）に署名押印をすることを条件に、コピーの添付やパソコンでの財産目録の作成が可能です。自筆による遺言であることが証明されなければ、その自筆証書遺言は無効です。自筆かどうかが争われた場合は、主に作成時の状況によって判断します。

　では、自筆で遺言を書く意思はあっても、病気のために文字がうまく書けないので、他人に介添えをしてもらって書いた場合はどうでしょうか。この場合は、介添えの程度によって、遺言が有効かどうかが判断されます。介添えが遺言者が文字を書くためのものであり、しかも遺言の内容に介添人の意思が介入した形跡がない場合に限って有効とされます。

●遺言書の文字が判読できないとき

　遺言書の文字が判読できない状態として、遺言書の破棄（破損）・摩滅により文字がうすれていて物理的に読めない場合と、自署が乱筆で文字自体が読みにくい場合が考えられます。

　遺言者の意思によって破棄された部分は、遺言が取り消されたとみなされます。汚れなどの原因で判読不可能な部分は無効になります。遺言者以外の相続人や受遺者による意図的な破棄である場合は、破棄した人が相続欠格とされ、遺産を受け取る権利を失います。この場合は破棄された部分も遺言としての効力は失われず有効です。

　相続人が遺言書の文字を判読できないときは、自筆証書遺言の効力が認められません。ただ、判読できないから直ちに無効と結論付けることなく、作成時の状況や遺言者の真意から可能な限り判読するよう相続人間で協議し、協議が調わないときは調停を行い、調停が成立しないときは訴訟で裁判官に判断してもらうべきでしょう。

　裁判では、主に作成時の状況から、文字を判読できるか否か、判読できるとすればどのように判読するかが争われます。その際、筆跡鑑定を採用することは原則としてありません。裁判所は、筆跡鑑定の有用性については疑問を抱いているからです。

　実際には、相続人の協議で結論を出して妥協するケースが多いようです。

日付の記載をめぐる問題
内容が矛盾する遺言は日付が新しいものが有効

●日付の記載がないときは

　自筆証書遺言には、遺言書の全文と日付を自書した上で、署名押印をしなければなりませんが、その際に自書する日付は、実際に存在する特定の日を表示する必要があります。遺言書に日付の記載が要求されるのは、遺言者が遺言を作成した時点で、その遺言者に遺言をする能力があったかどうかを判断するポイントになるからです。

　また、内容が相互に矛盾する遺言書が2つ以上見つかった場合、内容が矛盾する部分については、最も新しい日付の遺言書が有効とされます。

　遺言書に記載する日付は「令和○年○月○日」というように明確な年月日を用います。元号でも西暦でもかまいませんし、漢数字でも算用数字でもかまいません。数字の表記は「二十三」でも「二三」でもよく、「十」「拾」「10」のいずれの書き方でもかまいません。

　「令和○年○月吉日」のような書き方は、「吉日」では日付を特定できないので無効とされます。しかし、「遺言者の令和○年の誕生日」「遺言者の満60歳の誕生日」という書き方は、年月日を特定できるので有効です。

　もっとも、日付は遺言の有効性を証明するための絶対条件ですから、遺言書には「令和○年○月○日」ときちんと書くのが一番よいでしょう。

●遺言の年月日が間違っている場合

　原則として遺言に記載された年月日が遺言の日付ですが、明らかに日付が間違っているケースもあります。たとえば、「○年2月30日」というように暦に存在しない日付の表記です。

　次に、「明治7年○月○日」のように事実上あり得ない古い日付が記載されている場合です。さらに、遺言者が手術中であった日など、その日に遺言者が遺言を書くことがあり得ない場合もあります。

　しかし、遺言に年月日の記載が要求されるのは、手形などにおける技術的要求とは異なり、最終的な遺言者の真意確認のためです。この真意確認の観点からすると、明白な誤記を理由に遺言を当然に無効とする必要はないと考えることもできます。つまり、遺言に記載された内容や趣旨に照らし、年月日が誤記であることが明白であり、特定の年月日の記載があると認められる場合、その遺言は有効であると判断される可能性があるといえるでしょう。

10 遺言書の保管と2通見つかった場合の問題
法律上の方式に従っているかどうか確認しておく

●契印や割印をしておく

　遺言書に書きたいことが多く、遺言書が複数枚になっても、1つの封筒に入れておけば同一の遺言書と扱われます。ホチキスなどでとじておくと確実です。なお、自筆証書遺言保管制度を利用する場合は、ホチキスなどをせずに遺言書を提出する必要があります。

　割印や契印（紙の綴目に印を押すこと）は、法律上定めがないので、とくに必要とされていません。しかし、将来のトラブルを予防するには、契印や割印をしておく方が安全といえます。

●遺言書を封筒に入れる

　法律上は、自筆証書遺言を封筒に入れる場合に封印をする必要はありません。ただし、封印された自筆証書遺言は、相続人またはその代理人の立会いの下、家庭裁判所で開封しなければならないため、相続人としては封印をしないでもらった方がよいかもしれません。封印をするときは、封筒の表に「遺言書」と書くだけでなく、「遺言書の開封は家庭裁判所に提出して行わなければならない」と書いておきましょう。

●遺言書が2通見つかったときは

　遺言書が数通あっても、それぞれの遺言書は有効です。相続人別に遺言書を書くこともあるでしょう。新しく遺言書を書き直したが、前の遺言書を破棄していないこともあります。法律上の方式に従って正しく作成されている遺言書であれば、どの遺言書も有効です。ただし、それぞれの内容に矛盾がある場合、矛盾している部分は新しい日付の遺言書が有効になります。

　遺言書が複数見つかった場合、それらの作成日が同じであれば、時刻が書かれていない限り、どれが新しい遺言書かが判別できません。この場合、内容に矛盾がある部分は、両方の遺言書が無効とされる可能性もあります。

　もっとも、遺言が無効となるのは矛盾する部分についてだけで、遺言全体が無効となるわけではありません。

　また、1通は公正証書遺言でもう1通は自筆証書遺言という場合も考えられます。この場合も、効力の優先順位は作成日の前後によります。法律上の方式を備えていれば、後から作成する遺言書がどんな方式であっても、前にした遺言を取り消すことができます。

遺言を訂正するときの注意点

遺言の訂正については厳格なルールがある

◎具体的な遺言の訂正例

遺言書の訂正（加入・削除その他の変更）をする場合は、変造防止の観点から、以下のような厳格なルールが定められています。訂正が以下のルールに従ったものでない場合は、訂正がなかったものとして扱われます。

① 遺言書に文字を加入する場合は、加入する場所を指示して加入後の文言を書き入れます。文字を削除をする場合は、原文が判読できるように２本線で消して削除する場所を指示します。

② 加入後の文字を書き入れた部分や文字を削除した部分（変更した部分）に、遺言書に押印した印鑑と同じものを押します。

③ 変更した部分の左部または上部欄外に「本行８字加入５字削除」などと付記するか、遺言書の末尾に「本遺言書第４項第10行目８字加入」などと付記します。

④ 付記した箇所に、遺言者本人が署名をします。

◎遺言書を書き直す場合

相続財産などの状態は常に変動しますから、毎年を目処に、遺言書を書き直すのはよいことです。

全文にわたって毎年書き直すのが大変なときは、まず基本的な遺言書を作成して、これを部分的に訂正する遺言書を毎年作成してもよいでしょう。これにより、前の遺言書と後の遺言書とが矛盾する部分については、前の遺言書の該当部分が取り消されることになります。

自筆証書遺言の訂正例

```
                    遺 言 書
        遺言者○○○○は次のとおり遺言する。
本行1字加入  １．長男○○○○の相続分は全遺産の参分の壱とする。
1字削除                           弐㊞
○○○○       （中略）
本行2字加入  ３．二男○○○○に対して東京都○○区○○町○丁目○番の建物を
○○○○       与える。                      土地㊞

        令和○年○月○日
                        遺言者　○○　○○　㊞
```

12 法律上の形式に反する遺言の効力
遺言は必ず遺言者の意思によらなければならない

◉口頭による遺言の効力は

遺言が有効に成立するには、民法が定める方式（法律上の方式）に従って作成する必要があります。とくに口頭で述べただけのものは、原則として有効な遺言ではありません。

ただし、口頭で述べて成立する遺言もあります。たとえば、公正証書遺言は、本人が公証人に遺言の趣旨を口頭で述べればよく、病気などの理由で本人が署名できないときは、公証人がその旨を付記することができます。

また、特別方式の遺言の中には、証人や立会人の署名押印を条件に、口頭で述べてよいものもありますし、本人が署名押印ができない場合の規定もあります。法律上の方式に従って作成されていれば、その遺言は有効です。

◉動画や音声による遺言は効力がない

本人が登場して遺言内容を述べているスマートフォンで撮影した動画などは、遺言として認められてもよさそうです。しかし、遺言作成の要件の1つである本人の署名押印が行われていないので、動画やボイスレコーダーで録音した音声による遺言は、法的な効力をもつ遺言とはなりません。

ただ、本人の自発的意思による遺言であることがわかるように、病床での遺言書作成の模様をスマートフォンで撮影するということでしたら、後日のトラブルを予防する効果があるでしょう。また、スマートフォンやボイスレコーダーに動画や音声のデータを記録させておけば、第三者に遺言書が破棄されても、遺言書の存在や、その内容の証拠になることもあります。

◉障害のある人がする遺言

かつての公正証書遺言は、遺言者から公証人への口述、公証人による読み聞かせが厳格に要求されており、障害者にとって非常に不便な制度でした。

そこで、平成11年成立の民法改正により、遺言者の聴覚・言語機能に障害がある場合は、手話通訳か筆談で公証人に伝えること、公証人による遺言内容の確認は手話通訳か閲覧の方法ですることが認められています。

また、点字機による自筆証書遺言は認められませんが、秘密証書遺言は点字機によることも認められます。ただし、民法に定める方式に従う必要がありますから、署名押印はできなければなりません。全盲の遺言者であっても普通の文字で自筆証書遺言を自ら作成ことができれば有効です。

13 改ざんされた遺言書の効力
改ざんされても元々の遺言書の効力はなくならない

● **遺言書の改ざんと相続欠格**

遺言書を訂正する場合のルールは197ページで述べたとおりです。遺言書を訂正することができるのは、遺言者本人だけです。

遺言者以外の人が遺言書を改ざんしたとしても、その改ざんした部分は無効です。また、いかに改ざんされても、元の遺言書自体は有効で、改ざんされていないものとして扱われます。

改ざんは遺言者の意思ではないわけですから、遺言が取り消されることはありません。

相続人が被相続人の遺言を改ざんした場合、「相続に関する被相続人の遺言書を偽造し、変造し、破棄し、または隠匿した者」は相続人の欠格事由とされているため、相続人は相続の開始時点にさかのぼって相続人の資格を失います（民法891条）。民法は、相続人が自分の死後の財産の処遇について、自由に決定することができるように遺言制度を認めています。そのため、無断で遺言書に自分自身が多く利益を得るように内容を改ざんするなどの行為により、遺言の自由を不当に侵害した者について、相続権を剥奪するという制裁を与えています。

遺言者本人による訂正であっても、訂正前後の筆跡が違って見えるようであれば、改ざんしたと疑われる可能性もありますので、なるべく訂正はしない方がよいでしょう。さらに遺言書の保管には、細心の注意を払う必要があります。

遺言書の訂正・改ざん

遺言者自身による訂正
↓
訂正後の遺言が有効

遺言者以外の者による改ざん（偽造・変造）
↓
改ざん後の遺言は無効
（改ざん前の遺言が有効）

14 遺言の取消
遺言は遺言者だけが取り消せ

●遺言を取り消したいとき

遺言の取消は遺言によって行います。ただ、日付の新しい遺言は古い遺言に優先しますから、わざわざ取り消すまでもありません。遺言者が遺言書を破棄すると、遺言を取り消したことになります。「書面が偶然に破れた」「他人が破った」というような場合はここにいう破棄にはあたらず、遺言があったことを証明できれば、遺言は実行できます。取消の場合のケースは、3つに分かれます。なお、遺言の取消をさらに取り消すことは原則としてできません。

① **前の遺言と後の遺言とが矛盾するとき**

前の遺言と異なる内容の遺言書を作れば、前の遺言は取り消したものとされます。

② **遺言と遺言後の行為が矛盾する場合**

別の遺言書を書かなくても、前の遺言の内容で対象になっている物を売ってしまえば、遺言を取り消したものとみなされます。遺言者が故意に遺贈の目的物を破棄したときも同じです。

③ **遺言者が故意に遺言書を破棄したとき**

遺言書を故意に破棄すれば、破棄した部分について遺言を取り消したことになります。

●遺産分割後に見つかった遺言書

遺産分割後に遺言書が見つかったときは、原則として分割は無効になります。また、遺言が隠匿されていた場合には、相続欠格による相続人の変化が生じますから、これによる分割無効の問題も生じます。以下、いくつか特殊な場合を考えてみましょう。

① **認知の遺言**

分割無効ではなく、認知された子から相続分相当の価額の賠償が請求されることになります。

② **廃除または廃除取消の遺言**

家庭裁判所の審判確定により、遺産分割に加わる者が変わるわけですから分割は無効になります。

③ **単独包括遺贈の遺言**

単独包括遺贈とは、遺産の全部を一人に遺贈するものです。単独包括遺贈により単独取得となりますから分割は無効です。以後は分割の対象がなくなり、再分割の必要はありません。

④ **特定遺贈の遺言**

遺贈財産は分割の対象ではなくなりますから、その限度で分割は無効になります。また、分割全体に影響が及べば、全体が無効になります。

遺言の効力
法的な強制力を持つのは10項目ある

◯遺言できる内容は

遺言は法定相続よりも優先されますが、その他にも以下の事項を遺言により行うことができます。

① **財産処分**

法定相続人がいる場合は、相続人の遺留分を侵害できませんが、遺産を相続人以外の人にすべて遺贈したり、寄付したりという遺言は可能です。一部が減殺されること（減らされること）はあっても、無効にはなりません。

② **相続人廃除または廃除の取消**

遺言でも廃除の請求を行うことができます。ただし、認められない廃除理由もありますし、廃除を取り消すことも可能です。

③ **認知**

内縁の妻などとの子との間に、法律上の親子関係を創設することです。遺言によって認知することも可能です。

④ **後見人および後見監督人の指定**

子が未成年者の場合、被相続人が信頼している人を後見人に指定できます。これは遺言によって指定できます。ただし、指定できるのは、最後に親権を行う人だけです。

⑤ **相続分の指定または指定の委託**

相続人の法定相続分は、民法で決められていますが、遺言によってだけこの変更が可能です。ただし、この場合も遺留分の規定に反することはできません。この相続分の変更の指定を第三者に委託することも可能です。

⑥ **遺産分割方法の指定または指定の委託**

あらかじめ遺言で指定をしておくこともできます。

⑦ **遺産分割の禁止**

遺産分割をめぐりトラブルになりそうな場合は、5年以内に限って遺産分割を禁止することができます。

⑧ **相続人相互の担保責任の指定**

各共同相続人は、他の共同相続人に対して、お互いに公平な分配を行うために、その相続分に応じて担保責任を負います。法定相続人の負う責任を遺言によって変更することができます。

⑨ **遺言執行者指定または指定の委託**

遺言では、遺産の登記など手続きが必要となるため、遺言の内容を確実に実行するための遺言執行者の指定ができます。

⑩ **減殺方法の指定**

贈与・遺贈が遺留分を侵害する場合には、遺留分の権利者が、この減殺（侵害された相続分を取り戻すこと）を請求することもあります。

16 遺言執行者①
遺言で遺言執行者を指定する

●遺言執行者がいないとき

遺言は相続人と利益が相反する指定を含む場合や、相続人間の利益が相反する内容の場合もあります。こうした場合は、遺言執行者が必要になります。遺言執行者は相続手続きに関する一切の権限を有していて、法律的な財産管理や執行の権限を持っています。

遺言書に遺言執行者の指定（または指定の委託）がないときは、遺言の執行としての不動産の登記手続き、銀行預金の名義変更など、相続手続きの一切は、相続人全員で行うことになります。したがって、相続人が多数いるときなど遺言執行者が指定されていない場合は手続きが煩雑になってしまいます。相続人も遺言執行者になれますから、遺言者が遺言の中であらかじめ指定しておくことも重要です。

●遺言執行者は相続人全員の代理人

遺言執行者は相続人全員の代理人とみなされ、独自の立場で遺言の執行を行うことができます。

遺言執行者は、遺言によってのみ指定しておくことができます。遺言執行者に指定されても辞退できますから、遺言をするときは、引き受けてもらえるか考えて指定する必要があります。

遺言執行者は、就任を承諾した場合にはその任務を行わなければなりません。遺言執行者が任務を怠った場合、家庭裁判所は解任したり、新しい遺言執行者を選任できます。遺言執行者が辞任する場合も、家庭裁判所の許可を受ける必要があります。

●遺言執行者の選任が必要な場合

遺言の利害関係人は家庭裁判所に遺言執行者の選任の申立てをして遺言執行者を決めてもらうこともできます。

遺言に、①非嫡出子の認知、②相続人の廃除とその取消などが指定されている場合、必ず遺言執行者を選任しなければなりません。①については届出手続きが、②については家庭裁判所への申立てが必要だからです。

遺言執行者選任を申立てできるのは相続人、受遺者などの利害関係人です。申立先は相続開始地の家庭裁判所で、添付書類は戸籍謄本です。遺言執行者の指定を受けた者がその指定を受諾すれば、遺言執行者が唯一の執行権者になります。遺言執行者があるときは、相続人には執行権がなく、遺言を執行しても無効になります。遺言執行者は、財産目録の作成などをした上で遺言を執行（遺言の内容を実現）します。

17 遺言執行者②
相続人の代理人として登記を行う

●2人以上の遺言執行者がいる場合

遺言執行者による遺言の執行は以下の図中の手順で行われます。

遺言執行者は1人でなければならないというわけではなく、複数でもかまいません。

遺言者は、複数の遺言執行者に対して、それぞれ単独で職務を執行する権限を与えることもできます。

遺言執行者の報酬については、遺言の中に定めておくべきですが、その定めがない場合には、相続人が負担してもかまいません。相続人が負担できないときは、家庭裁判所が定めることになります。なお、遺言の執行に関する費用は相続財産から支出します。

●遺言執行者が登記手続きを行う

相続法の改正（令和元年7月1日施行）により、「相続させる遺言」で法定相続分を超える部分については、登記をしなければ第三者に主張できなくなりました。特定の相続人への登記申請は遺言執行者またはその相続人自身が行います。遺贈で指定相続分があるときは、第三者に主張するためには登記をする必要があり、この場合の登記は遺言執行者が行います。

遺言執行者による遺言執行

```
┌─────────────────┐      ┌─────────────────┐
│  遺言により指定  │      │ 家庭裁判所により選任 │
└────────┬────────┘      └────────┬────────┘
         ▼                        ▼
┌───────────────────────────────────────┐
│         遺 言 執 行 者    就 任         │
└───────────────────┬───────────────────┘
                    ▼
┌───────────────────────────────────────┐
│         財 産 目 録 の 作 成            │
└───────────────────┬───────────────────┘
                    ▼
┌───────────────────────────────────────┐
│         相続人に財産目録交付            │
└───────────────────┬───────────────────┘
                    ▼
┌───────────────────────────────────────┐
│       財産目録に基づき財産を管理する     │
└───────────────────┬───────────────────┘
                    ▼
┌───────────────────────────────────────┐
│ 遺言の執行として                        │
│  ●登記の移転  ●債務者への弁済  ●相続人への分与 │
│  ●債権の取立  ●遺産の換金    ●受遺者への遺贈  など │
└───────────────────┬───────────────────┘
                    ▼
┌───────────────────────────────────────┐
│   遺言執行が終了した旨を相続人に通知する  │
└───────────────────┬───────────────────┘
                    ▼
┌───────────────────────────────────────┐
│         遺言執行者への報酬支払          │
└───────────────────────────────────────┘
```

第6章 遺言がでてきた場合の法律関係

18 遺言書の検認手続き
家庭裁判所で相続人立会いの下で開封する

●遺言書を勝手に開封できるか

被相続人が死亡したときは、まず遺言書の有無を確認します。遺言書について相続人が何も聞かされていない場合は、弁護士や税理士などに託されている可能性もあります。遺言書を見つけたとして、封印がしてある場合は勝手に開封しないで、家庭裁判所で相続人またはその代理人の立会いの下で開封しなければなりません。この場合、遠隔地その他の事情でその全員または一部が立会いに出席できないとしても、開封の手続きをすることはできます。

なお、封印されている遺言書を勝手に開封してしまった場合であっても、遺言書の内容が無効になるわけではありません。遺言書の開封前の状況の立証が、不明確になるおそれがあるだけです。ただ、遺言書を勝手に開封した場合は過料が課されます。

●家庭裁判所による遺言書の検認

遺言書の検認とは、家庭裁判所が遺言の存在と内容を認定するための手続きのことで、一種の証拠保全手続きです。この手続きは遺言の有効性を左右するものではありません。この手続きは遺言書が遺言者の作成によるものであることを確認するもので、偽造や変造を防ぎ、保存を確実にすることができます。偽造や変造が行われるおそれがない公正証書遺言と呼ばれる方式を採っている場合を除き、すべての遺言について検認手続きを経る必要があります。

遺言書の保管者、または遺言書を発見した相続人は遺言書の検認を請求しなければなりません。保管者や相続人が、遺言書の提出、検認の手続きを経ずに遺言を執行したときは、5万円以下の過料が課されます。また、遺言書の提出、検認を怠ったことや遅滞したことにより、相続人や利害関係人が不測の損害を受けた場合は、損害賠償責任が生じることもあります。

なお、自筆証書遺言の場合は次の4つの要件が必要とされています。
① 遺言全文が自筆であること
② 日付が書かれていること
③ 署名がしてあること
④ 印が押してあること（押印）

自筆証書遺言の場合は、以上の4つの要件すべてを満たしていなければ有効になりません。とくに①については、添付書類である目録がワープロで記載されても無効となった例もありますから、作成する際には注意が必要です。

第7章

遺産分割の手続き

遺産の範囲①

分割の対象となる遺産の範囲が問題になることもある

●遺産の調査が必要な場合もある

相続が発生しても、特定の相続人だけが遺産を把握しており、遺産内容が把握できない場合があります。このような場合、相続税の共同申告を行えば、自然に遺産内容を把握できますが、相続税は各自が独自に申告もできるので、この場合は、その特定の相続人に遺産内容を教えてもらい、相続税申告書があればそれを開示してもらうことになります。もし、相手が相続税の申告書の開示を拒否をしたり、遺産の開示を拒否した場合は、自分で調べるより他ありません。不動産については、名寄帳を閲覧謄写し、預金や証券については、相続人として思い当たる銀行・証券会社に行って相続人として開示請求をすることになります。

家庭裁判所の遺産分割調停で遺産の開示を求め、調停委員会を通じて粘り強く開示を求めることもありますが、家庭裁判所は、基本的には「遺産探しはしない。当事者にわからないものは家庭裁判所にもわからない」というスタンスですから、調停で遺産探しをするのは難しいと認識してください。調査官が遺産の調査をすることもありません。また、家庭裁判所を通じて、税務署に相続税申告書の開示を求めても、税務署は守秘義務を理由に開示を拒否します。相続税申告書の開示は、相手の協力がない限り不可能です。

●遺産の範囲を確定するには

遺産分割をするには、いきなり遺産をどのように分割するかを決めるのではなく、まず分割する遺産はどれかという遺産の範囲を確定し、次に遺産の評価を確定し、その上で具体的相続分を確定し、最後に誰がどの遺産を取得するかを決めます。遺産分割調停でもまず分割の対象になる遺産の範囲を確定します。しかし、遺産の範囲について争われることがあります。動産や無記名証券（無記名債権）など、名義が明確でないものは争いが起こりがちですし、不動産の所有権が争われることもあります。たとえば、遺言者が第三者との間で債務の有無や土地の所有権を争っていた場合、訴訟や調停で解決した後、初めて遺産分割の対象になります。このような争いは、第三者に限らず相続人同士の争いとなる場合もあります。税金対策で名義変更していた場合は、遺産か特定の相続人の所有かで争いになることもあります。

なお、遺産分割調停で遺産の範囲が合意できないときは、いったん調停を

取り下げた上で、地方裁判所に訴訟を提起し、遺産の範囲を確定した後、再び遺産分割調停を申し立てることになります。家庭裁判所の調停や審判で遺産の範囲について判断しても、遺産の範囲は最終的に確定されるわけではなく、遺産の範囲は訴訟でしか最終的に確定できないからです。

また、調停や審判を取り下げずに裁判所の結論がでるまで、調停や審判の期日を無期延期する取扱いも行われません。ただし、相続人全員が遺産分割審判で遺産の範囲を判断することに同意し、家庭裁判所も判断可能と考えたときは、遺産分割審判の前提問題として、遺産の範囲を確定します。

●本人の預金口座と引き出し

金融機関に預金口座を持っている人（預金者）が亡くなり、その事実を金融機関が知ると、預金口座は凍結され、相続人の１人が勝手に預金を引き出せなくなります。金融機関が預金者の死亡を知る前に、相続人がATMで葬儀代などを引き出してしまうケースもあるようですが、本来は違法です。

遺産分割の協議を行うため、まず亡くなった預金者の預金額を把握しなければなりません。また、相続開始前に他の相続人が勝手に預金をおろしていないかをチェックする必要もあります。

相続人は、金融機関に対し、被相続人名義の預金について、①残高証明の発行請求、②取引履歴の開示請求が可能です。残高証明（①）は、同じ支店の全口座分を発行してもらえるため、相続人が把握していない預金口座が見つかることもあります。一方、取引履歴（②）は、過去数年分のデータが開示されるため、これを見れば、不正な引き出しの有無をチェックできます。

残高証明の発行、取引履歴の開示の請求は、相続人１人で行うことができます。これらの請求は、金融機関が用意している書面で行います。主な必要書類などは、被相続人の死亡と自らが相続人であることを確認できる戸籍謄本や除籍謄本、相続人本人の印鑑証明書と実印です。

●口座凍結解除をするには

口座凍結を解除する方法として、まず、ⓐ遺産分割協議を完了させる方法があります。この場合、すべての遺産について相続人全員で話し合い、誰がどの遺産を手に入れるのか決める必要があります。次に、ⓑ預金の分け方だけ先に決める方法もあり、この方法は比較的短時間で行うことができます。

ⓐまたはⓑにより、預金の分け方が確定した場合は、被相続人の出生から死亡までの戸籍謄本と除籍謄本、相続人全員の戸籍謄本、相続人全員の印鑑証明書などを用意し、凍結解除の申請を行います（書面には相続人全員の署名と実印の押印が必要）。

2 遺産の範囲②
金融機関への請求ではいろいろな書類をそろえる

●預金口座の名義変更の方法

被相続人の預金口座は、遺産分割が確定するまで凍結されます。遺産分割の確定後、被相続人名義の預金口座の名義変更や解約の手続きをしなければなりません。名義変更の手続きは、金融機関が用意している名義変更依頼書で申請します（解約についても同様です）。所定事項を記入し、相続人全員の署名と実印の押印を行い、被相続人の出生から死亡までの戸籍謄本と除籍謄本、相続人全員の戸籍謄本、相続人の印鑑証明書、被相続人の預金通帳や預金証書と届出印などの添付書類などを一緒に提出するのが一般的です。

また、遺産分割の状況により、①遺産分割協議書、②調停調書謄本、③審判書謄本と審判確定証明書、④遺言書または遺言書の写し（公正証書遺言または自筆証書遺言保管制度以外の場合は遺言書検認調書謄本も必要）などの書類が必要となることもあります。

●株式は証券会社で変更手続をする

株式を相続した場合は、株主の名義を変更しないと配当金の支払いなどが受けられませんから、できるだけ早く名義変更の手続きをします。

上場株式の場合は、被相続人名義の証券口座から相続人名義の証券口座に株式の振替申請が必要です。その際、相続人は被相続人と同じ証券会社に口座を開設している必要があります。手続きに必要な書面として、被相続人の出生から死亡までの戸籍謄本と除籍謄本、相続人全員の戸籍謄本、相続人全員の印鑑証明書などが挙げられます。

一方、非上場株式の場合は、株式を引き継ぐ当事者間で、譲渡したことを示す書類を作成します。必要書類は証券会社などによってさまざまです。

●その他の債権の請求方法

遺産分割で貸金などの債権を取得するときは、回収の見込みがあることが重要です。民法では、他の相続人が相続分に応じて債務者の資力を担保することになっていますが、事後の担保請求は一般に困難です。訴訟によって債権を請求する場合も、相続の事実を証明する各種書類の提出が必要ですが、債権譲渡の手続きは不要です。

●死亡退職金がもらえる場合

死亡退職金とは、被相続人が在職中に死亡した場合における退職金のことです。退職金は給料と異なり、必ずもらえる性質のものではありません。外

資系企業や中小企業では、退職金の制度がない場合も多くあります。

退職金請求権が権利となるには、就業規則や退職金規程その他の会社の規程に退職金の支払が定められているか、雇用契約にそれが定められていなければなりません。退職金の制度はあっても、懲戒解雇の場合は退職金が支給されないのが普通です。また、年限が足りずに支給されないこともあります。

このように退職金は、当然の権利となっているわけではないのですが、会社が退職金に関する規程を定めている場合は、その定めに該当すれば、退職金請求権は雇用されていた者の権利です。死亡退職金は、退職金に関する規程の定めによって、遺産となる場合とならない場合があります。規程に格別の定めがない場合、退職金請求権は遺産となるので、相続人は会社に支払いを請求をすることができますし、被相続人が遺言で受け取る相続人や分け方を指定することもできます。

●退職慰労金・年金の場合

被相続人の死亡の場合に、退職金ではなく、遺族に対する死亡慰労金や年金が支給されるという会社の規程もあり得ます。受取人の指定も定められていることがあり、この場合の死亡慰労金などは遺産ではなく指定された受取人の独自の権利となります（保険金受取人の指定がある場合と同じです）。指定する受取人については、遺族の生計を維持するため、配偶者や遺児とする場合が多いようです。

退職金が死亡の有無にかかわらず、本人に支給される制度の場合は、死亡後は遺産となり、遺産分割や遺言の対象になります（可分債権として相続分に応じた債権になります）。

一方、死亡慰労金として受取人が定まっていれば、その者の権利であり、遺産分割ではないので相続の問題にはなりません。

なお、通常は会社の規程などにより退職金などの金額を算定して支払うことになり、相続人としては手続きが不要の場合が多いと思われますが、書類などが必要な場合もあり、会社の担当者と話し合っておくことが大切です。

株式の相続と手続き

 ➡ 証券会社を通じて名義書き換えの手続きを行う

 ➡ 株式の発行会社または株式名簿管理人を通じて名義書き換えの手続きを行う

3 遺産分割手続きの流れ①

遺産分割協議に参加する者を確認しておく

●遺産分割は相続人全員で行う

相続開始時（原則として被相続人の死亡時）に被相続人の遺産が相続人に承継されます。これにより、個々の遺産を相続人が相続分に応じて持ち合っている状態となります。そこで、相続開始後に、個々の遺産を、それぞれの相続人の所有物として確定する手続きが必要です。これが遺産分割です。

まず、遺産分割のおおまかな流れを見ておきましょう。遺産の全部が可分債権（預貯金債権を除く）の場合は、遺産分割の手続きを経ることなく、当然に相続分に応じて遺産が分割されます。負債（債務）も同じです。ただし、相続人全員の同意があれば、遺産分割の対象とすることができます。

しかし、遺産が可分債権や現金だけという場合は少ないです。ほとんどの場合、遺産の中には、預貯金債権、不動産、動産（現金も含む）など、そのままでは分割できないものが含まれます。営業用財産などのように分割すると価値がなくなるものもあります。これらの場合、遺産分割手続きによって、特定の相続人がその不動産や動産などを所有することに決めることができるのです。

相続人が1人の場合を除き、どのような遺産が残されていて、それをどのように分割し、誰がどれだけの割合を相続するのかを、相続人が全員参加する遺産分割協議によって話し合う必要があります。

公平に遺産分割をするため、一部の相続人が参加していない遺産分割の協議は無効とされ、協議をやり直さなければならなくなることに注意が必要です。戸籍謄本や除籍謄本などで相続人を確認しておく必要があります。

なお、遺産分割協議に出席するのは、相続人だけとは限りません。代襲相続人、包括受遺者、認知された子も出席する必要があり、全員出席してはじめて協議が成立します。

遺産分割とは

遺産
（可分債権を除く）

遺産分割協議
相続人全員で協議する

代襲相続人
包括受遺者
認知された子も含む

210

遺産分割手続きの流れ②

協議がまとまらないときには家庭裁判所に申し立てる

●遺産分割は自由に行える

法定相続分は、民法で定めた遺産に対する持分の割合であり、遺産分割の基準となります。もっとも、遺言がある場合を除き、どのように遺産分割を行うかは相続人の自由です。必ずしも法定相続分や具体的相続分(特別受益などを考慮した相続分)に従わなければならないわけではありません。

なお、相続人間で争いがあり遺産分割協議がまとまらない場合に行われる家庭裁判所の調停や審判では、具体的相続分が基準になります。

●家庭裁判所に判断してもらう場合

遺産分割協議が成立しなければ、家庭裁判所の調停や審判によることになります。調停の場合は、相続人の意向を反映し、柔軟な分割を行うこともできます。しかし、審判の場合は、審判官(裁判官)が、具体的相続分に基づいて強制的に遺産を分割します。遺産分割の方法については、現物分割、代償分割、換価分割、共有分割の中から実情に合わせて選択します。

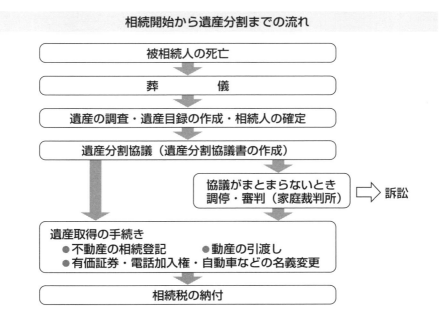

相続開始から遺産分割までの流れ

遺産分割の方法
個々の相続人の事情を考慮して分割を決める

●遺産分割は一部でもできる

遺産の全部を一度に分割することを全部分割といい、遺産の一部を分割することを一部分割といいます。たとえば、特定の遺産を売却して支払期限が迫った債務の支払いに充当し、残りの遺産は後で時間をかけて解決するといったケースが考えられます。

一部分割は実際に多く行われ、相続人全員が合意していれば有効です。ただし、一部分割をした場合は、最終的な解決を先送りしていることから、かえって遺産分割協議が複雑になることもあります。

●分割の方法には4つある

遺産分割の方法のうち、代表的なものは、以下の現物分割、換価分割、代償分割、共有分割です。

① 現物分割

現物分割とは、相続人が個別に取得する財産を決める方法です。たとえば、「○○区○○所在の建物は配偶者が相続する」「○○産業の株式は長男が相続する」という分割法です。個々の相続人が受け取りたい財産が決まっている場合、財産の形を変えたくない場合（先祖代々の土地を引き継ぎたい場合など）、分割する財産の価値がほぼ同じである場合に有効な方法です。配偶者が不動産Aを受け取り、長女が不動産Bを受け取り、次女が不動産Cを受け取る、といった形で分割します。

もっとも、分割する財産の価格差が大きいときなど、現物分割では法定相続分に応じた分割が難しいことも多いです。しかし、その場合も相続人全員の合意があれば問題ありません。審判の場合は、少ない側に対する代償を付加すべきですが、通常、多少の誤差は許容範囲内とされます。

② 換価分割（価額分割）

換価分割とは、遺産の一部または全部を売却して現金に換え（換価）、相続分に応じて分割する方法です。耕作中の畑など現物分割が適当でない場合や、現物分割をすると価値が下がる場合で代償分割も無理なときは、換価分割を選択します。

換価の方法は、相続人が自ら財産を売却して換金するのが原則です。ただし、家庭裁判所の審判で換価分割をするに際し、競売により換価が行われることがあります。

なお、土地や建物を売却すると、相続人の全員に「譲渡による所得税と住民税」がかかるため、その分が目減りしてしまうことに注意しましょう。

③ 代償分割

代償分割とは、1人または数人の相続人が遺産の現物を相続し、残りの相続人の相続分に相当する超過分（代償分）を現金で支払う方法です。とくに遺産の大部分が稼動中の工場や農地などで、後継者にそれらを相続させたい場合に有効な方法です。

．代償分割は、現物を相続する人にある程度の資産（支払能力）が必要であるため、代償分を支払うだけの資産がない場合は向いていません。ほとんどの遺産の現物を相続した相続人は、代償分を自分の資産の中から支払わなければならないからです。

例外的に、当面の支払いができなければ、代償分を分割で支払うとして債務を負担する方法もあります。分割払の場合は、どの程度の支払いができるかを見極めなければなりません。この債務負担の方法は、家庭裁判所の審判による場合は、特別の事由があることが認められた場合に限られます。

なお、遺産分割協議で合意される場合は、代償分の分割払いによる代償分割は何ら問題がありません。実際には農地や商店など細分化が適当でないものについて、代償分割による遺産分割が行われることがよくあります。

④ 共有分割

共有分割とは、遺産の一部または全部を相続人全員が共同で所有する方法です。たとえば、不動産の遺産分割をしたい場合に現物を分割する必要がなく、登記手続きだけですむのがメリットです。しかし、共有名義の不動産を売却する際に共有者全員の同意を要するなど、共有分割の後はさまざまな制約を受けるのがデメリットです。

● 協議の成立までは共同所有

遺産分割協議が成立するまでは、遺産分割の方法にかかわらず、遺産は相続人全員の共有になります。その間の遺産の管理は、一部の行為を除き、相続分の過半数の同意によって決めて共同管理します。遺産の管理費用は、遺産の中から支払うことも可能です。

遺産分割の方法

現物分割	各相続人が個別に取得する財産を決める方法
換価分割	遺産の一部または全部を売却して現金に換え、各相続分に応じて配分する方法
代償分割	1人または数人の相続人が遺産の現物を相続し、残りの相続人に相続分に相当する現金を支払う方法
共有分割	遺産の一部または全部を相続人全員で共有する方法

6 遺産の分割が禁止される場合

遺言・協議・審判により遺産分割が禁止されることがある

●自由に分割できない場合

相続人は、相続開始後、いつでも遺産分割ができるのを原則とします。ただし、次の場合は、遺産の全部または一部の分割が禁止されます。

① **遺言による分割の禁止**

被相続人が遺言で遺産分割を禁止することができます。ただし、分割禁止期間は、相続開始時から5年が上限とされています。

② **協議による分割の禁止**

相続人全員が5年以内の期間を定めて合意した場合も、遺産分割が禁止されます。ただし、分割禁止期間の終期（終わる時期のこと）は、相続開始時から10年を超過できません。

③ **審判による分割の禁止**

遺産分割協議が成立せず、または遺産分割協議ができない場合で、特別の事由があるときは、家庭裁判所が5年以内の期間を定めて遺産分割を禁止することができます。ただし、分割禁止期間の終期は、相続開始時から10年を超過できません。

●遺産分割に期限はない

民法では、遺産分割の期限を設けていません。したがって、遺産分割を確定させ、相続登記をして名義を変える必要もない場合も多いでしょう。しかし、相続税がかかる程度の財産がある場合は、そんな気楽なことは言っていられません。相続税には「配偶者は法定相続分まで相続しても相続税はかからない」という特典がありますが、この特典は相続税の申告期限までに遺産分割が決まらないと受けられません。

したがって、通常の場合は、被相続人の死亡から相続税の申告期限までに遺産分割を行うようにしており、多少トラブルがあっても、そのように努力しなければなりません。

遺産分割が禁止されるケース

```
        遺言による分割の禁止
               ↓
             禁 止
          ↙        ↘
協議による分割の禁止    審判による分割の禁止
```

214

7 遺言による相続分や分割方法の指定
相続分や分割方法を自由に定めることができる

●遺言で相続分や分割方法の指定を行うことができる

被相続人は、法定相続分とは別に、遺言で相続分や分割方法を自由に指定することができます。また、指定する内容を遺言で第三者に委託することもできますし、相続開始時から5年を超えない期間の遺産分割を禁じることもできます。

まず、相続分を指定する場合（指定相続分）は、全遺産について各相続人に割合的に指定する場合と、個々の遺産について各相続人の相続分の割合を指定する場合があります。たとえば、「Aには全遺産の4分の3、Bには全遺産の4分の1」と指定する場合が全遺産に対する割合的指定であり、「不動産はAに4分の3、Bに4分の1」と指定する場合は、個々の遺産についての相続分指定です。

次に、分割方法の指定は、遺産分割の方法を指定するもので、全相続人の同意がない限り、相続開始と同時に遺言書どおりに分割されます。

また、相続分や分割方法の指定が遺留分を侵害する内容であっても、その指定は有効ですが、相続人の遺留分を奪うことはできません。遺留分を侵害された相続人は、遺留分侵害額請求権を行使することができます。

後から相続人間で遺留分などの紛争が生じないように、相続分や分割方法の指定は、できる限り遺言者自身が行った方がよいですが、第三者に指定を委託する場合は、信頼できる人であることが大切です。

なお、債務については債権者の利害があるので、相続分や分割方法の指定は自由にできません。この場合、相続人は債務者の遺言によって拘束されることなく、原則として、相続分に応じて債務を相続することになります。

遺言で定められること

- 相続分や分割方法を自由に指定できる
- 指定する内容を第三者に委託することができる
- 5年を超えない期間の遺産分割を禁じることができる

遺留分を侵さない

遺産分割協議の流れ

遺産分割協議は相続人全員が参加しなければならない

●遺産分割協議の方法

遺産分割協議をどのように行うのかについては、とくに決まりはありません。ただし、多数決ではなく、相続人全員の合意があったときに限り、遺産分割協議が有効に成立します。したがって、相続人のうち1人でも参加していない状態で合意した遺産分割協議は無効です。

●協議のやり直しは原則できない

法定相続分や指定相続分と異なる内容の遺産分割をしても、相続人全員が協議して合意した分割であれば問題ありません。そして、遺産分割協議がいったん成立すると、相続人全員の合意がない限り、そのやり直しはできないことに注意しましょう。また、税務上は全員の同意があっても、遺産分割協議のやり直しは否認されます。

●遺産分割協議の効力

遺産分割協議が成立した段階で遺産分割が確定し、相続開始の時にさかのぼって有効になります。被相続人が死亡した時点で相続は開始され、個々の遺産について相続人の共有状態が生じます。その後、遺産分割協議が成立し、各相続人に分割されれば、共有の時期はなかったことになります。

ただ、共有状態が続いている間に共有持分権を譲ったなどの場合は、譲渡を受けた第三者の権利を害することはできないとされています。

遺産分割協議の流れ

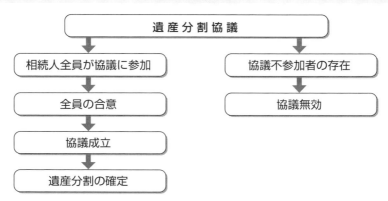

遺産分割協議書

遺産分割協議書には署名と実印で押印する

●協議書は人数分作成する

遺産分割協議書を作成するかしないかは自由ですが、後日の争いを避けるための証拠として作成しておくのが確実です。とくに特定の遺産が他の相続人の所有となり、その代わりに金銭（代償金）を受け取る場合に、遺産分割協議書の記載が重要な意味をもちます。相続登記の手続きや相続税の申告などの際は、遺産分割協議書を添付して手続きをすることになります。

●遺産の目録を作成する

まず、遺産の内容を明確にするための目録を作成します。この目録を参照して遺産分割の内容を記入していきます。相続人全員の合意による一部分割は別ですが、全部の遺産を対象にしていない遺産分割協議は無効になることもあるため、正確に作成します。作成のポイントは、以下のとおりです。

① 誰がどの遺産を相続するのかを具体的に記します（現物分割）。
② 誰が何の代償として誰にいつまでにいくら支払うのかを記します（代償分割）。その場合、違反がある場合の措置も記します。
③ 第三者への遺贈がある場合は、誰がいくら負担し、どのように処理するかを記します。
④ 書式は自由です。署名以外はワープロで作成してもかまいません。
⑤ 住所は住民票や印鑑証明書に記載されているとおりに記します。不動産の相続登記などの手続きのために必要になるからです。
⑥ 預金、預り金、株式などは、事前に金額や株数などを確認します。場合によっては、遺産分割協議書に押印するのと同時に、金融機関や証券会社に提出する書類にも押印し、受領者を確定させます（押印は印鑑証明を受けた実印で行います）。
⑦ 遺産分割協議書には、上記の事項以外にも特記事項を記入してかまいませんが、問題にならないように、それが法的にどのような意味を持つのか明確にしておきます。
⑧ すべての相続人が署名し、印鑑証明書を添付します。押印は印鑑証明を受けた実印で行います。名義変更などの手続きのために実印で押印することが重要です。作成する枚数は、相続人や包括受遺者などの参加者ごとに一通ずつです。
⑨ 相続登記の手続きの際に提出する場合は、遺産分割協議書に印鑑証明書の添付が必要です。

10 遺産分割後にしなければならない手続き
預金や株式などについては名義変更が必要

●手続きについて

遺産分割が成立し、各相続人が相続する遺産が確定しても、その後の手続きが必要です。不動産は所有権移転登記が必要であり、動産は他人がもっていれば引き渡してもらわなければなりません。預金や株式などは名義変更が必要です。名義変更自体は法的な義務ではありませんが、名義変更をしなければ、その財産の新しい名義人になったことを証明できなくなります。期限は定められていませんが、その後の各種手続きをできるだけスムーズに進めるためには、早めに手続きをしておいた方がよいでしょう。

不動産については、書類に不備がなければ、実印が押された遺産分割協議書に印鑑証明書を添付して登記申請手続きを行います。ただ、遺産分割協議の成立後、登記申請手続きに必要な書類への押印などを拒む相続人がいる場合には、調停や訴訟で手続きへの協力を求めることになります。遺産分割協議書が確実に作成されていれば、訴訟や調停での手続きは簡単です。

●遺産分割協議のやり直しなど

相続人全員の合意による遺産分割協議は、いったん成立すれば契約と同様に効力が生じ、やり直しを主張することはできません。例外として、相続人全員の合意で協議の全部または一部を解除し、改めて協議を成立させることはできます。

協議から漏れた遺産がある場合は、成立済みの協議を有効としたままで、その漏れた遺産について別の協議をします。相続人でない者を加えた協議や相続人の一部を除いた協議は無効ですから、再協議になります。協議の中で特定の者が強迫するなど、民法が意思表示の無効・取消を定める規定は協議にも適用があります。遺言による包括受遺者がある場合、その者を除いた協議は無効になります。

また、遺言書の発見で相続人の認知が生じた場合は、各人の相続分が変更されます。ただし、他の相続人によって協議が成立した後に認知された子が遺産分割を請求した場合であっても、その協議は無効とならず、相続分に相当する価額の支払いを請求できるだけです。本来相続人になりえなかった人が遺産を取得していた場合は、認知された子から請求された際に、その遺産を返還する必要があります。

第8章

家事事件手続法の
しくみ

家庭裁判所による解決法

家庭裁判所が扱う家事事件は大きく4つのグループに分けられる

●家事事件には4つのグループがある

　家庭裁判所は、家族間の争い、夫婦間の争い、相続関係の争いなどに関する家事事件と、20歳未満の者（少年）の犯罪行為などに関する少年事件を扱う裁判所です。家庭裁判所では、非公開の手続きによって家事事件や少年事件を処理しています。家事事件は、大きく4つのグループに分かれています。

　第1のグループが、家事事件手続法の別表第1に列挙されている事件（別表第1事件）です。別表第1事件が扱うのは、本来紛争性がなく、家庭裁判所が当事者の意思に拘束されず、公の立場から判断すべき事項であるため、別表第1事件については家事審判のみが行われ、家事調停は行われません。

　第2のグループが、家事事件手続法の別表第2に列挙されている事件（別表第2事件）です。別表第2事件が扱うのは、当事者間の合意に基づく解決を期待することができる事項であるため、別表第2事件については家事審判だけでなく、家事調停を行うこともできます。一般的には、家事調停が行われることが多いです。

　第3のグループは、人事訴訟法という法律に定められている人事に関する事件（離婚や離縁に関する事件は除外）であり、婚姻関係や親子関係など、当事者の処分を許さない戸籍に関わる事項を扱います。第3のグループに関する家事調停は「特殊調停」と呼ばれており、調停前置主義（まず家事調停を申し立て、その後でなければ人事訴訟や通常の民事訴訟などの訴訟を提起することができないという原則）が採用されています。

　第4のグループは、第1～第3のグループに含まれない事件と、人事に関する事件のうち離婚と離縁に関する事件です。第4のグループに関する家事調停は「一般調停」と呼ばれており、調停前置主義が採用されています。

●調停開始から審判手続きまでの流れ

　家事調停は、原則として、家事審判官と家事調停委員で構成される調停委員会によって行われ、調停委員会の積極的な説得と相互の譲り合いにより、当事者間の合意が形成されるように努力が払われます。しかし、調停不成立になっても、第2のグループでは、自動的に審判手続きに移行し、家事審判が行われます。

　また、第2、第4のグループでは、調停不成立になっても、家庭裁判所が相当と認めるときは、家事調停委員の意見

を聴いた上で、一切の事情を考慮して、職権で調停に代わる審判が行われます。

なお、第3のグループでは、当事者間に審判を受けることについて合意が成立しており、申立てに関する事実につき当事者間に争いがない場合には、家庭裁判所が必要な事実の調査を行い、合意が正当と認めるときは、職権で合意に相当する審判が行われます。第3のグループは、当事者の処分を許さない事項であり、調停による解決ができないため、合意に相当する審判を行う形を採用しています。しかし、第3のグループで調停不成立のときは、人事訴訟によって争うことになります。

●どんな法律なのか

家事審判や家事調停に関する家族間の争い、夫婦間の争い、相続関係の争いなどの事件を家事事件といい、家事事件の手続きについて規定しているのが家事事件手続法です。

家事審判に関する事件（審判事件）とは、当事者の申立てや裁判官の職権によって審判（家庭裁判所が行う終局的判断のこと）の手続きが始められた事件のことです。

家事調停に関する事件（調停事件）とは、申立てによって調停が始められた事件、訴訟や審判の前提として行われる調停に関する事件です。調停は当事者間の自主的な紛争解決手段であることが、審判とは異なります。

●別表第1事件と別表第2事件

家事事件手続法では、別表第1と別表第2に家事事件の対象となる事件が列挙されています（223ページ図参照）。別表第1に記載された事件が別表第1事件（前述した第1のグループ）、別表第2に記載された事件が別表第2事件（前述した第2のグループ）です。

別表第1事件は、当事者が自らの判断で処分できない権利が関わる公益性のある事件で、当事者間の合意により解決できる性質ではないため、家事調停の対象でなく、家事審判のみで取り扱われます。たとえば、成年後見人の選任や失踪宣告に関する事件などが別表第1事件に該当します。

別表第2事件は、当事者が自らの判断で処分できる権利に関する争いで、当事者間の話し合いによる解決が期待されるので、家事審判だけでなく家事調停でも取り扱われます。たとえば、婚姻費用の分担や財産分与に関わる事件などが別表第2事件に該当します。

なお、別表第1と別表第2の他に、前述した第3、第4のグループに関する事件も家事事件に含まれます。

●家事事件の特徴

家事事件では、当事者が感情的に対立するケースが多く、多くの人に影響を与えるので、裁判所が解決のため積極的に動く必要があります。

このような観点から、通常の民事訴

訟とは異なり、家事事件では家庭裁判所が積極的に事件の調査を行うことができます。具体的には、通常の民事訴訟では、裁判所は当事者の主張が妥当かどうかのみを判断し、当事者の提出する証拠のみをもとにして事実認定を行うのに対し、家事事件の場合、家庭裁判所は、当事者の主張に拘束されず、かつ当事者の提出する証拠に限定されず、事実関係の調査や事実認定を行うことができます。

さらに、家事事件は迅速に解決する必要性が高いものが多いといえることから、当事者が遠隔地に在住する場合などは、テレビ会議システム等（当事者同士が裁判所に出頭せず映像や音声の送受信により審理を行うこと）を利用した調停や審判の手続きを活用することが可能です。ただし、離婚や離縁の調停では、テレビ会議システム等により調停を成立させることができない（審理はテレビ会議システム等の利用が可能）という制約があります。

●手続きは非公開で行われる

家事事件では、家庭内の事情など、当事者のプライバシーに踏み込んだ審理を行う必要があります。そのため、家事事件の当事者は手続きが公開で行われることを望んでいません。もし手続きが公開で行われると、家庭内の事情などを社会に知られることを嫌がる当事者が真実を述べない可能性があり

ます。そこで、家事事件の手続きは原則として非公開で行われます。家事事件の記録の閲覧も、当事者などのプライバシーが侵害されないように制限がなされています。

●家事事件の手続きの流れ

まず、別表第1事件は、家事審判により手続きが終了する事件であるため、別表第1事件について家事調停はできません。家事審判に対する異議申立て（不服申立て）は、原則として即時抗告に限定されています。

これに対し、別表第2事件は、家事審判と家事調停のどちらによっても手続きを始めることができます。家事審判によって手続きが開始された場合、手続きの途中で調停に移行することができます。また、当事者が審判を申し立てた場合であっても、裁判官が話し合いによる解決を図った方がよいと判断したときは、調停による解決を試みることができます。

一方、家事調停によって手続きが開始された場合、調停が不成立となったときは、自動的に家事審判の手続きに移行します。ただし、調停不成立になった際、正式な審判手続きに移行しなくても、家庭裁判所は調停に代わる審判をすることができます。調停に代わる審判に対して当事者が異議を述べなければ、それが確定して事件が終了します。これに対し、調停に代わる審

判に対して当事者が異議を述べた場合は、正式な家事審判の手続きに移行します。なお、家事審判に対する異議申立てが原則として即時抗告に限定される点は、別表第1事件と同様です。

また、人事訴訟（離婚の訴えと離縁の訴えは除外）を行うことができる事件（前述した第3のグループ）については、訴訟提起前に家事調停を行う必要があります（調停前置主義）。調停手続きの中で、当事者が事実関係を争わなければ合意に相当する審判が行われ、その審判に対して当事者が異議を述べなければ事件は終了します。これに対し、当事者が異議を述べた場合は合意に相当する審判の効力が失われるため、当事者は人事訴訟を提起して争うことになります。この点は、調停不成立の場合も同様です。

さらに、離婚・離縁に関する事件や民事訴訟の提起ができる家庭に関する事件（前述した第4のグループ）については、訴訟提起前に家事調停を行う必要があります（調停前置主義）。調停不成立になった際、家庭裁判所は調停に代わる審判を行うことができます。調停に代わる審判を行わなかった場合や、当事者が調停に代わる審判に対して異議を申し立てた場合、当事者は訴訟を提起できます。

別表第1、第2事件の概要（令和6年5月現在）

●別表第1事件（24項目138種類）
①成年後見（後見開始など）、②保佐（保佐開始など）、③補助（補助開始など）、④不在者の財産管理（不在者財産管理人選任）、⑤失踪の宣告（失踪宣告など）、⑥婚姻等（夫婦財産契約による財産の管理者の変更）、⑦親子（子の氏の変更など）、⑧親権（親権喪失など）、⑨未成年後見（未成年後見人選任など）、⑩扶養（扶養義務の設定など）、⑪推定相続人の廃除（推定相続人廃除など）、⑫相続の承認及び放棄（限定承認の申述の受理など）、⑬財産分離（財産分離など）、⑭相続人の不存在（特別縁故者に対する相続財産の分与など）、⑮遺言（遺言の検認など）、⑯遺留分（遺留分の放棄など）、⑰任意後見契約法（任意後見監督人の選任など）、⑱戸籍法（戸籍の訂正など）、⑲性同一性障害者の性別の取扱いの特例に関する法律（性別の取扱いの変更）、⑳児童福祉法（措置の承認など）、㉑ 生活保護法等（施設への入所などの許可）、㉒ 心神喪失等の状態で重大な他害行為を行った者の医療及び観察等に関する法律（保護者の選任など）、㉓ 破産法（管理権の喪失など）、㉔ 中小企業における経営の承継の円滑化に関する法律（遺留分の算定に係る合意についての許可）

●別表第2事件（9項目17種類）
①婚姻等（夫婦間の協力扶助に関する処分など）、②親子（祭具等の所有権の承継者の指定）、③親権（親権者の指定・変更など）、④扶養（扶養の順位の決定など）、⑤相続（祭具等の所有権の承継者の指定）、⑥遺産の分割（遺産分割、遺産分割禁止、寄与分を定める処分）、⑦特別の寄与に関する処分、⑧厚生年金保険法の請求すべき按分割合に関する処分、⑨生活保護法等の扶養義務者の負担すべき費用額の確定

2 家事審判の対象と手続き
審判事件には別表第1事件と別表第2事件がある

●どのような事件を取り扱うのか

審判事件(家事審判に関する事件)は、家事事件手続法の別表第1に掲げる事項に関する事件(別表第1事件)と、家事事件手続法に別表第2に掲げる事項に関する事件(別表第2事件)に分けられます(前ページ)。

審判事件にはさまざまなものがあります。たとえば、後見・保佐・補助に関する事項(後見人・保佐人・補助人の選任や解任など)について家庭裁判所が審判を行います。遺産分割や婚姻費用の分担といった事項についても審判を行います。その他、金銭の支払いをめぐる一定の事件についても、家庭裁判所は審判を行います。

家事審判の申立ては、家庭裁判所に申立書を提出することで行います。申立書には、当事者と法定代理人の氏名・住所、申立ての趣旨と理由を記載します。申立ての趣旨と申立ての理由は、それぞれ分けて記載する必要があります。また、家事事件の手続が同種のもので、審判を求める事項が同一の原因に基づく場合は、2つ以上の事件を一緒に申し立てることもできます。

申立書に必要事項が記載されていない場合、裁判長は当事者に対し申立書の内容を修正するよう命じます。当事者が修正に応じない場合、裁判所は申立書を却下(必要な条件を満たしていないとして申立書を受け付けないこと)します。また、手数料が納付されない場合も申立書は却下されます。

申立書に記載した申立ての趣旨や理由の変更は、審判を求める事項の基礎となる事実に変更がない場合に可能です。たとえば、変更前に提出された資料を変更後の審理に流用できる場合は、基礎となる事実に変更がないものとして、申立ての変更ができる可能性が高いといえます。審判の期日においては、申立ての変更は口頭ですることができますが、それ以外の場面では書面を提出する必要があります。

●期日での審理

家庭裁判所は、審判の期日に事件の関係人を呼び出して直接事情を聴取します。呼び出しを受けた事件の関係人は、原則として審判の期日に出頭する必要があります。やむを得ない事情がある場合は、代理人を出頭させることができます。呼び出しを受けた事件の関係人が正当な理由なく出頭しなかった場合、5万円以下の過料に処せられることがあります。

なお、当事者が遠隔地に居住してい

る場合は、審判の期日にテレビ会議システム等を利用することができます。

家事審判の当事者は、審判の資料となる証拠を家庭裁判所に提出することができますが、家庭裁判所も自ら事件の調査を行い、自由に審判の資料となる証拠を収集することができます。当事者は、裁判所による証拠収集を補完するため、裁判所の行う調査に協力する必要があります。家事事件における事実の調査は、家庭裁判所が家庭裁判所調査官に事実の調査を命じて行わせます。審判の期日に家庭裁判所調査官を立ち会わせることもできます。家庭裁判所は、審判に大きな影響を与える可能性がある場合は、調査の結果を当事者や利害関係人（審判を受ける者や審判の結果により直接影響を受ける者など）に通知する必要があります。

●審判手続きの終了と不服申立て

家庭裁判所は、十分に審理を行った後に審判を行います。審判を行うことで審判手続きが終了します。審判の効力は、審判を受ける者に告知を行うことで生じます。審判を行う際、家庭裁判所は審判書を作成します。

また、審判手続きは、審判の申立てを取り下げることでも終了します。申立ての取下げは、審判の中で家庭裁判所の判断が示される前に行う必要があります。ただし、別表第2事件については、裁判所の判断が示される前はもちろん、審判確定前であれば取下げが可能です。裁判所の判断が示された後、審判確定前に取下げを行う場合は、相手方の同意が必要です。

その後、審判に不服がある者は、即時抗告（法律で規定されている一定の事件についてのみ行うことができる不服申立て）ができます。即時抗告ができる期間は、審判の告知を受けた日から2週間以内です。即時抗告が認められると高等裁判所で再審理が行われます。即時抗告をせずに2週間が経過した場合や、即時抗告が認められなかった場合は、審判が確定します。

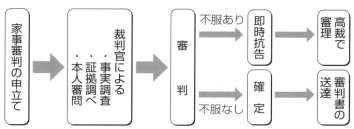

家事審判の申立ての流れ

3 家事調停の対象と手続き
調停停員会が当事者双方から意見を聴いて助言やあっせんを行う

●家事調停ではどんな事件を扱うのか

調停とは、当事者の話し合いによりお互いが納得して合意することで、争いの解決を図る手続きです。家事調停の対象となる事件は、家事事件手続法の別表第2に掲げる事項に関する調停事件（別表第2調停事件）、特殊調停事件、一般調停事件に分けられます。

別表第2調停事件としては、たとえば、養育費の請求や婚姻費用の分担に関する事件などがあります。別表第2調停事件については、当事者は家事調停と家事審判のどちらでも申し立てることができます。当事者が家事審判を申し立てた場合でも、裁判官が当事者間で話し合いをした方がよいと考えた場合は調停を行うことができます。

特殊調停事件は、認知や親子関係の不存在確認、嫡出否認に関する事件などがあります。特殊調停においては、当事者間で合意が成立すれば、合意に相当する審判が行われます。特殊調停では、当事者間で原因の有無について争いがない場合には、一定の手続きを経て、家庭裁判所が正当と認めたときに、調停の成立に代えて、合意に相当する審判が行われます。一般調停事件は、家庭に関する事件のうち、別表第2調停と特殊調停を除いた事件であり、離婚事件などがあります。

家事調停を行う裁判所（土地管轄といいます）は、原則として相手方の住所地を基準にして決められます。また、当事者間の合意によって家事調停を行う裁判所を定めることもできます。民事調停の対象となる事件など、家事調停の対象ではない事件について調停の申立てがなされた場合、家庭裁判所は、職権で事件を地方裁判所または簡易裁判所に移送します。

なお、家事調停の対象となる事件であっても、事件処理のために必要があれば、事件を地方裁判所または簡易裁判所に移送することができます。

●家事調停はどのように行われるのか

家事調停では、家庭裁判所の裁判官（または家事調停官）1人と、民間の有識者から選ばれた家事調停委員2人で構成される調停委員会が、当事者の双方から意見を聴き、問題の解決に向けた助言やあっせんを行います。調停委員は最高裁判所によって任命されます。原則として40歳以上70歳未満の者の中から任命され、任期は2年です。

また、家事調停は、裁判官の代わりに家事調停官と呼ばれる弁護士経験のある非常勤の裁判官によって行われる

こともあります。

家事調停に参加する当事者は、原則として申立人と相手方です。ただし、当事者が未成年者や成年被後見人の場合、本人みずから調停を行うことが認められていないため、法定代理人や後見人が当事者となります。

●家事調停の申立て

家事調停の申立ては、申立書を家庭裁判所に提出して行います。申立書には、当事者、法定代理人、申立ての趣旨、申立ての理由などを記載する必要があります。申立ての理由の欄には、どのような紛争が起こっているのかを記載します。申立書に不備があり、裁判所が申立書の記載を修正するように求めたにもかかわらず申立人がそれに応じなかった場合には、申立書が却下（必要な条件を満たしていないとして申立書を受け付けないこと）されます。最初に申し立てた際の事実の基本的な部分に変更がない場合には、申立ての内容を変更することが可能です。調停の申立てが行われた場合には、申立書の写しが相手方に対して送付されます。

●調停前置主義とは

家事事件について訴訟を提起しようとする場合には、まず調停を申し立てる必要があります。このことを調停前置主義といいます。

訴訟手続きは公開の法廷で行われることを原則としていますが、家庭問題に関わる事件を、いきなり公開の法廷で審理することは、プライバシーの問題などが生じるため、家庭の平和を維持するという観点から望ましくありません。そのため、まず調停によって紛争解決の道を探ることになっています。

家事調停の申立てをせずにいきなり訴訟が提起された場合には、裁判所は職権で調停を開始します。

●調停期日の審理

調停期日では、調停委員会が、調停の成立のために必要な代理人の許可、傍聴の許可、手続きの併合、申立ての

第8章 家事事件手続法のしくみ

裁判所の調停室の様子

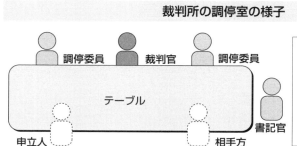

※申立人と相手方は原則として同席しない。したがって、調停委員などが申立人（相手方）と話し合いをしている間、相手方（申立人）は席を外すのを原則とする。

変更などを行います。また、調停委員会は、委員会に配属されている裁判官に対して事実の調査を命じたり、裁判官を通じて家庭裁判所調査官や裁判所書記官に調査を行うように命じることができます。調停の場所は、事件の実情を考慮して裁判所の外で行うこともできます。

調停では、調停委員が公正中立な立場で、原則として当事者双方の話を交互にかつ別々に聴いて、当事者双方の言い分や争いとなる点を整理し、その内容を双方に伝えます。当事者の説明が不十分である場合には、調停委員は当事者らに対して補足をするよう促し、助言をしたり、合意が成立するように手助けをしたりします。

なお、家事審判と同様に、呼び出しを受けた事件の関係人が正当な理由なく出頭しなかった場合、5万円以下の過料に処せられることがあります。また、当事者の一方が遠隔地に居住しているといった理由で裁判所に出頭できない場合には、テレビ会議システム等を利用することができます。

さらに、出頭できない当事者が裁判所に書面を提出することで調停を成立させることもできます。

●調停の成立と不成立

調停手続きにおける話し合いで当事者間の合意が成立し、調停委員会がこの合意を相当であると認めた場合は調停が成立し、合意内容を調停調書という書面に記載して調停手続きが終了します。調停調書に記載された合意内容は確定判決と同じ効力を有します。つまり、調停調書を根拠として強制執行（230ページ）が可能になります。

一方、合意が成立する見込みがないと調停委員会が判断した場合は調停が不成立となり、調停手続きが終了します。調停不成立となった場合は、その旨を調停調書に記載します。

また、当事者は、調停の申立てを取り下げることができます。調停の申立てが取り下げられると、調停手続きが終了し、最初から調停が行われていなかったことになります。さらに、調停委員会は、事件の性質上、調停を行うことが妥当でないと判断した場合には、調停を行わないものとして手続きを終了させることができます。

●合意に相当する審判とは

特殊調停（226ページ）において、当事者間で申立ての趣旨のとおりの審判を受けるという合意が成立した場合には、家庭裁判所は、その合意が正当かどうかを見極め、正当であると認めた場合には、当事者間の合意と同じ内容の審判を行います。これを合意に相当する審判といいます。

合意に相当する審判が確定すると、確定判決と同一の効力が認められます。合意に相当する審判を行う際には、審

判書を作成します。内容としては、申立人が主張している事実と裁判所の認定した事実などを記載します。

なお、特殊調停においては、調停不成立の場合、紛争解決のためには、当事者が家庭裁判所に人事訴訟を提起する必要があります。

●調停に代わる審判とは

通常、調停が成立しない場合は、紛争の解決を求める当事者によって、人事訴訟の提起が行われます。しかし、当事者間での主張がほとんど異ならないのに、時間や労力、コストのかかる訴訟を行うことは不経済です。そのため、わずかな意見の食い違いで合意に至らず調停が不成立となった場合は、家庭裁判所によって調停に代わる審判が行われます。

調停に代わる審判とは、審判事件における「審判」とは意味合いが異なる別の制度です。家事事件手続法が施行される前から調停に代わる審判の制度はありましたが、家事事件手続法の制定によって対象が拡大され、別表第2（223ページ図参照）で示されている事件について調停に代わる審判が認められるようになっています。

調停に代わる審判が確定すると、審判書が作成されます。作成された審判書は確定判決と同一の効力を有するので、審判書をもとにして強制執行をすることが可能です。調停に代わる審判が行われた後は、調停の申立てを取り下げることはできません。

審判に対して不服がある当事者は、申立ての取下げではなく審判に対する異議の申立てを行います。異議申立期間は、調停に代わる審判が行われた日から2週間です。

なお、離婚と離縁の調停事件を除いて、当事者が調停に代わる審判に服する旨を共同で申し出た場合には、当事者は、調停に代わる審判に対して異議を申し立てることができません。

調停の手続き（離婚調停の場合）

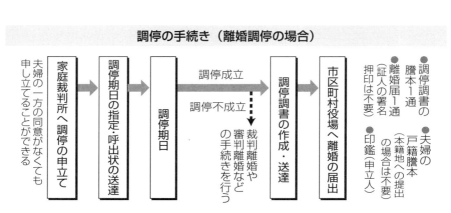

家事事件における強制執行・履行の確保
強制執行をするためにはその根拠となる債務名義が必要である

●強制執行と履行の確保

　家事事件において、家庭裁判所による調停や審判などによって養育費や慰謝料、婚姻費用などが定められたとしても、義務者がこれらを支払わない場合があります。この場合、執行機関に対して、強制執行という権利者の権利内容を強制的に実現してもらう手続きを申し立てることで、義務者に強制的に支払わせることができます。

　さらに、家事事件手続法は、より簡単な履行の確保の方法として、裁判所から義務者に対して「履行勧告」や「履行命令」を発することを申し立てることができるとしています。

●履行勧告・履行確保とは

・履行勧告

　履行勧告とは、権利者から申出があった場合に、家庭裁判所が審判や調停などで定められた義務などの履行状況を調査した上で、義務者に対してその義務などを履行することを勧告して、義務者に任意の支払を促す制度です。

　履行の勧告の申出は、原則として、その義務などを定めた家庭裁判所に対して行います。履行勧告の申出は、書面でも電話などの口頭でもすることができ、費用はかかりません。

　家庭裁判所は、審判や調停、調停に代わる審判で定められた義務などが正しく履行されているかどうかや、履行されていない理由は何かなど、履行状況を調査します。履行勧告の対象となる義務には、養育費や慰謝料などの金銭の支払義務だけでなく、夫婦の同居や子の引渡し、面会交流などに関する義務も含まれます。

　調査の結果、正当な理由なく義務が履行されていない場合には、義務者に対して義務を履行するように勧告します。この勧告には法的な効力はありませんが、権利者本人が直接義務者に対して催促するよりは効果的です。

・履行命令

　履行命令とは、審判や調停などで定められた金銭の支払などの財産上の給付を目的とする義務を履行しない者に対して、家庭裁判所が、相当と認める場合に、権利者の申立てによって、義務者に対して、期限を定めてその義務の履行をするように命ずる審判です。

　履行命令の申立ては、書面または口頭で行う必要があり、履行確保の申出と異なり、手数料がかかります。

　なお、面会交流や子の引渡しのように、財産上の給付を目的としない義務は履行命令の対象ではなく、家庭裁判所

が履行命令を発することはできません。家庭裁判所は、履行命令を発する場合には命令書を作成し、義務者に対して、違反した場合の法律上の制裁について告知する必要があります。正当な理由なく履行命令に従わない場合は、10万円以下の過料に処せられることがあります。

●強制執行手続き

審判や調停で定められた養育費や慰謝料などを義務者が支払わない場合には、国家機関による強制的な権利の実現方法である強制執行の手続きを利用することによって、たとえば、裁判所や執行官などの執行機関が義務者の財産を差し押さえて、競売にかけてお金に換え、それを権利者に渡すなどの方法によって、権利者の権利が実現されます。

強制執行をするためには、まず、強制執行の根拠となる債務名義が必要となります。債務名義には、裁判所の判決や調停調書、家事審判書の他、執行受諾文言付公正証書や和解調書、仮執行宣言付支払督促などがあります。債務名義があれば、あらためて訴訟を提起しなくても強制執行をすることができることになります。

ただし、債務名義があるだけでは強制執行をすることができません。裁判所に対して、債務名義の末尾に「強制執行をしてもよい」という執行文の付与をするように申し立てることが必要です。さらに、強制執行を行うためには、相手方に対して債務名義の送達も必要です。債務名義が相手方に送達されると、債権者は「送達証明書」を入手することができます。送達証明書には、債務者に「こういう内容の強制執行をします」という予告をする意味合いもあります。「債務名義・執行文・送達証明書」の3点セットがそろってはじめて強制執行の準備が完了します。

●執行機関による強制執行

執行機関とは、強制執行を行う権限がある国の機関をいいます。通常は地方裁判所か、地方裁判所にいる執行官

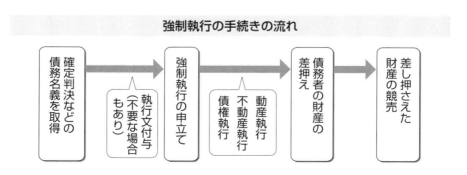

強制執行の手続きの流れ

確定判決などの債務名義を取得 → 執行文付与（不要な場合もあり）→ 強制執行の申立て → 債権執行／不動産執行／動産執行 → 債務者の財産の差押え → 差し押さえた財産の競売

が執行機関となります。

　相手方のどの財産に強制執行するかについては、基本的に債権者の自由です。相手方の所有する不動産を対象にすることもできる他、家財道具などの動産や給与・預貯金などの債権を対象にすることもできます。強制執行の対象によって、手続きに多少の違いがありますが、強制執行の手順としては、執行官が相手方の財産を差し押さえた上で、これを競売にかけて売り払います。売り払った代金から債権者の取り分を渡した後、残りがあれば相手方に返還するという流れになります。よく行われるのが相手方の債権に対する強制執行です。

●養育費や婚姻費用の分担金を差し押さえるときの特則

　強制執行が行われるケースのひとつとして、養育費（子育て教育のために必要な費用）や婚姻費用（別居期間についての、妻側の生活費など）の未払い分の請求があります。離婚した妻の元夫に対する養育費請求が代表的なものです。離婚時に定めた約束通りに支払いが行われればよいですが、支払いが行われない場合は、養育費請求権や婚姻費用請求権を確保するため、強制執行を利用し、相手方の財産の差押えができます。差押えの対象となる財産は、預貯金や不動産の他、毎月の給料などがあります。通常の債権を根拠として差押えをするときは、債務者の給与（税金などを控除した手取り額）の4分の3は差押えができません。つまり、給与の4分の1を限度として差押えができます。

　しかし、養育費など（養育費・婚姻費用分担金・扶養料など）の場合は、その支払いを受ける者を保護するため、差押禁止の範囲が減少し、原則として給与の2分の1を限度として差押えができます。ただし、給与が月額66万円を超える場合は、差押えが禁止されるのは33万円が上限であるため、2分の1を超える差押えができます。

　また、養育費や婚姻費用の分担金など、夫婦・親子その他の親族関係から生ずる扶養に関する権利は、間接強制の方法（一定期間内に履行しない場合は間接強制金を課すことを警告することで、債務者に心理的圧迫を加え、自発的な支払を促す強制執行の方法）による強制執行も認められています。

●財産開示手続と第三者からの情報取得手続

　養育費の不払いは、とくに母子家庭の貧困化を招く大きな要因となっています。この問題に対処するため、民事執行法では、債権者が債務者の財産に関する情報を取得できる手続きとして「財産開示手続」を定めています。養育費を支払わなくなった相手方の財産の情報がわかれば、養育費の回収も

可能となります。しかし、従来の財産開示手続は実効性に乏しい制度でした。そのため、令和2年4月に改正民事執行法が施行され、後述するように財産開示手続の改善が図られると共に、新たに「第三者からの情報取得手続」が定められました。

従来の財産開示手続は確定判決などを有する債権者に限られていましたが、仮執行宣言付き判決（確定前の判決）や執行証書（執行受諾文言付公正証書）を有する債権者も申立てができます。たとえば、協議離婚をした際、元夫が養育費の支払いが滞ったときに強制執行を受け入れることを公正証書で取り決めたとします（これが執行証書に該当します）。その後、元夫が養育費を支払わなくなったときは、訴訟を経ることなく、この公正証書に基づき財産開示手続の申立てができます。

債権者が財産開示手続の申立てを行い、裁判所がその実施を決定すると、財産開示の期日が指定されます。債務者は期日に出頭し、財産に関する情報を陳述しなければなりません。債務者が、期日に出頭しない場合、出頭しても宣誓しない場合、虚偽の陳述をした場合などについて、従来は30万円以下の過料という軽い制裁（過料は刑事罰ではありません）が科されるだけでした。これが改められ、6か月以下の懲役または50万円以下の罰金という刑事罰が科されることになり、手続きの実効性の向上が図られました。

●第三者からの情報取得手続き

第三者からの情報取得手続きで行うことができるのは、①金融機関から預貯金債権、上場株式、国債などに関する情報を取得すること、②市町村や日本年金機構等から給与債権に関する情報（勤務先など）を取得すること、③登記所（法務局）から土地と建物に関する情報を取得することです。

この手続きの申立てができる債権者は、基本的に財産開示手続の場合と同じです。養育費や婚姻費用などの債権者と生命・身体の損害賠償の債権者は、確定判決や執行証書などを有していれば、前述した①・②・③のいずれも申立てができます。それ以外の債権者は、前述した①・③の申立てはできますが、②の申立てはできません。

裁判所は、債権者の申立てを認めると、第三者に債務者の財産に関する情報の提供を命じます。第三者は、裁判所に書面で情報を提供します。裁判所は、その書面の写しを債権者に送付します。併せて、債務者には情報の提供がなされたことが通知されます。

なお、この手続きでは、保険関連は対象とされていないため、たとえば、生命保険の解約返戻金などに関する情報は取得できないことに注意してください。

家事事件の保全手続き

審判前の保全処分では仮差押えや仮処分、財産の管理者の選任などができる

●義務者の財産隠しを封じる

裁判所による訴訟や審判が確定するまでには一定の時間を要しますが、その間に相手方が財産や権利を処分してしまう可能性も否定できません。そのため、紛争解決までの間、相手方の財産や権利を勝手に処分させずに確保しておくことが非常に重要です。

家事事件においては、義務者の財産などの処分を防ぐための手段として、審判前の保全処分という方法があります。また、家庭裁判所ではなく地方裁判所での手続きが必要ですが、慰謝料請求権や養育費請求権といった債権を一般の民事保全手続きで確保することも可能です。

●審判前の保全処分とは

家事審判事件が係属している家庭裁判所は、その家事事件について、家事事件手続法に基づき、仮差押えや仮処分、財産の管理者の選任など、必要な保全処分を命じる審判をすることができます。家事審判事件に係る事項について家事調停の申立てがあった場合におけるその家事調停事件を扱っている家庭裁判所も、同様に必要な保全処分を命じる審判をすることができます。

審判確定前に義務者の財産が減少すると、後日の強制執行が困難になる可能性が出てきます。暫定的に財産の保全を命じておけば、審判確定後の強制執行を円滑に行うことができます。

もっとも、審判前の保全処分が行われた後、保全の必要性がなくなった場合は、保全処分の申立てを取り下げる必要があります。保全処分は暫定的な処分なので、それを行う必要性がなくなった場合は申立てを取り下げることが可能とされています。

また、審判対象事件ではなく訴訟対象事件の場合は、審判前の保全処分をすることができないため、後述する通常の民事保全手続きによる保全の申立てをすることになります。

審判前の保全処分の申立ては、家事審判の申立てや家事調停の申立てと同時に行うのが通常ですが、家事審判などを申し立てた後に、審判前の保全処分を申し立てることも可能です。ただし、家事審判や家事調停を申し立てていない段階で、審判前の保全処分のみを申し立てることはできません。

審判前の保全処分の申立てを行う場合、その趣旨と保全処分を申し立てる理由を裁判所に示します。保全処分を申し立てる場合、申立てに理由があることを、原則として申立人が疎明（一応

234

確からしい旨を示すこと）しなければなりませんが、家庭裁判所は、保全処分の必要性があるかどうかにつき調査を行うことができます。また、本案が確定するまでの期間について養育費や婚姻費用の請求を求めるケースなど、当事者が仮の地位を定める仮処分を求める場合、家庭裁判所は、保全処分の審判を受ける者の陳述を聴いて保全処分を行うかどうかを判断します。

なお、審判前の保全処分について、当事者は申出により記録の閲覧を求めることができます。ただし、保全処分は、本来相手方の不当な財産隠しなどを防ぐために行われるものであるため、裁判所は記録を閲覧させることが相当といえる場合に限って許可をすることができます。家庭裁判所が保全処分を命じる（告知する）ことで、保全の効力が生じ、直ちに執行をすることができます。ただし、執行をすることができるのは、保全命令が告知されてから2週間の間だけです。

審判前の保全処分の調書については、原則として裁判所書記官が作成しますが、緊急性がある事件の場合には、調書の作成を省略することができます。

◯即時抗告や執行停止

審判前の保全処分の申立てが却下された場合、これを申し立てた者は、不服申立てとして即時抗告を申し立てることができます。ただし、財産の管理者の選任、職務代行者の選任、財産の管理などの保全処分の申立てについては、申立てが却下されても即時抗告ができません。また、家庭裁判所が保全処分を命じた場合も、保全処分に不服がある者は即時抗告が可能です。

審判前の保全処分に対して即時抗告が行われても、それだけでは保全処分の執行は停止しないのが原則です。ただし、審判が取り消される明らかな事情がある場合や、審判が執行されることで償うことができない損害が生じるおそれがある場合には、家庭裁判所が執行の停止や執行の取消しを命じることができます。執行停止や執行の取消しを命じる際には、担保を立てることを条件にすることができます。

家事事件で利用できる保全処分

人事訴訟

人事訴訟の対象となる訴訟には調停前置主義が採用されている

●人事訴訟とは

　離婚や認知など、主に夫婦や親子の関係についての争いについて、調停などで話し合いを尽くしても争いの解決に至らない場合、最終的に争いを解決するために家庭裁判所に対して提起する訴訟を人事訴訟といいます。

　親子間や夫婦間などの家族内の争いは、お互いが歩み寄り、合意に至ることで解決するのが望ましいといえます。したがって、家庭内の争いである家事事件の一部については、家庭裁判所での家事調停による解決の道を探った上でなければ、訴訟の提起ができないことになっています。これを調停前置主義といいます。このような調停前置主義がとられていることが人事訴訟の特徴のひとつです。

●人事訴訟の対象

　人事訴訟の対象となる訴訟は、以下のとおりです（人事訴訟法2条）。

① 婚姻関係

　婚姻の無効・取消しの訴え、離婚の訴え、協議上の離婚の無効・取消しの訴え、婚姻関係の存否の確認の訴え

② 親子関係

　嫡出否認の訴え、認知の訴え、認知の無効・取消しの訴え、父を定めることを目的とする訴え、実親子関係の存否の確認の訴え（親子関係不存在確認訴訟など）

③ 養子関係

　養子縁組の無効・取消しの訴え、離縁の訴え、協議上の離縁の無効・取消しの訴え、養親子関係の存否の確認の訴え

　①～③の中で、代表的なものが離婚訴訟です。離婚訴訟では、未成年の子ども（18歳未満の者）がいる場合に離婚後の親権者を指定することの他、財産分与を行うことや、子どもの養育費を支払うことなどを同時に申し立てることができます。

●人事訴訟の手続きはどのように進められるのか

　家事調停が不成立に終わった後、原則として、当事者（離婚訴訟であれば夫または妻）の住所地を管轄する家庭裁判所に対して人事訴訟を提起します。ただし、人事訴訟を提起した家庭裁判所と家事調停を行った家庭裁判所が異なる場合には、家事調停を行った家庭裁判所で人事訴訟を取り扱うこともあります。

　人事訴訟の審理手続きについては、人事訴訟も民事訴訟の一類型であることから、基本的には民事訴訟と同様の

手続きによって進められます。ただし、事件によっては参与員や家庭裁判所調査官が介在してくることなどが、通常の民事訴訟と異なる点です。

参与員は、社会人としての健全な良識のある者から選ばれます。法律の専門家であることは要しません。そして、人事訴訟の証拠調べなどの審理や和解の試みなどに立ち会い、自ら率直に意見を述べたりして紛争解決のために働きます。参与員の制度は、家庭に関する事件である人事訴訟に対し、一般人の良識を反映させ、より実態に即した解決を図ろうとするものです。

これに対し、家庭裁判所調査官は、家庭裁判所の職員であり、医学・心理学・社会学などの専門知識を活用して、事件に関する調査を行います。たとえば、子どもの親権者の指定に関する事件では、実際に子どもに直接面接して調査を行います。

また、家庭裁判所が当事者の主張に拘束されず、かつ当事者の提出する証拠に限定されず、事実関係の調査（職権証拠調べ）や事実認定を行えることも通常の民事訴訟と異なる点です。

●人事訴訟の終了と判決に従わない場合の取扱い

人事訴訟においても、裁判所の最終的な判断である判決の言渡しによって審理手続きが終わり、紛争が解決されることが基本です。ただし、離婚や離縁に関する訴訟などでは、当事者同士が合意の上で、裁判上の和解によって審理手続きが終わり、紛争が解決されることもあります。

また、通常の民事訴訟の確定判決は、訴訟に関与した当事者のみに及ぶのが原則ですが、人事訴訟の確定判決は、訴訟に関与した当事者に限らず、第三者にも効力が及ぶのが特徴です。

そして、判決や裁判上の和解によって金銭支払いなどの義務を負うことになった者が、この義務を履行しない場合は、強制執行の申立てが可能です。

人事訴訟とは

人事訴訟 ⟹ 人事（婚姻や親子関係）に関する訴訟

- 婚姻関係　（例）婚姻の無効・取消しの訴え、離婚の訴え
- 親子関係　（例）嫡出否認の訴え、認知の訴え
- 養子関係　（例）養子縁組の無効・取消しの訴え、離縁の訴え

☆民事訴訟の特別手続のひとつ … 真実の発見、法律関係の確定を重視
☆特別規定の存在　　　　　　 … 職権証拠調べ、判決の効果が及ぶ範囲が広い

7 公正証書と活用法
公正証書は一定の要件を備えることで債務名義になる

●公正証書を用いる意義

公正証書とは、公証人という特殊の資格者が、当事者の申立てに基づいて作成する公文書であり、一般の文書よりも高い証明力が認められるものです。

公正証書は、一定の要件を備えることによって、裁判所の判決などと同じく「債務名義」となり、強制執行をすることができます。また、公証人は、裁判官・検察官・弁護士などの法律実務経験者や一定の資格者の中から、法務大臣によって任命されます。

●公正証書の内容はどのような構成となっているのか

作成された公正証書の正本は、嘱託人に交付されます。

この正本に記載される内容は、公証人法によって定められており、具体的には、①全文、②正本であることの記載、③交付請求者の氏名、④作成年月日・場所が記載されます。

このうち、契約の内容などが記載されているのは、①の全文です。公正証書の正本に記載されている全文は、以下の2つのパートから成り立っています。

1つ目のパートには、具体的な内容（これを本旨といいます）が記載されています。具体的な内容とは、公証人が嘱託人や嘱託人の代理人から聞き取ってそれを録取した契約、事実関係に関する部分のことです。つまり、嘱託人が公正証書に記載してもらいたい内容として伝えたものを、実際に公証人が聞き取って記載したものです。具体的には、不動産の売買などであればその売買契約の内容、遺言書の場合には遺言の内容などです。

もう1つのパートには、公正証書に記載された内容そのものについてではなく、公正証書を作成する際の形式についての記載です。この記載は本旨外記載事項と言い、公正証書独特の記載内容となっています。契約書などを見た場合に、この本旨外記載事項があるかどうかで、その契約書が公正証書による作成なのか、公正証書ではない契約書なのかはすぐにわかります。本旨外記載事項については、公証人法によって、その記載すべき事項が決まっています。具体的には、嘱託人の住所、氏名、年齢、公正証書を作成した年月日、公正証書を作成した場所です。

●記載の約束事について

公正証書に記載した内容は、その性質上、簡単に改変されないようにしなければなりません。このため、改変し

にくいようにするルールに則って記載することになっています。具体的には、以下のルールに従って記載されます。
・日本語で記載する（手書きだけでなくワープロも使用可能）
・続けて書くべき文字や行に間ができた場合は、黒線で接続する
・日付・金額・番号などの数字は漢数字で記載する
・後で文字を挿入する場合は、挿入する箇所と字数を欄外の余白部分に記載し、公証人と嘱託人が原本に押印する
・文字を削除する場合は、削除部分が読めるように残し、公証人と嘱託人が原本に押印する（正本については公証人だけが押印）

● 公正証書で作成しなければならないケースもある

　契約の中には、法律上、契約書を公正証書で作成しなければならない、とされているものがあります。このように法律によって公正証書の作成が義務付けられているのは、公正証書を作成する当事者に、慎重になるように促す必要がある場合や、権利義務関係を明確にする必要がある場合です。

　家事事件に関するものでは、任意後見契約を結ぶ場合に公正証書での契約書の作成が要求されています。任意後見契約を結ぶ場合、財産管理を依頼する本人と依頼を受けて将来本人のために財産管理を行うことになる任意後見受任者との間で任意後見契約書を作成しますが、この任意後見契約書を公正証書で作成しなければ、任意後見契約が成立しないとされています。

● 公正証書遺言作成の注意点

　法的効力がある遺言には、自筆証書遺言、公正証書遺言、秘密証書遺言の３つがあります。このうち秘密証書遺言とは、遺言書を封じ、その封書を公証人と証人の前に提出して公証人に一定の事項を書き入れてもらい、証人と遺言者が署名する形式の遺言ですが、実務上秘密証書遺言はほとんど利用されていません。

　そのため、遺言書を作成する場合には、自筆証書遺言か公正証書遺言によることになります。自筆証書遺言は、文字通り遺言者が自筆で遺言書を書くものです。一方、公正証書遺言は、遺言者が自由意思で遺言したことを公的な立場で保証してもらう方式の遺言です。自筆証書遺言と比べると、作成の際の手間や時間がかかりますが、他人からの強迫などによって遺言書を書かされるのを防ぐことができます。

　公正証書遺言の方法で遺言書を作成する場合、証人が２名立ち会わなければなりませんので、どこの公証人に嘱託するのか、必要な書類に不備はないかといった点とあわせて用意をしておく必要があるでしょう。

●公正証書の作成手続きと費用

公正証書が必要な場合、公証人が執務を行う事務所である公証役場（公証人役場とも呼ばれます）へ行き、公証人に公正証書の作成を依頼する必要があります。公証役場では、受付で公正証書を作成してもらいたい旨を告げ、公証人のところへ案内されます。作成してもらいたい公正証書の内容を、公証人に説明しなければなりません。

公正証書の作成には、一定額の手数料がかかります。手数料は、財産分与や慰謝料、養育費などの金額によって異なります。

●公証役場に行く前にやっておくこと

公正証書の作成を依頼する場合、公証役場に出向いた人が依頼する本人であること、あるいは代理人であることを証明できる書類などを持って行く必要があります。代理人に頼んで公証役場に行ってもらう場合には、委任状などが必要になります。

当日必要となる書類などを準備せずに出向いた場合、後日改めて持参しなければならなくなりますから、当日に公正証書を確実に作成してもらえるように、こうした書類をそろえておくなど、必要な準備を事前に行うようにしましょう。

公証役場では、限られた時間内で、公正証書にしたい内容を公証人に説明する必要があります。そのためには、事実関係などを事前にわかりやすいように書面にまとめておくと便利です。

事前に依頼すべき内容をまとめたら、必要な書類をそろえます。準備すべき書類は、具体的に作成する公正証書の内容に応じて異なってきますから、公証役場に出向く前に電話などで確認しておくとよいでしょう。ここでは、一般的に必要となるものを挙げておきます。

・嘱託人の身分証明

公正証書の作成を依頼する本人（依頼者）のことを嘱託人といいますが、依頼する人が嘱託人本人であることを証明する書類を持参します。たとえば、運転免許証と認印または印鑑証明書と実印などです。

・代表権の証明

嘱託人が会社などの法人の場合は、法人の代表者が公証役場に出向くのが原則です。その際、代表者が法人の代表権限を有していることを証明する書類が必要です。具体的には、登記事項証明書（代表者事項証明書または現在事項全部証明書など）や印鑑証明書などです。

・代理権の証明

代理人に出向いてもらう場合には、その代理人が代理権を持っていることを証明するための書類として、本人から代理人への委任状（印鑑証明書の印を押印）と本人の印鑑証明書が必要です。また、出向いた人が代理人本人であることを示すために、代理人の印鑑

証明書と実印なども必要です。

・事実関係の証明

公正証書にする内容に応じて、その内容に関連する事実関係を証明する書類を持参します。たとえば、不動産に関する内容である場合には、その不動産がその人の所有物であることを証明する登記事項証明書などが必要になります。一方、遺言書を公正証書で作成する場合には、親族関係を証明する戸籍謄本などが必要になります。

◯本人または代理人が書類を提出する

公正証書を作成してもらうには、本人または本人の代理人が公証人に依頼しなければなりません。依頼時は原則として公証役場に出向きます。その際、公証役場に来た人が公正証書の作成を依頼する本人（嘱託人）であることを証明できる客観的な証拠を提出し、公証人がそれを基に本人であるのを確認するというルールになっています。本人であることの証明は、実印と印鑑証明書の提出やこれに準ずる方法（運転免許証、パスポート、外国人登録証などの顔写真付の身分証明書と認印の提出など）によって行います。なお、公正証書の作成依頼時に提出する印鑑証明書は、交付されてから3か月以内のものでなければなりません。

公正証書の作成・執行文の付与などに必要な手数料

（令和6年4月現在）

	目的の価額	手数料
法律行為に関する証書の作成	100万円以下	5,000円
	200万円以下	7,000円
	500万円以下	11,000円
	1,000万円以下	17,000円
	3,000万円以下	23,000円
	5,000万円以下	29,000円
	1億円以下	43,000円
	1億円超〜3億円の場合は56,000〜95,000円、3億円超〜10億円以下の場合は106,000円〜249,000円。10億円を超える場合には249,000円に5,000万円までごとに8,000円を加算する		
その他	私署証書の認証	11,000円（証書作成手数料の半額が下回るときはその額）	外国文認証は6,000円加算
	執行文の付与	1,700円	再度付与等1,700円加算
	正本または謄本の交付	1枚　250円	
	送達	1,400円	郵便料実費額を加算
	送達証明	250円	
	閲覧	1回　200円	

Column

内容証明郵便の活用法

　内容証明郵便とは、誰が、どのような内容の郵便を、誰にあてて差し出したのかを郵便局が証明する特殊な郵便です。書留郵便では、郵便物の内容や配達した事実は証明してもらえません。その点、内容証明郵便を配達証明付きで送付すれば、郵便物の内容や配達した事実を郵便局が証明します。

　内容証明郵便は、受取人が1人でも、同じ内容が記載された文書を3通用意する必要があります。全部手書きの必要はなく、手書きで1通作成し、2通をコピーしても大丈夫です。そして、1通を受取人に送り、1通を郵便局で保管し、1通を差出人に返還します。

　なお、用紙の指定はありませんが、1行と1枚の文字数に制限があるので、これに従って作成します。たとえば、縦書きの場合は「1行20字以内、1枚26行以内」です。この文字数のカウント方法も特殊ですので、詳細については作成前に郵便局で確認しておくことが必要です。

■ 内容証明郵便の書き方

用　紙	市販されているものもあるが、とくに指定はない。 B4判、A4判、B5判が使用されている。
文　字	日本語のみ。かな（ひらがな、カタカナ）、 漢字、数字（算用数字・漢数字）。 外国語不可。英字は不可（固有名詞に限り使用可）
文字数と 行数	縦書きの場合　　：20字以内×26行以内 横書きの場合①：20字以内×26行以内 横書きの場合②：26字以内×20行以内 横書きの場合③：13字以内×40行以内
料　金	文書1枚（480円）＋郵送料（110円）＋書留料（480円） ＋配達証明料（差出時350円）＝1420円 文書が1枚増えるごとに290円加算

※令和6年10月1日現在の料金

巻末

書式集

書式　財産分与の調停申立書

受付印	財産分 ☑ 調停　　申立書 　　　　□ 審判
	（この欄に申立て1件あたり収入印紙1，200円分を貼ってください。）
収入印紙　　　円 予納郵便切手　　　円	印紙 （貼った印紙に押印しないでください。）

○○　家庭裁判所 　　　　　　御中 令和　○年　○月　○日	申立人 （又は法定代理人など） の記名押印	乙川　春子　㊞

添付書類	（審理のために必要な場合は，追加書類の提出をお願いすることがあります。） □ 離婚時の夫婦の戸籍謄本（全部事項証明書）　1通 □ 不動産登記事項証明書　　　通	準口頭

申立人	住所	〒○○○－○○○○ ○○県○○市○○町○番○号○○マンション○○○号 （　　　　　　方）
	フリガナ 氏名	オツカワ　ハルコ 乙川　春子	昭和・㊥平成　○年○月○日生 （　○○　歳）

相手方	住所	〒○○○－○○○○ ○○県○○市○○町○番○号 （　　　　　　方）
	フリガナ 氏名	コウノ　イチロウ 甲野　一郎	昭和・㊥平成　○年○月○日生 （　○○　歳）

（注）太枠の中だけ記入してください。

財産分与(1/

申　　立　　て　　の　　趣　　旨
相手方は，申立人に対し，財産分与として金〇〇〇万円を支払うとの調停を求めます。

申　　立　　て　　の　　理　　由
1　申立人と相手方は，平成〇年〇月〇日婚姻し，一男一女をもうけましたが，相手方の異性関係が原因で，夫婦関係が破綻し，令和〇年〇月〇日，未成年者らの親権者を申立人と定めて協議離婚しました。
2　相手方は，〇〇会社に勤務し，約〇〇〇万円の年収を得ており，また，別紙財産目録記載の不動産を所有しています。
3　申立人は，婚姻当時勤務していた会社に平成〇年〇月〇日まで勤務し，その後，平成〇年〇月から現在に至るまで，パートタイマーや正社員として勤務しました。
4　申立人と相手方が婚姻をした当初は資産というべきものはありませんでしたが，申立人と相手方が協力して蓄えた資産によって前記不動産を購入し，別紙財産目録記載の預金をしました。
5　このように，申立人の稼働及び家事労働による寄与によって，相手方は前記不動産を取得し，預金をしたのですから，財産分与として不動産の時価の2分の1に該当する金員と預金の2分の1の金員の支払を相手方に求めましたが，相手方は話し合いに応じようとしませんので，申立ての趣旨のとおりの調停を求めます。

別表第二，調停(　/　)

財 産 目 録 （土 地）

番号	所　在	地番	地目	面積	備考
1	○○県○○市○○町	○番○	宅地	平方メートル 150　00	建物1の敷地 評価額 ○○○万円

財 産 目 録 （建 物）

番号	所　在	家屋番号	種類	構造	床面積	備考
1	○○県○○市○○町○番○地	○番○	居宅	木造瓦葺平家建	平方メートル 90　00	土地1上の建物 評価額 ○○○万円

財 産 目 録 （現金，預・貯金，株式等）

番号	品　目	単位	数量（金額）	備考
1	○○銀行定期預金（番号○○-○○○）		3,104,000 円	
2	○○銀行普通預金（番号○○-○○○）		800,123 円	

書式　養育費増額の調停申立書

受付印		
	家事　申立書　事件名	☑ 調停 □ 審判	子の監護に関する処分 □ 養育費請求 ☑ 養育費増額請求 □ 養育費減額請求

（この欄に子1人につき収入印紙1,200円分を貼ってください。）

収入印紙　　円
予納郵便切手　　円

（貼った印紙に押印しないでください。）

○○家庭裁判所　御中
令和○年○月○日

申立人（又は法定代理人など）の記名押印：丙山　春子　㊞

添付書類	（審理のために必要な場合は，追加書類の提出をお願いすることがあります。） ☑ 子の戸籍謄本（全部事項証明書） ☑ 申立人の収入に関する資料（源泉徴収票，給与明細，確定申告書，非課税証明書の写し等） □	準口頭

申立人

住所	〒○○○-○○○○　○○県○○市○○町○丁目○番○号　○○アパート○号室（　　方）
フリガナ 氏名	ヘイヤマ　ハルコ 丙山　春子	昭和・㊤平成　○年○月○日生（○○歳）

相手方

住所	〒○○○-○○○○　○○県○○市○○町○丁目○番○号（　　方）
フリガナ 氏名	テイノ　タロウ 丁野　太郎	昭和・㊤平成　○年○月○日生（○○歳）

対象となる子

住所	□ 申立人と同居　／　□ 相手方と同居 □ その他（　　　　　）	平成・㊤令和　○年○月○日生（○歳）
フリガナ　氏名	ヘイヤマ　イチロウ 丙山　一郎	
住所	□ 申立人と同居　／　□ 相手方と同居 □ その他（　　　　　）	平成・㊤令和　○年○月○日生（○歳）
フリガナ　氏名	ヘイヤマ　アヤカ 丙山　彩花	
住所	□ 申立人と同居　／　□ 相手方と同居 □ その他（　　　　　）	平成 令和　年　月　日生（　歳）
フリガナ　氏名		
住所	□ 申立人と同居　／　□ 相手方と同居 □ その他（　　　　　）	平成 令和　年　月　日生（　歳）
フリガナ　氏名		

（注）太枠の中だけ記入してください。□の部分は，該当するものにチェックしてください。

養育費（1/2）

※ 申立ての趣旨は, 当てはまる番号を〇で囲んでください。　□の部分は, 該当するものにチェックしてください。

申　立　て　の　趣　旨

（ ☑相手方 ／ □申立人 ）は, （ ☑申立人 ／ □相手方 ）に対し, 子の養育費として, 次のとおり支払うとの（ ☑調停 ／ □審判 ）を求めます。

※　1　1人当たり毎月　（□　金　　　　　　　円　／　□　相当額　）　を支払う。
　　②　1人当たり毎月金　〇万　円に増額して支払う。
　　3　1人当たり毎月金　　　　　　　円に減額して支払う。

申　立　て　の　理　由

同　居　・　別　居　の　時　期

同居を始めた日…㊤平成　〇〇年〇月〇日　別居をした日…平成　〇年〇月〇日
　　　　　　　　　令和　　　　　　　　　　　　　　　　令和

養　育　費　の　取　決　め　に　つ　い　て

1　当事者間の養育費に関する取り決めの有無
　　☑あり（取り決めた年月日：平成・㊦令和　〇年〇月〇日）　　□なし
2　1で「あり」の場合
　　□　取決めの種類
　　　　□口頭　　□念書　　☑公正証書　　┌─　　　　家庭裁判所　　　　（□支部／□出張所）
　　　　□調停　　□審判　　□和解　　□判決　→　└─　平成・令和　　　年（家　　　）第　　　　号
　　□　取決めの内容
　　　　（☑相手方／□申立人）は, （☑申立人／□相手方）に対し, 平成・㊦令和　〇年〇月から〇〇〇〇まで, 子1人当たり毎月　〇万　円を支払う。

養　育　費　の　支　払　状　況

☑　現在, 1人当たり1か月　〇万　円が支払われている（支払っている）。
□　平成・令和　　年　　月まで1人当たり1か月　　　　円が支払われて（支払って）
　　いたがその後（□　　　　円に減額された（減額した）。／□　支払がない。）
□　支払はあるが一定しない。
□　これまで支払はない。

養育費の増額または減額を必要とする事情（増額・減額の場合のみ記載してください。）

□　申立人の収入が減少した。　　（　相手方の収入が増加した。
☑　申立人が仕事を失った。
□　再婚や新たに子ができたことにより申立人の扶養家族に変動があった。
☑　申立人自身・子にかかる費用（☑学費　□医療費　□その他）が増加した。
□　子が相手方の再婚相手等と養子縁組した。
□　その他（　　　　　　　　　　　　　　　　　　　　　　　　　　　　　　）

養育費(2/2)

書式　相続の放棄の申述書（20歳以上）

相 続 放 棄 申 述 書

受付印

（この欄に収入印紙800円分をはる。）

収入印紙　　　　円
予納郵便切手　　円

（はった印紙に押印しないでください。）

準口頭　　関連事件番号　令和　　　年（家　　）第　　　　号

東　京　家庭裁判所　御中 令和 ○ 年 6 月 1 日	申　述　人（未成年者などの場合は法定代理人）の署名押印	山　口　浩　二　㊞

添付書類	申述人・法定代理人等の戸籍謄本　2　通　　被相続人の戸籍謄本　1　通

申述人

本　籍	東　京　㊡道府県　　渋谷区大山町○丁目○番地
住　所	〒151-0000　　　　　　　　　　電話03（○○○○）○○○○ 東京都渋谷区大山町○丁目○番○号　（　　　　　方）
フリガナ 氏　名	ヤマグチ　コウジ 山　口　浩　二　　大正・㊡和・平成 44年 1月16日生　職業　会社員
被相続人との関係	※ 被相続人の…… ①子　2孫　3配偶者　4直系尊属（父母・祖父母） 5兄弟姉妹　6おいめい　7その他（　　　）

法定代理人

※
1　親権者
2　後見人
3

住　所	〒　-　　　　　　電話（　　　　　） （　　　　　方）
フリガナ 氏　名	フリガナ 氏　名

被相続人

本　籍	東　京　㊡道府県　　渋谷区大山町○丁目○番地
最後の住所	申述人の住所と同じ　　死亡当時の職業　無職
フリガナ 氏　名	ヤマグチ　ヒサシ 山　口　久　　　　　令和○年 4月15日死亡

（注）太枠の中だけ記入してください。※の部分は、当てはまる番号を○で囲み、被相続人との関係欄の7、法定代理人等欄の3を選んだ場合には、具体的に記入してください。

申　立　て　の　趣　旨
相　続　の　放　棄　を　す　る　。

申　立　て　の　理　由

※ 相続の開始を知った日………令和 ◯ 年 4 月 15 日

　① 被相続人死亡の当日　　　　3　先順位者の相続放棄を知った日
　2　死亡の通知をうけた日　　　4　その他（　　　）

放　棄　の　理　由	相　続　財　産　の　概　略	
※ 1　被相続人から生前に贈与を受けている。 2　生活が安定している。 3　遺産が少ない。 4　遺産を分散させたくない。 ⑤　債務超過のため。 6　その他（　　　　）	資 産	農地……約　　　　平方メートル　　預　金 　　　　　　　　　　　　　　　　　預貯金………約 200 万円 山林……約　　　　平方メートル　　有価証券……約 300 万円 宅地……約　　　　平方メートル 建物……約　　　　平方メートル 負　債………………約　　　　2,000　万円

（注）太枠の中だけ記入してください。※の部分は、当てはまる番号を○で囲み、申述の実情欄の4、放棄の理由欄の6を選んだ場合には、（　　）内に具体的に記入してください。

書式 遺産分割調停の申立書

| 受付印 | 遺産分割 | ☑ 調停 □ 審判 | 申立書 |

(この欄に申立て1件あたり収入印紙1,200円分を貼ってください。)

収入印紙　　　　円
予納郵便切手　　円

(貼った印紙に押印しないでください。)

| 東京 家庭裁判所 御中 令和 1 年 5 月 9 日 | 申立人 (又は法定代理人など) の記名押印 | 伊藤 清 ㊞ |

| 添付書類 | (審理のために必要な場合は、追加書類の提出をお願いすることがあります。)
☑ 戸籍(除籍・改製原戸籍)謄本(全部事項証明書) 合計 4 通
□ 住民票又は戸籍附票 合計 通　□ 不動産登記事項証明書 合計 通
☑ 固定資産評価証明書 合計 5 通　☑ 預貯金通帳写し又は残高証明書 合計 2 通
□ 有価証券写し 合計 通　□ | 準口頭 |

当事者	別紙当事者目録記載のとおり		
被相続人	本籍(国籍)	東京 ㊞道府県	文京区××○丁目○番地
	最後の住所	東京 ㊞道府県	文京区××○丁目○番○号
	フリガナ氏名	イトウ タダシ 伊藤 正	平成29年12月14日死亡

申 立 て の 趣 旨

被相続人の遺産の分割の (☑ 調停 / □ 審判) を求める。

申 立 て の 理 由

遺産の種類及び内容	別紙遺産目録記載のとおり					
被相続人の債務	□ 有	/	□ 無	/	☑ 不明	
☆ 特別受益	☑ 有	/	□ 無	/	□ 不明	
遺言	□ 有	/	☑ 無	/	□ 不明	
遺産分割協議書	□ 有	/	☑ 無	/	□ 不明	
申立ての動機	□ 分割の方法が決まらない。 □ 相続人の資格に争いがある。 ☑ 遺産の範囲に争いがある。 □ その他(　　　　　　　　　　　　　　　　　　　　　　)					

(注) 太枠の中だけ記入してください。
　□の部分は該当するものにチェックしてください。
　☆の部分は、被相続人から生前に贈与を受けている等特別な利益を受けている者の有無を選択してください。「有」を選択した場合には、遺産目録のほかに、特別受益目録を作成の上、別紙として添付してください。

遺産 (1/)

当　事　者　目　録

☑申立人 □相手方	本　籍（国　籍）	東京 ㊞都/道/府/県 文京区××○丁目○番地		
	住　所	〒 112-0000 東京都文京区××○丁目○番○号	（　　　　　方）	
	フリガナ氏　名	イトウ　キヨシ 伊藤　清	大正/㊞昭和/平成 33年 5月12日生（　60　歳）	
	被相続人との続柄	長男		

□申立人 ☑相手方	本　籍（国　籍）	東京 ㊞都/道/府/県 文京区××○丁目○番地	
	住　所	〒 112-0000 東京都文京区××○丁目○番○号 （　　　　　方）	
	フリガナ氏　名	イトウ　マキコ 伊藤　真紀子	大正/㊞昭和/平成 38年 1月18日生（　56　歳）
	被相続人との続柄	長女	

□申立人 ☑相手方	本　籍（国　籍）	東京 ㊞都/道/府/県 文京区××○丁目○番地	
	住　所	〒 165-0000 東京都中野区××○丁目○番○号 （　　　　　方）	
	フリガナ氏　名	イトウ　アキオ 伊藤　昭夫	大正/㊞昭和/平成 39年 6月28日生（　56　歳）
	被相続人との続柄	次男	

□申立人 □相手方	本　籍（国　籍）	都/道/府/県	
	住　所	〒　－ （　　　　　方）	
	フリガナ氏　名		大正/昭和/平成 年 月 日生（　　　歳）
	被相続人との続柄		

□申立人 □相手方	本　籍（国　籍）	都/道/府/県	
	住　所	〒　－ （　　　　　方）	
	フリガナ氏　名		大正/昭和/平成 年 月 日生（　　　歳）
	被相続人との続柄		

（注）□の部分は該当するものにチェックしてください。

遺産（　／　）

資料　遺言書の作成方法

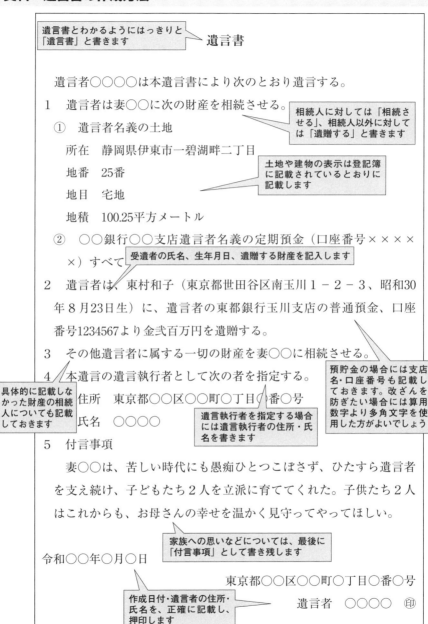

索　引

あ

安全配慮義務	96
遺言	186
遺言執行者	202
遺言書	193
遺産分割	210
遺産分割協議	216
いじめ	82
いじめ防止対策推進法	86
慰謝料	44、46
遺贈	188
遺留分侵害額請求権	178
姻族	12
姻族関係の終了	66
親子関係不存在確認の訴え	25

か

家事事件手続法	220
家事審判	224
家事調停	226
家庭裁判所	40、220
換価分割	212
協議離婚	34、60
強制執行	230
共有分割	213
寄与分	175、176
刑事責任	100
血族	12、164
限定承認	173
検認	204
現物分割	212
広域交付制度	161
後見	130
後見制度支援信託	150
公正証書	47、144、238
公正証書遺言	186、190、239
戸籍	28、30、32、160
子ども・子育て支援制度	71
こども性暴力防止法	116
婚姻	14
婚約	14

さ

再婚禁止期間	14
財産開示手続き	232
財産管理委任契約	148
財産分与	42、46
裁判離婚	35
里親制度	77
死後事務委任契約	156
失踪宣告	182
児童虐待	78
児童相談所	80
児童手当	70
児童福祉法	69
児童扶養手当	74
自筆証書遺言	186
自筆証書遺言保管制度	187
出席停止制度	90
準正	17
少年法	100
親権	50
親権喪失・親権停止	78
人事訴訟	236
親族	12
親等	13
審判離婚	35
ストーカー規制法	112
生前契約	155
性的姿態等撮影罪	108
性的自由を侵害する罪	106
成年後見監督人等	136

成年後見制度	122、124
成年後見登記制度	147
成年後見人等	126、127、129、134
性犯罪	107
性別の変更	31
責任能力	99
相続	160、162
相続欠格	167
相続登記	162
相続分	164
相続放棄	169、170

.... た ....

代襲相続	166、169
代償分割	213
単純承認	172
嫡出子	16
嫡出推定	24
嫡出否認の訴え	24
調停前置主義	227
ＤＶ被害	110
盗撮	108
同時死亡の推定	183
特定遺贈	189
特別縁故者	180
特別受益	174
特別の寄与	176
特別養子縁組	22

.... な ....

内縁	14、46
内容証明郵便	242
任意後見監督人	137
任意後見制度	124
任意後見人	128、135
認知	16

年金分割	48

.... は ....

廃除	168
非嫡出子	16
普通養子縁組	19
不同意性交等罪	107
不同意わいせつ罪	106
扶養義務	27
包括遺贈	189
法定後見制度	122
法定離婚事由	64
保佐	132
補助	131

.... ま ....

未成年後見人	46
見守り契約	154
民法	12
面会交流	54
持戻し免除の意思表示	176

.... や ....

養育費	56、58
預金口座と引き出し	207
預金口座の名義変更	208

.... ら ....

離縁	21
離婚	14、34
離婚訴訟	62
離婚調停	34、61

【監修者紹介】
森　公任（もり　こうにん）
昭和26年新潟県出身。中央大学法学部卒業。1980年弁護士登録（東京弁護士会）。1982年森法律事務所設立。おもな著作（監修書）に、『公正証書のしくみと実践書式集』『入門図解 親子の法律問題【離婚・親子関係・いじめ・事故・虐待】解決の知識』『三訂版 仮差押・仮処分の法律と手続き』『図解で早わかり 裁判・訴訟の基本と手続き』『特定商取引法・景品表示法・個人情報保護法の法律入門』『ネットビジネス運営のための法律と手続き』『図解で早わかり 民事訴訟・執行・保全の法律知識』『知っておきたい金融商品取引法の法律知識』など（小社刊）がある。

森法律事務所
家事事件、不動産事件等が中心業務。
〒104-0033　東京都中央区新川2−15−3　森第二ビル
電話03−3553−5916　　http：//www.mori-law-office.com

図解で早分かり　最新
夫婦・親子の法律と手続きがわかる事典

2025年1月20日　第1刷発行

監修者	森　公任	
発行者	前田俊秀	
発行所	株式会社三修社	
	〒150-0001　東京都渋谷区神宮前2-2-22	
	TEL　03-3405-4511　FAX　03-3405-4522	
	振替　00190-9-72758	
	https://www.sanshusha.co.jp	
印刷所	萩原印刷株式会社	
製本所	牧製本印刷株式会社	

©2025 K. Mori Printed in Japan
ISBN978-4-384-04956-5 C2032

JCOPY 〈出版者著作権管理機構 委託出版物〉
本書の無断複製は著作権法上での例外を除き禁じられています。複製される場合は、そのつど事前に、出版者著作権管理機構（電話 03-5244-5088　FAX 03-5244-5089 e-mail: info@jcopy.or.jp）の許諾を得てください。